Praxiswissen Unternehmensbewertung

Kurzbeiträge zu aktuellen Bewertungsthemen

von
Marc Castedello
Stefan Schöniger

1. Auflage

Das Werk einschließlich aller seiner Teile ist urheberrechtlich geschützt. Jede Verwertung außerhalb der engen Grenzen des Urheberrechtsgesetzes ist ohne vorherige schriftliche Einwilligung des Verlages unzulässig und strafbar. Dies gilt insbesondere für Vervielfältigungen, Übersetzungen, Mikroverfilmungen und die Einspeicherung und Verbreitung in elektronischen Systemen. Es wird darauf hingewiesen, dass im Werk verwendete Markennamen und Produktbezeichnungen dem marken-, kennzeichen- oder urheberrechtlichen Schutz unterliegen.

© 2018 IDW Verlag GmbH, Tersteegenstraße 14, 40474 Düsseldorf
Die IDW Verlag GmbH ist ein Unternehmen des Instituts der Wirtschaftsprüfer in Deutschland e. V. (IDW).

Druck und Bindung: C.H.Beck, Nördlingen
KN 11802/0/0

Die Angaben in diesem Werk wurden sorgfältig erstellt und entsprechen dem Wissensstand bei Redaktionsschluss. Da Hinweise und Fakten jedoch dem Wandel der Rechtsprechung und der Gesetzgebung unterliegen, kann für die Richtigkeit und Vollständigkeit der Angaben in diesem Werk keine Haftung übernommen werden. Gleichfalls werden die in diesem Werk abgedruckten Texte und Abbildungen einer üblichen Kontrolle unterzogen; das Auftreten von Druckfehlern kann jedoch gleichwohl nicht völlig ausgeschlossen werden, so dass für aufgrund von Druckfehlern fehlerhafte Texte und Abbildungen ebenfalls keine Haftung übernommen werden kann.

ISBN 978-3-8021-2168-5

Bibliografische Information der Deutschen Bibliothek
Die Deutsche Bibliothek verzeichnet diese Publikation in der Deutschen Nationalbibliografie; detaillierte bibliografische Daten sind im Internet über http://www.d-nb.de abrufbar.

Coverfoto: www.istock.com/naumax

www.idw-verlag.de

Vorwort

Lehrbücher zur Unternehmensbewertung gibt es mittlerweile viele. Sie vermitteln alle die betriebswirtschaftlichen Grundlagen beginnend mit einfachen hin zu den komplexeren Bewertungskalkülen. Sie alle haben jedoch den Nachteil für den Praktiker, dass sie oftmals bei der für ihn wichtigen Umsetzung der Kalküle in die Welt der realen Daten und Problemstellungen halt machen (müssen). Zudem muss der Leser mehr oder weniger das gesamte Werk durcharbeiten, um einen ganz speziellen Anwendungsfall verstehen zu können. Diese Lücke schließt das vorliegende Buch. Es verschafft einen komprimierten Überblick über die ganze Bandbreite aktueller Anwendungsfälle der Unternehmensbewertung – von den gesellschaftsrechtlichen, steuerlichen und transaktionalen Anlässen, über die Besonderheiten der Unternehmensbewertung in einzelnen Branchen und die Betrachtung von verschiedenen Bewertungsobjekten bis hin zu „Klassikern" wie der praktischen Ableitung von Kapitalkosten. Dabei kann jeder Beitrag unabhängig von den anderen gelesen werden, so dass sich der Leser jeweils auf die für ihn relevanten Inhalte konzentrieren kann.

Entstanden sind die Beiträge aus der praktischen Tätigkeit des Bereichs Valuation der KPMG AG Wirtschaftsprüfungsgesellschaft. Dies erfolgte zunächst mit der internen Zielsetzung, die Erfahrungen aus der Vielzahl der Projekte im Sinne einer systematischen Facharbeit allen Projektteams zur Verfügung zu stellen. Daraus entwickelte sich dann im Jahr 2011 die Idee, dieses Wissen auch fachlich Interessierten außerhalb der KPMG zugänglich zu machen: Die KPMG Valuation News waren geboren. Dieser Newsletter erscheint dreimal im Jahr und richtet sich an Bewerter, Wirtschaftsprüfer, Steuerberater und Rechtsanwälte sowie an Unternehmensvertreter aus den Bereichen Rechnungswesen, Controlling, M&A, Strategie, Steuern und Recht. Nach 20 Ausgaben des Newsletters mit über 65 Beiträgen haben wir uns entschieden, die Valuation News als Buch der fachlich interessierten Öffentlichkeit zur Verfügung zu stellen. Dazu wurden sämtliche bisher erschienenen Beiträge überarbeitet, aktualisiert und erweitert sowie thematisch neu zusammengestellt. Einige Beiträge zum selben oder ähnlichen Thema wurden zusammengefasst, auch um aktuellen Entwicklungen und Änderungen der gesetzlichen Vorschriften sowie der Rechtsprechung Rechnung zu tragen. Herausgekommen sind 50 prägnante Kurz-Beiträge über die gesamte Bandbreite aktueller Bewertungsfragstellungen. Ein ideales Nachschlagewerk für den Praktiker, der eine schnelle Antwort auf eine ganz spezifische Anwendungsfrage sucht oder sich schnell einen Überblick über ein Anwendungsgebiet verschaffen möchte. Wir wünschen viel Spaß beim Nachschlagen.

München und Hamburg im Februar 2018

Dr. Marc Castedello und Stefan Schöniger

Herzlichen Dank

Die folgenden Beiträge sind von Praktikern für Praktiker erstellt worden. Zahlreiche Kolleginnen und Kollegen der KPMG AG Wirtschaftsprüfungsgesellschaft haben uns bei der Erstellung dieses Nachschlagewerks unterstützt.

Unser besonderer Dank hierfür gilt:

Saheda Amini	Gunther Liermann
Ingo Bertram	Moritz Micus
Jan Alexander Bertram	Annegret Nissen
Aline Louise Dodd	Stephan Pastusiak
Dr. Vera-Carina Elter	Christian Moritz Pawelke
Andreas Emmert	Christina Angela Peuker
Dr. Christoph Engel	Torben Rau
Anika Engling	Florian Rieser
Marc Fago	Michael Salcher
Karen Ferdinand	Dr. Jakob Schröder
Thomas Fischer	Olaf Thein
Michael Killisch	Dr. Andreas Tschöpel
Christian Klingbeil	Dr. Dorit Weikert
Thomas Kupke	Ralf Weimer
Dr. Gunner Langer	Walfred Weldishofer
Dominik Lehmann	

Inhaltsverzeichnis

Kapitel A
Unternehmensbewertung bei (gesellschafts-) rechtlichen Bewertungsanlässen 11

1. Ausgleichszahlung bei Abschluss eines Beherrschungs- und Gewinnabführungsvertrags – Alternativen bei der Bestimmung des Verrentungszinssatzes 13
2. Festlegung einer angemessenen Barabfindung – Ermittlung des „richtigen" Börsenkurses 16
3. Festlegung einer angemessenen Barabfindung – Besonderheiten bei bestehendem Beherrschungs- und Gewinnabführungsvertrag 22
4. Vereinfachte Konzernverschmelzungen – erweiterte Möglichkeiten zum Ausschluss von Minderheitsaktionären 25
5. Prüfungsumfang bei einer Gründungsprüfung/ Kapitalerhöhungsprüfung – auf das Agio kommt es an 27
6. Der Wertbeitrag des steuerlichen Einlagekontos – abgeltungssteuerfreie Ausschüttungen an die Anteilseigner 31
7. Dispute Valuation – Besonderheiten bei der Durchführung von Bewertungen im Kontext gerichtlicher und außergerichtlicher Streitverfahren 35
8. IDW S 13 – Besonderheiten bei der Unternehmensbewertung zur Bestimmung von Ansprüchen im Familien- und Erbrecht 42

Kapitel B
Unternehmensbewertung im Rahmen von Transaktionen 47

1. Fairness Opinion – Absicherung bei allen wesentlichen unternehmerischen Entscheidungen 49
2. Multiples 2.0 – Quo Vadis Multiplikatorbewertung 52
3. Fair-Value-Hierarchie – Verwendung von Preisen Dritter 59
4. Debt Equity Swaps – Einsatz und Bewertung 63
5. Unternehmensfinanzierungen – Beurteilung der finanziellen Angemessenheit durch Fairness Opinions 68

Kapitel C
Unternehmensbewertung für steuerliche Anlässe 71

1. Bewertung aus steuerlichen Anlässen – wachsende Relevanz von Marktpreisen 73
2. Steuerliche Verluste und Zinsvorträge – Nutzung auch bei Anteilseignerwechsel 77
3. Bewertungen im Zusammenhang mit Funktionsverlagerungen – auf die Sichtweise kommt es an 82
4. Das Ausrichten von Verrechnungspreisen an der Wertschöpfung – neue bewertungsbezogene Herausforderungen für Unternehmen 88
5. Erbschaftsteuerreform – neue Regelungen für die steuerliche Unternehmensbewertung 94
6. Der Schritt über die Grenzen – steuerliche Konsequenzen eines Wegzugs 100

Kapitel D
Wertorientierte Steuerung 105

1. Grundsätze ordnungsmäßiger Entscheidungsfindung – auf die richtigen Werttreiber kommt es an 107
2. Corporate Economic Decision Assessment (CEDA) – ein entscheidungsorientierter Ansatz als Antwort auf aktuelle Marktherausforderungen 111
3. Immaterielle Werte – im Spannungsfeld von Wertschöpfung und Wertsicherung 116
4. Data Analytics – eine entscheidende Komponente der Qualitätssicherung und -steigerung bei der Unternehmensbewertung und Planungsplausibilisierung 121
5. Rechtsstreitigkeiten – Quantifizierung von Risiken und -chancen 127

Kapitel E
Branchen- und unternehmensspezifische Bewertungsfragen 131

1. Digitale Transformation in der Telekommunikationsindustrie – Konsequenzen für die Beurteilung von wertorientierten Entscheidungen 133
2. Investitionsentscheidungen auf Basis mehrdimensionaler Entscheidungsmodelle – am Beispiel der Consumer Markets & Retail-Branche 138
3. Big Data und Business Analytics Tools im Rahmen der Planungsplausibilisierung – am Beispiel der Automobilindustrie 142
4. Bewertung von Energieversorgungsunternehmen: Kraftwerke, Netze und Kunden – die Anlässe sind zahlreich 146
5. Finanzielle Bewertung von Forschungs- und Entwicklungsprojekten – am Beispiel der Pharmaindustrie 153
6. Bewertung von Immobiliengesellschaften – Führen Bewertungen nach dem Ertragswert- bzw. DCF-Verfahren und dem Net Asset Value-Verfahren zu übereinstimmenden Ergebnissen? 159
7. Bewertung junger Unternehmen – großes Potenzial, hohe Risiken ... 163
8. Unternehmen in der Restrukturierung – Bewertungen zur Beurteilung von Gegenmaßnahmen und deren Auswirkung auf den Unternehmenswert mit Hilfe eines Simulationsansatzes 168
9. Bewertung von Unternehmen in der Restrukturierung – Grundlagen und Besonderheiten 173
10. Bewertung kleiner und mittelgroßer Unternehmen (KMU) – Parallelen und Besonderheiten im Vergleich zu großen Unternehmen 177

Kapitel F
Bewertung einzelner Vermögenswerte 183

1. Bewertung von Immobilien – der Klassiker unter den Bewertungen von einzelnen Vermögensgegenständen 185
2. Bewertung von Maschinen und Anlagen – die Herausforderung im Umgang mit einer Vielzahl an Vermögenswerten 188
3. Bewertung von Schiffen – Überlegungen zur Fortentwicklung des LTAV-Ansatzes 192

4. Die Bedeutung des Zusammenwirkens von rechtlicher und ökonomischer Perspektive bei der Bewertung von immateriellen Vermögenswerten – am Beispiel von Markenrechten 197
5. Bewertung von Technologie – ein Dauerbrenner 201
6. Optionen in Verträgen – wirtschaftlicher Wert und Risiko 205
7. Bewertung von Schadensersatzansprüchen – Ihr gutes Recht 209
8. Bewertung von Fondsanteilen – AIFM-Richtlinie und KAGB schließen regulatorische Lücke bei Berichterstattung und Bewertung 213
9. Objektivierte Bewertung von Spielervermögen – nicht nur Tore zählen 216
10. PPA-Studie 2017 – Vermögenswerte und Goodwill im Rahmen von Unternehmenszusammenschlüssen 221

Kapitel G
Ermittlung von Kapitalkosten **227**

1. Die Entwicklung des Kapitalisierungszinssatzes in den Jahren 2013 bis 2017 – eine empirische Analyse 229
2. Ableitung der Marktrisikoprämie – Erkenntnisse aus der Krise 238
3. Ermittlung von Betafaktoren – Hinweise für die Praxis 243
4. Direkte Ableitung von Kapitalkosten – Alternativen zum Peer Group-Ansatz 250
5. Debt Beta – Risikoteilung zwischen Kapitalgebern? 256
6. Länderrisiken – Berücksichtigung in Bewertungskalkülen 261

Stichwortverzeichnis **265**

Kapitel A

UNTERNEHMENSBEWERTUNG BEI (GESELLSCHAFTS-) RECHTLICHEN BEWERTUNGSANLÄSSEN

1. Ausgleichszahlung bei Abschluss eines Beherrschungs- und Gewinnabführungsvertrags – Alternativen bei der Bestimmung des Verrentungszinssatzes 13
2. Festlegung einer angemessenen Barabfindung – Ermittlung des „richtigen" Börsenkurses 16
3. Festlegung einer angemessenen Barabfindung – Besonderheiten bei bestehendem Beherrschungs- und Gewinnabführungsvertrag 22
4. Vereinfachte Konzernverschmelzungen – erweiterte Möglichkeiten zum Ausschluss von Minderheitsaktionären 25
5. Prüfungsumfang bei einer Gründungsprüfung/ Kapitalerhöhungsprüfung – auf das Agio kommt es an 27
6. Der Wertbeitrag des steuerlichen Einlagekontos – abgeltungssteuerfreie Ausschüttungen an die Anteilseigner 31
7. Dispute Valuation – Besonderheiten bei der Durchführung von Bewertungen im Kontext gerichtlicher und außergerichtlicher Streitverfahren 35
8. IDW S 13 – Besonderheiten bei der Unternehmensbewertung zur Bestimmung von Ansprüchen im Familien- und Erbrecht 42

1. Ausgleichszahlung bei Abschluss eines Beherrschungs- und Gewinnabführungsvertrags – Alternativen bei der Bestimmung des Verrentungszinssatzes

Bei Abschluss eines Beherrschungs- und Gewinnabführungsvertrags ist für die Bestimmung der Ausgleichszahlung die Höhe des Verrentungszinssatzes von wesentlicher Bedeutung. Die Höhe des Verrentungszinssatzes ist wiederum von der konkreten Ausgestaltung des Unternehmensvertrags abhängig. Je nach Gestaltung des Unternehmensvertrags können deshalb höhere oder niedrigere Ausgleichszahlungen resultieren.

Bei Abschluss eines Beherrschungs- und Gewinnabführungsvertrags nach §§ 291 ff. AktG ist den außenstehenden Aktionären gemäß § 304 AktG ein angemessener Ausgleich für die zukünftig entfallende Dividendenzahlung und gemäß § 305 AktG eine angemessene Abfindung anzubieten. Ausgleich und Abfindung sind von den Vertragsparteien festzulegen und Gegenstand der Angemessenheitsprüfung durch einen gerichtlich bestellten Prüfer gemäß §§ 293 b ff. AktG. Der Ausgleich gemäß § 304 AktG ist eine konstante, jährlich wiederkehrende Geldleistung und beträgt mindestens den Betrag „der nach der bisherigen Ertragslage der Gesellschaft und ihren künftigen Ertragsaussichten [...] voraussichtlich als durchschnittlicher Gewinnanteil auf die einzelne Aktie verteilt werden könnte".

In der Bewertungspraxis und der Rechts- und Bewertungsliteratur ist die Verrentung des Unternehmenswerts (abgeleitet auf Basis eines Ertragswerts zuzüglich/abzüglich Sonderwerten) zur Ableitung der Ausgleichszahlung grundsätzlich verbreitet und anerkannt.

Aufgrund der in der Regel auf unbeschränkte Zeit geschlossenen Beherrschungs- und Gewinnabführungsverträge berechnet sich die Ausgleichszahlung aus der Multiplikation des Unternehmenswerts mit dem maßgeblichen Verrentungszinssatz. Auch für ihn gilt das Äquivalenzprinzip der Unternehmensbewertung; das heißt, der gewählte Zinssatz muss Risiko, Fristigkeit und Besteuerungsfolgen der Ausgleichszahlung widerspiegeln. Während die Berücksichtigung der Fristigkeit aufgrund der in der Regel unbeschränkten Laufzeit des Unternehmensvertrags sowie der Besteuerung gemäß dem bestehenden Steuerregime eher unproblematisch ist, ist die

Frage der zutreffenden Bestimmung des mit der Ausgleichszahlung verbundenen Risikos komplexerer Natur.

Während der Laufzeit des Vertrags ist die Höhe der vertraglich fixierten Ausgleichszahlung weitgehend sicher. Es besteht lediglich das Bonitätsrisiko des Mehrheitsaktionärs als Schuldner der Ausgleichszahlung. Nach Ablauf der Mindestvertragslaufzeit kann sich allerdings das Risiko ergeben, nur noch an einem im Wert verminderten Unternehmen beteiligt zu sein, da der Mehrheitsaktionär im Rahmen der Beherrschung grundsätzlich durch Realisierung und Abführung von stillen Reserven das Unternehmen in seiner Ertragskraft mindern und den Unternehmensvertrag anschließend beenden kann. Die mit der Ausgleichszahlung verbundene Vermögensposition der außenstehenden Aktionäre ist somit weder risikolos (eine Verrentung mit dem risikolosen Basiszinssatz scheidet damit aus) noch mit dem Risiko der direkten Beteiligung am Unternehmen (mit unsicheren Dividendenzahlungen und Wertsteigerungen) zu vergleichen (eine Verrentung mit dem vollen Kapitalisierungszinssatz ist daher ebenfalls nicht sachgerecht). Da im Vorhinein nicht bekannt ist, ob und wann es gegebenenfalls zu einer Wertminderung oder Beendigung des Unternehmensvertrags kommt, lässt sich das im Verrentungszinssatz zu berücksichtigende Risiko nicht ohne Weiteres analytisch exakt bestimmen. Hierfür wäre die Kenntnis der Höhe der stillen Reserven bei Abschluss des Beherrschungs- und Gewinnabführungsvertrags sowie der stillen Reserven bei Beendigung desselben und des Zeitpunkts der Beendigung des Vertrags notwendig. Während über ersteres im Rahmen der Unternehmensbewertung zur Ermittlung einer angemessenen Abfindung noch Kenntnis erlangt wird, sind für die anderen beiden Informationen (wahrscheinlichkeitsgewichtete) Annahmen von Nöten, die zumeist nicht willkürfrei bestimmt werden können. Hier steht die Bewertungspraxis noch vor der Aufgabe belastbare Wege zur Schätzung dieser zu entwickeln.

Angesichts dessen ist es in der Praxis verbreitet (und von der herrschenden Rechtsprechung akzeptiert), den Verrentungszinssatz zur Bestimmung der Ausgleichszahlung vereinfachend aus dem Mittelwert des der Unternehmensbewertung zugrundeliegenden vollen Kapitalisierungszinssatzes und dem risikolosen Basiszinssatz abzuleiten.

Durch eine Vertragsgestaltung, die bestimmte Risiken für die außenstehenden Aktionäre ausschließt, lässt sich der Verrentungszinssatz analytisch exakter bestimmen. So kann den Minderheiten vertraglich das Recht eingeräumt werden, im Falle der Beendigung des Vertrags ihre

Anteile zu dem bei Abschluss des Vertrags angebotenen (unter Umständen in einem Spruchverfahren erhöhten) Abfindungsbetrag an den Mehrheitsaktionär veräußern zu können. Hierdurch entfällt für die Minderheiten das Risiko, gegebenenfalls nach Beendigung des Vertrags an einem im Wert geminderten Unternehmen beteiligt zu sein. Die Ausgleichszahlung muss ein solches Risiko folglich nicht mehr kompensieren. Die Ausgleichszahlungen sind dann in ihrer Risikostruktur vergleichbar zu einer Unternehmensanleihe mit unbeschränkter Laufzeit – die Aktionäre erhalten eine feste jährliche Zahlung und am Ende der Laufzeit (mindestens) das eingesetzte Kapital in Höhe der seinerzeitigen Barabfindung zurück. Analog zu einer Unternehmensanleihe tragen die Minderheiten somit lediglich das Bonitätsrisiko des Mehrheitsaktionärs als Schuldner der Ausgleichszahlung. Der Verrentungszinssatz setzt sich in diesem Fall aus dem risikolosen Basiszinssatz und einem Risikozuschlag, der das Bonitätsrisiko reflektiert, zusammen. Das Bonitätsrisiko lässt sich aus dem Renditeunterschied möglichst langlaufender Anleihen des Gläubigers oder vergleichbarer Unternehmen in der Währung der Ausgleichszahlung zu laufzeit- und währungsgleichen risikolosen Staatsanleihen (sogenannter credit spread) bestimmen.

Im Ergebnis resultiert bei dieser Vorgehensweise in der Regel ein geringerer Verrentungszinssatz als bei Verwendung des Mittelwerts aus vollem Kapitalisierungszinssatz und Basiszinssatz, was zu einer geringeren Ausgleichszahlung führt. Damit einher geht jedoch auch ein reduziertes (und vor allem kalkulierbares) Risiko für die außenstehenden Aktionäre. Für den Mehrheitsaktionär ist die geringere jährliche Ausgleichszahlung mit der Verpflichtung zum Erwerb der Anteile zur festgelegten Abfindung bei Beendigung des Vertrags verbunden. Der Mehrheitsaktionär sollte daher in Abhängigkeit von seinen strategischen Zielen auf dieser Basis eine Interessenabwägung vornehmen und gegebenenfalls eine entsprechende Klausel zum Aufleben des Abfindungsangebots bei Beendigung des Vertrags im Unternehmensvertrag berücksichtigen.

2. Festlegung einer angemessenen Barabfindung – Ermittlung des „richtigen" Börsenkurses

Der Börsenkurs einer Aktiengesellschaft stellt bei der Bemessung einer Barabfindung im Rahmen aktien- oder umwandlungsrechtlicher Strukturmaßnahmen nach höchstrichterlicher Rechtsprechung regelmäßig die Untergrenze dar. In den Beschlüssen des Bundesverfassungsgerichts (BVerfG) und des Bundesgerichtshofs (BGH) sind hinsichtlich der konkreten Ermittlung Regelungen zum relevanten Zeitraum und der Frage nach stichtags- oder umsatzgewichteten Durchschnittskursen enthalten. Darüber hinaus hat der BGH deutlich gemacht, dass eine Hochrechnung des Börsenkurses erfolgen muss, wenn zwischen der Bekanntmachung der Strukturmaßnahme und dem Tag der Hauptversammlung ein längerer Zeitraum liegt. Weitere Vorgaben erfolgen aber nicht. In der Bewertungspraxis wird regelmäßig, sofern vorhanden, auf von der BaFin ermittelte Mindestpreise nach § 5 Abs. 4 WpÜG-Angebotsverordnung zurückgegriffen. In der Praxis stellen sich daher insbesondere Fragen, ob diese Mindestpreise anhand öffentlich zugänglicher Daten nachgerechnet werden können, wie vorgegangen werden soll, wenn keine Mindestpreise vorliegen sowie wann und wie konkret eine Hochrechnung des Börsenkurses zu erfolgen hat.

Das BVerfG hat mehrfach entschieden, dass die Bemessung einer Barabfindung im Rahmen aktien- oder umwandlungsrechtlicher Strukturmaßnahmen (zum Beispiel beim Abschluss von Beherrschungs- und Gewinnabführungsverträgen oder beim Ausschluss von Minderheitsaktionären, dem sog. Squeeze-out) nicht ohne Berücksichtigung des Börsenkurses erfolgen darf, sofern der Börsenkurs den Verkehrswert der Aktie widerspiegelt. Nach den Entscheidungen des BVerfG darf die von Art. 14 Abs. 1 GG geforderte „volle" Entschädigung jedenfalls nicht unter dem Verkehrswert liegen und dieser kann bei börsennotierten Unternehmen nicht ohne Rücksicht auf den Börsenkurs festgelegt werden.

Der BGH hat mit seinem Beschluss vom 19. Juli 2010 (sogenanntes „Stollwerck"-Urteil) die Rechtsprechung des BVerfG konkretisiert. So ist der einer angemessenen Abfindung zugrunde zu legende Börsenkurs grundsätzlich als gewichteter Durchschnittskurs einer dreimonatigen Referenzperiode vor der Bekanntmachung der Maßnahme zu ermitteln.

Damit orientiert sich der BGH an der für Übernahme- und Pflichtangebote geltenden, zwischenzeitlich erlassenen Angebotsverordnung zum WpÜG. Ein Abweichen von dieser Berechnungslogik ist nur dann zulässig, wenn der Aktienkurs aufgrund von Marktenge oder anderen Verzerrungen der Durchschnittsbörsenkurs nicht den Verkehrswert widerspiegelt. Die Frage, wann Marktenge vorliegt, ist dabei jedoch bisher nicht höchstrichterlich entschieden und wird daher sowohl in der Literatur als auch in der oberlandesgerichtlichen Rechtsprechung oftmals einzelfallbezogen und teilweise widersprüchlich beantwortet.

In der Bewertungspraxis wird zur Bestimmung des relevanten Börsenkurses regelmäßig auf den von der Bundesanstalt für Finanzdienstleistungsaufsicht (BaFin) nach Vorgabe des § 5 WpÜG-Angebotsverordnung abgeleiteten Mindestpreis referenziert. Dieser wird von der BaFin sieben Tage nach dem Stichtag veröffentlicht, um sicherzustellen, dass Verwerfungen in der Preisbildung von Börsen, Datenlieferanten und anderen meldepflichtigen Unternehmen bereinigt werden können. Die Aussagekraft des Börsenkurses ist nach den Kriterien der WpÜG-Angebotsverordnung eingeschränkt, sofern kumulativ während der drei Monate vor Bekanntgabe an weniger als einem Drittel der Börsentage Börsenkurse festgestellt wurden und nacheinander festgestellte Börsenkurse um mehr als fünf Prozent voneinander abgewichen sind. Kurse, die diese Kriterien erfüllen, werden von der BaFin in ihrer Veröffentlichung als ungültig markiert und sind gemäß WpÜG-Angebotsverordnung nicht mehr maßgeblich für die Bestimmung des Mindestpreises.

Die Ableitung des Mindestpreises erfolgt jedoch nur für Unternehmen, die im regulierten Markt an einer deutschen Börse gehandelt werden. Somit existiert kein Mindestpreis für Aktien im unregulierten Markt (zum Beispiel der Entry-Standard) und im Freiverkehr. Sofern Aktien eines Unternehmens sowohl im regulierten Markt als auch im Freiverkehr gehandelt werden, werden die Transaktionen im Freiverkehr in der Berechnung des Mindestpreises durch die BaFin nicht berücksichtigt. Daher besteht in Abhängigkeit vom Bewertungsobjekt häufig die Notwendigkeit, auf Basis von öffentlich verfügbaren Börsenkursen selbst einen umsatzgewichteten Durchschnittskurs zu berechnen.

Hierzu kann beispielsweise auf die von Finanzdienstleistern täglich zur Verfügung gestellten umsatzgewichteten Durchschnittskurse abgestellt werden. Diese Durchschnittskurse werden aus den tatsächlich am jeweiligen Markt und Tag gehandelten Stückzahlen und dem gezahlten Preis pro Transaktion errechnet. Der Dreimonatsdurchschnittskurs lässt sich dann bestimmen, indem die Summe der täglichen Umsatzvolumina (Umsatzgewichteter Durchschnittskurs multipliziert mit dem Handelsvolumen des jeweiligen Tages) für die Referenzperiode durch die Summe des Handelsvolumens für denselben Zeitraum geteilt wird. Ist das Ziel eine Nachrechnung des Mindestpreises, können bei Abruf der Durchschnittskurse der einzelnen Börsen gezielt die Börsen ausgeschlossen werden, an denen die Aktie im Freiverkehr geführt wird. Alternativ lassen sich auch die einzelnen Tickdaten der Börsen gegen Entgelt bestellen. Beide Vorgehensweisen kommen in der Regel zu vergleichbaren Ergebnissen.

Erfahrungsgemäß verbleiben zwischen den von der BaFin nach § 5 WpÜG-Angebotsverordnung ermittelten Kursen und den auf Grundlage vorgenannter Datensätze ermittelten Durchschnittskursen auch bei gleichen Börsenplätzen regelmäßig Abweichungen nach oben oder nach unten. Dies liegt unter anderem in der Datenbasis begründet: entsprechend den Vorgaben der WpÜG-Angebotsverordnung ermittelt die BaFin den Durchschnittskurs anhand der nach § 9 WpHG gemeldeten Geschäfte. Diese sind nicht zwangsläufig deckungsgleich mit den an den Börsen gemeldeten Geschäften, da Börsen beispielsweise außerbörsliche Transaktionen nicht erfassen, diese jedoch von meldepflichtigen Teilnehmern an die BaFin gemeldet werden. Ferner werden die gemeldeten Daten vor Übermittlung an die BaFin um Börsenkurse bzw. Transaktionen, die doppelt erfasst wurden, die dieselbe Gegenpartei haben oder um Transaktionen, die nachträglich revidiert wurden, bereinigt, sodass in der Datenbasis der BaFin keine Verwerfungen enthalten sind. Auskunftsgemäß werden diese bereinigten Daten nur der BaFin zur Verfügung gestellt beziehungsweise bereinigen die Datendienstleister nach unseren Erkenntnissen ihre Datenbanken nicht nachträglich um diese Informationen.

Abschließend lässt sich hierzu daher feststellen, dass es grundsätzlich zwar möglich ist, auf Basis der Datensätze von Finanzdienstleistern einen zum Mindestpreis nach § 5 Abs. 4 der WpÜG-Angebotsverordnung vergleichbaren Kurs zu berechnen. Die Ermittlung auf Grundlage von Datensätzen der nicht an vorgegebene Methoden gebundenen privaten Dienstleister hat jedoch eine deutlich geringere Legitimation und Rechtssicherheit als die von einer zur Unabhängigkeit verpflichteten Bundesbehörde ermittelten Mindestpreise. Es wäre zudem schwer begründbar, für Mindestpreise nach dem WpÜG einerseits und dem Aktiengesetz andererseits unterschiedliche Methoden anzuwenden.

Der so ermittelte Börsenkurs ist nach den Vorgaben des BGH entsprechend der allgemeinen oder branchentypischen Wertentwicklung unter Berücksichtigung der seitherigen Kursentwicklung hochzurechnen, soweit zwischen der Bekanntmachung der Maßnahme als grundsätzlich relevantem Stichtag für die Durchschnittskursbildung und dem Tag der Hauptversammlung ein längerer Zeitraum verstreicht und die Entwicklung der Börsenkurse eine Anpassung geboten erscheinen lässt.

In dem oben erwähnten „Stollwerck"-Urteil ging der BGH ursprünglich irrtümlich davon aus, dass zwischen der Ankündigung der Strukturmaßnahme und dem Tag der beschlussfassenden Hauptversammlung im zu entscheidenden Fall ein Zeitraum von neun Monaten vergangen sei und dies einen längeren Zeitraum darstelle, der eine Hochschreibung des Börsenkurses anzeige, sofern die Entwicklung des Börsenkurses seit Ankündigung der Maßnahme dies geboten erscheinen lasse. Durch Berichtigungsbeschluss vom 5. August 2010 hat der BGH die Entscheidung dahingehend korrigiert, dass es – wie im Sachverhalt der Entscheidung angelegt – siebeneinhalb Monate heißen muss. Im vorgenannten Urteil hat der BGH offen gelassen, ob auch eine Hochrechnung des Börsenkurses bei einem kürzeren Zeitraum als siebeneinhalb Monate in Betracht käme bzw. wie der längere Zeitraum von siebeneinhalb Monaten konkret zu ermitteln sei. In der Praxis ist seit dem zu beobachten, dass für kürzere Zeiträume als siebeneinhalb Monate unter Verweis auf entsprechende Rechtsliteratur sowie die allein für die Ermittlung und Prüfung der angemessenen Abfindung sowie die Vorbereitung und fristgerechte Einberufung der Hauptversammlung benötigte Zeit eine Hochrechnung für nicht erforderlich gehalten wird.

Im Folgenden soll auf die verschiedenen Fragestellungen im Falle einer erforderlichen Hochrechnung des Börsenkurses kurz eingegangen werden. Im Rahmen einer Hochrechnung sind im Einzelnen der Stichtag und Zeitraum für die Hochrechnung, der Vergleichsmaßstab und die Pflicht zur Anpassung zu beurteilen.

Die Forderung nach einer Hochrechnung auf den Stichtag der Hauptversammlung stellt den Bewertungsgutachter beziehungsweise den gerichtlich bestellten Prüfer vor die praktische Schwierigkeit, dass zum Zeitpunkt des Abschlusses der Bewertungsarbeiten die entsprechenden Daten noch nicht vorliegen. Die Vorgabe des BGH ist jedoch eindeutig. Diese Schwierigkeit kann auch nicht dadurch gelöst werden, dass zunächst im Rahmen der Bewertungsarbeiten eine Hochrechnung auf den

Tag des Abschlusses der Bewertungsarbeiten erfolgt und anschließend zum Beispiel im Rahmen der in der Praxis üblichen Stichtagserklärung des Bewertungsgutachters beziehungsweise Prüfers eine Aktualisierung der Hochrechnung auf den Tag der Hauptversammlung vorgenommen wird. Zudem bleibt die Frage offen, ob die angebotene Abfindung sich auf den zum Ende der Bewertungsarbeiten ermittelten hochgerechneten Börsenkurs bezieht, wenn der zum Tag der Hauptversammlung ermittelte hochgerechnete Börsenkurs unterhalb diesem liegt oder ob die Möglichkeit besteht, im Rahmen des Bewertungsgutachtens den hochgerechneten Börsenkurs zunächst nur informationshalber zum Tag des Endes der Bewertungsarbeiten zu ermitteln, die Ermittlungsweise transparent zu machen und auf die Ermittlung zum Tag der Hauptversammlung als Basis für die angebotene Abfindung zu verweisen. Der konkrete Abfindungsbetrag bliebe dann im Rahmen der Einladung zur Hauptversammlung unbestimmt, was ein Einfallstor für darauf abstellende Anfechtungsklagen bieten könnte. Zur Vermeidung dessen bliebe vor dem Hintergrund der aktuell ungeklärten Rechtslage nur, die Abfindung auf Basis des hochgerechneten Börsenkurses zum Tag des Endes der Bewertungsarbeiten festzulegen und gegebenenfalls zum Tag der Hauptversammlung zu erhöhen, falls sich ein höherer hochgerechneter Börsenkurs ergibt, jedoch unverändert zu belassen, falls dann ein niedrigerer hochgerechneter Börsenkurs resultiert.

In der Rechtsprechung des BGH ist des Weiteren ungeklärt, ob die Hochrechnung mit Blick auf den Vergleichsmaßstab stichtagsbezogen erfolgen soll oder analog zur Ermittlung des Ausgangsbörsenkurses Durchschnittskurse zur Hochrechnung herangezogen werden sollen. Hier bietet sich in Anlehnung an die Ermittlung des Börsenkurses an, sowohl beim Ausgangskurs des Vergleichsmaßstabs am Tag der Ankündigung der Strukturmaßnahme als auch beim Endkurs des Vergleichsmaßstabs am Tag der Hauptversammlung auf einen Dreimonatsdurchschnittskurs abzustellen.

Hinsichtlich des Vergleichsmaßstabs selbst verweist der BGH auf die allgemeine oder branchentypische Kursentwicklung seit der Ankündigung der Strukturmaßnahme. Letztlich hat der BGH damit den konkreten Vergleichsmaßstab offengelassen. Aufgrund der größtmöglichen Vergleichbarkeit zum Bewertungsobjekt bietet es sich an, auf die Kursentwicklung der Vergleichsunternehmen (Peer Group) abzustellen, die auch bei der Festlegung des Risikozuschlags im Rahmen der fundamentalen Unternehmensbewertung herangezogen wurden. Eine etwaige Gewichtung der einzelnen Vergleichsunternehmen sollte analog zur Ermittlung des Risikozuschlags erfolgen. Wenn die Kursentwicklung einzelner Vergleichsunternehmen durch außergewöhnliche Umstände (zum Beispiel infolge eines Übernahmeangebots) beeinflusst ist, ist zu untersuchen, ob und wie diese Entwicklung bereinigt werden sollte. Alternativ zu der Kursentwicklung der Vergleichsunternehmen sollten auch die Entwicklung des Branchenindex, dem das Bewertungsobjekt zugeordnet ist, sowie als allgemeiner Börsenindex der CDAX als Vergleichsmaßstab nicht außer Betracht bleiben. Bei mehreren Vergleichsmaßstäben ist darauf zu achten, dass diese zu einer Gesamt-Hochrechnung verdichtet werden, insbesondere wenn die einzelnen Hochrechnungen unterschiedliche Entwicklungen aufzeigen.

Nach der Rechtsprechung des BGH dient die Hochrechnung der Börsenkursentwicklung ausdrücklich dem Ziel, den Minderheitsaktionär nicht von einer positiven Börsenentwicklung auszuschließen. Ob ein Minderheitsaktionär damit auch von einer negativen Börsenentwicklung ausgeschlossen sein soll, hat der BGH offen gelassen. Auch wenn bei wirtschaftlicher Betrachtung der Minderheitsaktionär sowohl an einer positiven als auch an einer negativen Entwicklung beteiligt sein müsste, erscheint dieses in praxi nicht durchführbar beziehungsweise durchsetzbar zu sein. Fraglich ist ferner, ob jede positive (oder negative) Entwicklung automatisch zu einer Erhöhung der Barabfindung führt, wenn der Börsenkurs der Aktie oberhalb des Unternehmenswerts je Aktie liegt. In Anlehnung an die aktuelle Rechtsprechung verschiedener Oberlandesgerichte und Landgerichte, nach der eine Abweichung von je nach Gericht fünf beziehungsweise zehn Prozent, als geringfügig anzusehen sein kann (und daher nicht zu einer Anpassung der Barabfindung in einem Spruchverfahren führt), könnte auch im Falle einer Hochrechnung ein Schwellenwert bis zu dieser Höhe infrage kommen.

3. Festlegung einer angemessenen Barabfindung – Besonderheiten bei bestehendem Beherrschungs- und Gewinnabführungsvertrag

Die angemessene Barabfindung gemäß § 327b AktG im Falle des Ausschlusses von Minderheitsaktionären (sog. Squeeze-out) ist bei Bestehen eines Beherrschungs- und Gewinnabführungsvertrages nach der Rechtsprechung des Bundesgerichtshofs (BGH) grundsätzlich auf der Grundlage einer Neubewertung der Gesellschaft zum Zeitpunkt des Squeeze-outs zu ermitteln, sofern der Barwert der Ausgleichszahlungen aus dem Beherrschungs- und Gewinnabführungsvertrag nicht den anteiligen Unternehmenswert übersteigt. Dabei stellt der Börsenkurs grundsätzlich die Untergrenze der Barabfindung dar.

Gemäß § 327a Abs. 1 AktG kann auf Verlangen eines Aktionärs, dem 95 Prozent des Grundkapitals gehören (Hauptaktionär), die Hauptversammlung einer Aktiengesellschaft die Übertragung der Aktien der übrigen Aktionäre (Minderheitsaktionäre) auf den Hauptaktionär gegen Gewährung einer angemessenen Barabfindung beschließen. Der Hauptaktionär legt gemäß § 327b Abs. 1 AktG die Höhe der Barabfindung fest; sie muss die Verhältnisse der Gesellschaft im Zeitpunkt der Beschlussfassung der Hauptversammlung berücksichtigen und die Minderheitsaktionäre für den sogenannten „wahren" Wert ihrer Beteiligung entschädigen. Zur Beteiligung an einer Aktiengesellschaft gehören dabei sowohl Mitgliedschaftsrechte als auch Vermögensrechte.

Im Vertragskonzern sind die Verhältnisse der abhängigen Gesellschaft durch den Unternehmensvertrag geprägt. Dabei unterscheiden sich die Rechtspositionen von herrschendem Unternehmen und Minderheitsaktionären fundamental. Dem herrschenden Unternehmen stehen umfassende Weisungsrechte gegenüber der abhängigen Gesellschaft zu. Dies schließt auch das Recht ein, der abhängigen Gesellschaft nachteilige Weisungen zu erteilen (§ 308 AktG); die Leitung der abhängigen Gesellschaft kann auf Weisung des herrschenden Unternehmens am Konzerninteresse ausgerichtet werden und muss sich nicht mehr am Unternehmensinteresse und damit zugleich am Interesse aller Aktionäre der abhängigen Gesellschaft orientieren. Gleichzeitig bleiben wichtige Mitgliedschaftsrechte der Minderheitsaktionäre vom Unternehmensvertrag unberührt;

hierzu gehören beispielsweise die Teilnahme an Hauptversammlungen, das Auskunftsrecht und das Recht zur Anfechtung von Hauptversammlungsbeschlüssen.

Auch die wirtschaftliche Situation der Aktionärsgruppen unterscheidet sich während der Laufzeit des Unternehmensvertrags erheblich. In Bezug auf die Vermögensrechte steht dem herrschenden Unternehmen der gesamte Gewinn des Unternehmens zu. Die Minderheitsaktionäre sind dagegen daran nicht (mehr) beteiligt. Als Kompensation erhalten sie eine vertraglich bestimmte wiederkehrende Geldleistung in konstanter Höhe (Ausgleichszahlung, § 304 AktG), die unabhängig vom wirtschaftlichen Erfolg des Unternehmens ist. Die Minderheitsaktionäre sind damit während der Laufzeit eines Beherrschungs- und Gewinnabführungsvertrages von den Chancen und Risiken der wirtschaftlichen Entwicklung der abhängigen Gesellschaft ausgeschlossen; wirtschaftlich betrachtet sind sie wie Inhaber eines zwar risikobehafteten, jedoch grundsätzlich festverzinslichen Wertpapiers gestellt.

Bis zu einer höchstgerichtlichen Klärung durch den BGH (Beschluss vom 12. Januar 2016, II ZB 25/14) war in Literatur und Rechtsprechung umstritten, wie die Barabfindung anlässlich eines Squeeze-outs bei Bestehen eines Beherrschungs- und Gewinnabführungsvertrages zu ermitteln ist. Der BGH hat klargestellt, dass der anteilige Unternehmenswert zum Zeitpunkt des Beschlusses über den Ausschluss von Minderheitsaktionären jedenfalls dann maßgebend ist, wenn der anteilige Unternehmenswert höher ist als der Barwert der Ausgleichszahlung aufgrund des Beherrschungs- und Gewinnabführungsvertrages. In der konkreten Entscheidung wurde offen gelassen, ob dem Barwert der Ausgleichszahlung – ähnlich dem Börsenkurs – auch die Funktion einer Wertuntergrenze beikommt.

Nach Ansicht des BGH kann der „wahre Wert" der Beteiligung durch den Barwert der Ausgleichszahlung nicht alleine ermittelt werden. In Bezug auf die Vermögensbeteiligung an einer Aktiengesellschaft umfasst die Beteiligung nicht nur die Aussicht auf eine Dividende, die im Rahmen eines Beherrschungs- und Gewinnabführungsvertrages durch eine Ausgleichszahlung ersetzt wird. Darüber hinaus gehört auch der Anteil an der Vermögenssubstanz, auf den bei Auflösung und Liquidation ein Anspruch besteht, zu den Vermögensrechten; eine über den Barwert der Ausgleichszahlung ermittelte Barabfindung berücksichtigt diesen Aspekt gerade nicht und deckt damit gegebenenfalls nicht den „wahren" Wert der Beteiligung ab.

Der „wahre" Wert wird zudem auch dann nicht zutreffend durch den Barwert der Ausgleichszahlung abgebildet, wenn sich der Unternehmenswert der abhängigen Gesellschaft seit dem Abschluss des Beherrschungs- und Gewinnabführungsvertrages erhöht hat. Diese Chance auf eine Wertsteigerung würde dem Minderheitsaktionär genommen, wenn der Beherrschungs- und Gewinnabführungsvertrag in Zukunft beendet würde. In diesem Fall wäre der Minderheitsaktionär wieder mit seinem vollen Dividendenrecht an der im Wert gestiegenen Aktiengesellschaft beteiligt. Eine Barabfindung zum Barwert der Ausgleichszahlung würde in diesem Fall zu einer nicht gerechtfertigten Vermögensverschiebung von den Minderheitsaktionären zum Hauptaktionär führen.

Ebenso berücksichtigt der Barwert der Ausgleichszahlung nicht, dass dem Minderheitsaktionär auch die durch den Ausschluss verloren gehenden Mitgliedschaftsrechte zu entschädigen sind.

Die Ansicht des BGH, nach der der anteilige Unternehmenswert grundsätzlich dann für die Barabfindung maßgebend ist, wenn der anteilige Unternehmenswert den Barwert der Ausgleichszahlung übersteigt, wird in der Literatur kontrovers diskutiert und führt zu weiteren Fragestellungen in der Bewertungspraxis. Für die Bewertungspraxisbedeutet diese Rechtsprechung auch, dass (weiterhin) folgende drei Datenpunkte für die Ermittlung der Barabfindung zum Bewertungsstichtag zu erheben sind: Durchschnittlicher Börsenkurs als Wertuntergrenze (sofern relevant); Barwert der Ausgleichszahlung aus dem bislang bestehenden Unternehmensvertrag; Unternehmenswert je Aktie nach den anerkannten Bewertungsgrundsätzen des IDW S 1 „Grundsätze zur Durchführung von Unternehmensbewertungen" (IDW S 1). Bewertungsstichtag ist dabei der Tag der Hauptversammlung, die über den Squeeze-out beschließt.

4. Vereinfachte Konzernverschmelzungen – erweiterte Möglichkeiten zum Ausschluss von Minderheitsaktionären

Mitte Juli 2011 wurde das Dritte Gesetz zur Änderung des Umwandlungsgesetzes im Bundesgesetzblatt (BGBl I S. 1338 ff.) verkündet und ist damit in Kraft getreten. Mit dem Gesetz soll die Richtlinie 2009/109/EG des Europäischen Parlaments und des Rates hinsichtlich der Berichts- und Dokumentationspflicht bei Verschmelzungen und Spaltungen in deutsches Recht umgesetzt werden. Ziel ist es, den Verwaltungsaufwand und damit die Kosten im Zusammenhang mit Umwandlungsmaßnahmen zu verringern. Kernstück der Reform ist die Einräumung der Möglichkeit eines Ausschlusses von Minderheitsaktionären in sachlichem und zeitlichem Zusammenhang mit einer Konzernverschmelzung bei einer von 95 Prozent (§ 327a Abs. 1 AktG, sog. aktienrechtlicher Squeeze-out) auf 90 Prozent (§ 62 Abs. 5 UmwG – sog. verschmelzungsrechtlicher Squeeze-out) reduzierten Anteilsquote des Hauptaktionärs.

Die Regelung des § 62 Abs. 5 UmwG ist anwendbar, wenn sich mindestens 90 Prozent der Aktien einer übertragenden Aktiengesellschaft in der Hand einer übernehmenden Aktiengesellschaft befinden. In diesem Fall kann die Hauptversammlung der übertragenden Aktiengesellschaft innerhalb von drei Monaten nach Abschluss des Verschmelzungsvertrags einen Beschluss zur Übertragung der Aktien der Minderheitsaktionäre auf die übernehmende Gesellschaft (Hauptaktionär) fassen. Der Verschmelzungsvertrag muss die Angabe über den geplanten Ausschluss der Minderheitsaktionäre enthalten.

Die Dokumentation bzw. die Vorbereitung und Durchführung der den Squeeze-out beschließenden Hauptversammlung erfolgt nach den aktienrechtlichen Bestimmungen. Anders als bei der bisherigen Konzernverschmelzung nach § 62 Abs. 1 UmwG bedarf es weder eines Verschmelzungsberichts noch einer -prüfung. Insbesondere entfällt die Bewertung der aufnehmenden Gesellschaft und damit die Ermittlung des angemessenen Umtauschverhältnisses. Erforderlich ist lediglich – zeitlich und sachlich deutlich weniger aufwändig – die Erstellung eines Übertragungsberichts mit einer Erläuterung der Höhe der Barabfindung und der Voraussetzungen für den verschmelzungsrechtlichen Squeeze-out. Darüber hinaus muss die Angemessenheit der Barabfindung für die Aktien der zu übertragenden Aktiengesellschaft geprüft werden.

Nach dem Squeeze-out-Beschluss der übertragenden Gesellschaft und gegebenenfalls der Durchführung eines Freigabeverfahrens gegen Anfechtungs- oder Nichtigkeitsklagen (§ 327 e Abs. 3 Satz 1 AktG) wird der Squeeze-out in das Handelsregister der übertragenden Gesellschaft eingetragen. Wirksam wird er jedoch erst mit dem Wirksamwerden der Verschmelzung. Hierfür wird ein entsprechender Vermerk im Handelsregister aufgenommen. Insofern kann der Squeeze-out bei einem Scheitern der Verschmelzung nicht wirksam werden.

Im Vergleich zum aktienrechtlichen Squeeze-out erweitert das Absenken des Schwellenwerts auf 90 Prozent erheblich den Anwendungsbereich. Gleichzeitig jedoch bestehen Einschränkungen – zum Beispiel hinsichtlich der Rechtsform des Mutterunternehmens. Einerseits muss es sich dabei wie bei dem Tochterunternehmen um eine Aktiengesellschaft (AG), Kommanditgesellschaft auf Aktien (KGaA) oder Societas Europaea (SE) handeln.

Dabei sollte ein vorgelagerter Formwechsel eines Hauptaktionärs in der Rechtsform einer GmbH in die Rechtsform einer AG keinen Gestaltungsmissbrauch darstellen. Andererseits findet die Zurechnungsnorm des § 16 Abs. 4 AktG keine Anwendung. Dies hat zur Folge, dass das Mutterunternehmen 90 Prozent der Anteile an dem Tochterunternehmen unmittelbar halten muss.

Auch wenn die Unternehmen künftig im Einzelfall abzuwägen haben, ob sie eine unmittelbare Verschmelzung vornehmen wollen oder ob sie vor der Verschmelzung einen verschmelzungsspezifischen Squeeze-out durchführen, bietet die Neuregelung des § 62 Abs. 5 UmwG die Möglichkeit des Ausschlusses von Minderheitsaktionären im Rahmen einer Verschmelzung bereits bei Erreichen des deutlich niedrigeren Schwellenwerts von 90 Prozent.

5. Prüfungsumfang bei einer Gründungsprüfung/Kapitalerhöhungsprüfung – auf das Agio kommt es an

Im Rahmen einer Gründung oder einer Kapitalerhöhung durch Sacheinlage hat eine Wertprüfung durch einen sachverständigen Prüfer zu erfolgen. Durch die Rechtsprechung und die EU-Kapitalmarktrichtlinie hat sich der Umfang der Prüfung gegenüber dem Gesetzeswortlaut deutlich erweitert. Er umfasst den Ausgabebetrag einschließlich des aktienrechtlichen Agios. Eine Wertdeckung des schuldrechtlichen Agios oder ein Mehrbetrag aus einem späteren Zeitwertansatz bei der Bilanzierung wird dagegen nicht bei einer Gründungsprüfung beziehungsweise Kapitalerhöhungsprüfung untersucht. Dies hat zur Folge, dass der Prüfungsumfang abhängig von der Ausgestaltung der Gründung beziehungsweise der Kapitalerhöhung ist.

Prüfung des Ausgabebetrags

Nach dem Gesetzeswortlaut ist bei einer Aktiengesellschaft bei einer Gründungsprüfung (§ 34 Abs. 1 Nr. 2 AktG) bzw. bei einer Kapitalerhöhungsprüfung (§ 183 Abs. 3 Satz 2 AktG i.V.m. § 34 Abs. 1 Nr. 2 AktG) lediglich zu prüfen, ob der Wert einer Sacheinlage den geringsten Ausgabebetrag der dafür zu gewährenden Aktien erreicht (Werthaltigkeitsprüfung).

Demgegenüber spricht sich die Rechtsprechung und die überwiegende Ansicht in der rechtswissenschaftlichen Literatur dafür aus, dass die Prüfung entgegen dem Gesetzeswortlaut auch die Wertdeckung eines etwaigen Agios zu umfassen hat. Dabei ist zwischen einem korporativen Agio im Sinne des § 9 Abs. 2 AktG (aktienrechtliches Aufgeld bzw. „Überpari-Emission") und einer rein schuldrechtlich vereinbarten Zuzahlung zu unterscheiden. Unter einem korporativen Agio ist die Ausgabe neuer Aktien zu einem über dem geringsten Ausgabebetrag liegenden höheren Ausgabebetrag zu verstehen. Bei einem schuldrechtlichen Agio erfolgt die Aktienausgabe hingegen zum geringsten Ausgabebetrag (im Sinne des auf die einzelne Aktie entfallenden rechnerischen Anteils am Grundkapital), und die Zuzahlung wird lediglich auf schuldrechtlicher Basis vereinbart. Während das korporative Agio nach § 9 Abs. 2 AktG als Kapitalrücklage nach § 272 Abs. 2 Nr. 1 HGB in der Bilanz zu passivieren ist, wird das rein schuldrechtliche Agio als Kapitalrücklage im Sinne des § 272 Abs. 2 Nr. 4 HGB bilanziert.

Trotz des eindeutigen Gesetzeswortlauts hat der sachverständige Prüfer gemäß der vorgenannten Rechtsprechung und rechtswissenschaftlichen Literatur seine Prüfung über den geringsten Ausgabebetrag hinaus auch darauf zu erstrecken, ob der Wert der Sacheinlage ein ggf. festgesetztes korporatives Agio im Sinne des § 9 Abs. 2 AktG umfasst. Dies wird in der rechtswissenschaftlichen Literatur in der Regel mit einem Verweis auf die europäische Kapitalmarktrichtlinie (Richtlinie 2012/30/EU) begründet, die in Art. 10 Abs. 2 verlangt, dass der Wert der Sacheinlage nach den Ergebnissen der sachverständigen Prüfung nicht nur dem geringsten Ausgabebetrag, sondern auch einem ggf. festgesetzten Mehrbetrag entspricht. Der Umfang der nach § 34 Abs. 1 Nr. 2 AktG vorzunehmenden Prüfung ist daher richtlinienkonform auf die Frage auszudehnen, ob der Wert der Sacheinlage nicht nur den geringsten Ausgabebetrag der dafür zu gewährenden Aktien, sondern auch ein darüber hinaus ggf. festgesetztes korporatives Agio erreicht. Der BGH hat sich mit Urteil vom 6. Dezember 2011 (II ZR 149/10) dieser Sichtweise ausdrücklich angeschlossen.

Eine Ausdehnung auf ein schuldrechtliches Agio wird in der rechtswissenschaftlichen Literatur abgelehnt. Die Vorschriften über die Sacheinlageprüfung beabsichtigen die Sicherung der realen Kapitalaufbringung zu Zwecken des Gläubigerschutzes; sie können sich demzufolge nur auf solche Kapitalaufbringungsmaßnahmen beziehen, die dem Ziel des Gläubigerschutzes unterstellt sind. Dem Gläubigerschutz dienen das gezeichnete Kapital (§ 272 Abs. 1 Satz 1 HGB) sowie die Ausschüttungssperre gemäß § 150 AktG für Kapitalrücklagen nach § 272 Abs. 2 Nr. 1 bis 3 HGB. Das schuldrechtliche (und über § 272 Abs. 2 Nr. 4 HGB bilanzierte) Agio unterliegt hingegen keiner Ausschüttungssperre.

Die erläuterte Ausdehnung des Prüfungsumfangs, auch auf das korporative Agio, gilt nach dem eindeutigen Wortlaut des genannten BGH-Urteils nicht für eine GmbH, da das Aufgeld bei einer Aktiengesellschaft nach § 9 Abs. 2 AktG Teil des Ausgabebetrags und der mitgliedschaftlichen Leistungspflicht der Aktionäre nach § 54 Abs. 1 AktG ist, von der die Aktionäre nach § 66 Abs. 1 AktG grundsätzlich nicht befreit werden können, und es sich insoweit von dem Agio bei einer GmbH unterscheidet, auf das sich der Differenzhaftungsanspruch nach § 9 Abs. 1 Satz 2 GmbHG nach herrschender Meinung nicht erstreckt.

Zusammenfassend lässt sich feststellen, dass der Prüfungsumfang des Werthaltigkeitsprüfers den Ausgabebetrag sowie ein darüber hinaus festgesetztes korporatives Agio umfasst. Nach soweit ersichtlich einhelliger

Auffassung in der rechtswissenschaftlichen Literatur ist es demzufolge nicht die Aufgabe des Prüfers, die Werthaltigkeit des Betrags zu prüfen, mit dem die Sacheinlage in der Bilanz auf der Aktivseite angesetzt wird.

Die Nachweispflichten des Bilanzierenden gegenüber dem Abschlussprüfer bleiben hiervon jedoch unbeschadet. Hier kann der Bilanzierende zum Beispiel durch ein Unternehmensbewertungsgutachten nach den Grundsätzen des IDW S 1 den Nachweis des Zeitwerts erbringen.

Bilanzierung der Sacheinlage
Völlig unabhängig von dem Umfang der Sacheinlageprüfung ist die spätere Frage des Wertansatzes der Sacheinlage im Rahmen der Bilanzierung bei der empfangenden Kapitalgesellschaft. Der eingelegte Vermögensgegenstand ist gemäß den allgemeinen handelsrechtlichen Bilanzierungsvorschriften mit den Anschaffungskosten zu bewerten. Üblicherweise ist das der Ausgabebetrag (Nennbetrag zzgl. korporatives Agio). Sollte der Zeitwert höher sein, kann auch ein höherer Wert als die Anschaffungskosten angesetzt werden.

Während das korporative Agio unstrittig als Kapitalrücklage nach § 272 Abs. 2 Nr. 1 HGB zu passivieren ist, stellen sich die Fragen, unter welchen Posten das schuldrechtliche Agio und unter welchem Posten ein bei späterer Zeitwertbilanzierung sich ergebender Mehrbetrag zu passivieren ist.

Die herrschende Meinung geht davon aus, dass das schuldrechtliche Agio bzw. der Mehrbetrag sowohl als Kapitalrücklage nach § 272 Abs. 2 Nr. 1 HGB als auch als „andere Zuzahlung" im Sinne des § 272 Abs. 2 Nr. 4 HGB passiviert werden kann. Diese Auffassung wurde vom OLG München ausdrücklich bestätigt, indem es feststellte, dass im Zuge einer Kapitalerhöhung die Einleger und die Gesellschaft wirksam eine Vereinbarung dahingehend treffen können, dass neben den Zahlungen für ausgewiesenes Grundkapital der neu herauszugebenden Aktien nebst (korporativem) Agio auch weitere „Zuzahlungen" geleistet werden, die als Zuzahlungen in das Eigenkapital gemäß § 272 Abs. 2 Nr. 4 HGB in die freien Rücklagen einzuzahlen sind. Es könne schließlich keinen Zwang geben, sämtliche Zahlungen in zeitlichem Zusammenhang mit der Ausgabe neuer Aktien in die Kapitalrücklage nach § 272 Abs. 2 Nr. 1 HGB einzustellen. Der BGH hat diese Ansicht in der gegen das Urteil des OLG München gerichteten Revision bestätigt.

Auch in der bilanzrechtlichen Literatur ist eine entsprechende Vereinbarung zur Leistung freiwilliger Mehrleistungen mit der entsprechenden bilanziellen Folge des Ausweises einer frei verfügbaren Kapitalrücklage im Sinne des § 272 Abs. 2 Nr. 4 HGB und somit eine gewisse Dispositionsfreiheit der Gesellschafter anerkannt, soweit diese Disposition ausreichend sicher dokumentiert ist.

Demzufolge ist ein schuldrechtliches Agio aufgrund seines schuldrechtlichen Charakters (und einer entsprechenden Bezeichnung) als Kapitalrücklage nach § 272 Abs. 2 Nr. 4 HGB zu passivieren. Dagegen ist ein Mehrbetrag aus einer Zeitwertbilanzierung grundsätzlich in die Kapitalrücklage nach § 272 Abs. 2 Nr. 1 HGB einzustellen, es sei denn, es wurde – wie in der Praxis durchaus üblich – im Kapitalerhöhungsbeschluss oder in einem Gesellschafterbeschluss bereits geregelt oder anderweitig nachgewiesen, dass der Betrag in die Kapitalrücklage nach § 272 Abs. 2 Nr. 4 HGB eingestellt werden soll.

6. Der Wertbeitrag des steuerlichen Einlagekontos – abgeltungssteuerfreie Ausschüttungen an die Anteilseigner

Jede Kapitalgesellschaft verfügt über ein steuerliches Einlagekonto. In bestimmten Konstellationen können sich mithilfe dessen abgeltungssteuerfreie Ausschüttungen an die Anteilseigner ergeben, sodass der Unternehmenswert aus Sicht der Anteilseigner steigt. In der Bewertungspraxis wird allerdings häufig vernachlässigt, dass diese als Einlagenrückgewähr zu klassifizierenden steuerfreien Ausschüttungen Folgewirkungen bei der Versteuerung der künftigen Veräußerungsgewinne haben und letztlich nur eine Steuerstundung darstellen. Der Wertbeitrag des steuerlichen Einlagekontos darf nicht unbeachtet bleiben, wurde jedoch in der Vergangenheit häufig überschätzt.

Im steuerlichen Einlagekonto werden gemäß § 27 Abs. 1 Satz 1 KStG alle offenen und verdeckten Einlagen mit Ausnahme der Einlagen in das Nennkapital (gezeichnetes Kapital bei einer AG oder Stammkapital bei einer GmbH) erfasst. Das steuerliche Einlagekonto wird außerhalb der Handels- und Steuerbilanz allein für steuerliche Zwecke geführt. Es wird gemäß § 27 Abs. 1 Satz 2 KStG ausgehend vom Bestand am Ende des vorangegangenen Wirtschaftsjahrs um die Zu- und Abgänge des Wirtschaftsjahrs fortgeschrieben.

Ausschüttungen einer Kapitalgesellschaft können dann ohne Abgeltungsteuer an die Anteilseigner erfolgen, wenn die Ausschüttungen den sogenannten ausschüttbaren Gewinn übersteigen. Dieser ermittelt sich gemäß § 27 Abs. 1 Satz 3 KStG wie folgt:

Eigenkapital gemäß Steuerbilanz
− Gezeichnetes Kapital
− (Positives) steuerliches Einlagekonto
= **Ausschüttbarer Gewinn**
  (minimal 0)

Der den ausschüttbaren Gewinn einer Gesellschaft übersteigende Teil der Ausschüttung wird steuerlich als eine Rückzahlung von Einlagen behandelt. Diese stellen gemäß § 20 Abs. 1 Nr. 1 Satz 3 EStG keine Einkünfte aus Kapitalvermögen dar und unterliegen somit nicht der Einkommen-

oder Abgeltungsteuer beim Anteilseigner. Die Rückzahlung von Einlagen mindert dann das steuerliche Einlagekonto der Kapitalgesellschaft.

In der Regel ist bei den Gesellschaften ein hinreichender ausschüttbarer Gewinn vorhanden und es kommt zu keiner Rückzahlung von Einlagen. In Fällen jedoch, in denen handelsbilanzielle Ergebnisse deutlich über steuerbilanziellen Ergebnissen liegen (wie beispielsweise regelmäßig bei Immobiliengesellschaften) oder in der Vergangenheit lagen sowie organschaftliche Minderabführungen oder Veränderungen des steuerlichen Einlagekontos aufgrund von Umwandlungsvorgängen erfolgten, kann sich über einen längeren Zeitraum ein ausschüttbarer Gewinn unterhalb der geplanten Ausschüttungen ergeben, sodass es zu steuerfreien Rückzahlungen von Einlagen kommt.

Zu beachten ist dabei indes, dass die steuerfreie Rückzahlung von Einlagen laut einschlägiger Rechtsprechung korrespondierend die ursprünglichen Anschaffungskosten der Anteile beim Anteilseigner mindert. Diese Minderung der rechnerischen Anschaffungskosten führt zu einer entsprechenden Erhöhung eines künftigen Veräußerungsgewinns beim Anteilseigner, da sich dieser aus dem Veräußerungspreis abzüglich der rechnerischen Anschaffungskosten ergibt. Der Veräußerungsgewinn gehört gemäß § 20 Abs. 2 EStG zu den Einkünften aus Kapitalvermögen und ist mit der Abgeltungsteuer zu versteuern. Demzufolge steht der Steuerersparnis auf Ausschüttungen, die als steuerfreie Rückzahlung von Einlagen betrachtet werden, eine in absoluter Summe gleiche Steuerbelastung bei der späteren Veräußerung der Anteile gegenüber. Die Berücksichtigung eines steuerlichen Einlagekontos führt somit über die Totalperiode betrachtet lediglich zu einer Steuerstundung und nicht zu einer Steuerersparnis.

Für die Frage des Werts der Steuerstundung ist somit entscheidend, wann die Anteile veräußert werden und somit die Steuerstundung endet. Je länger die Haltedauer ist, desto größer ist der Wert der Steuerstundung. Bei Annahme einer kurzen Haltedauer tritt nahezu kein Steuerstundungseffekt auf. Bei Annahme einer unendlichen Haltedauer wird aus der Steuerstundung faktisch eine Steuerersparnis, da die spätere Besteuerung höherer Kursgewinne im Bewertungskalkül nie eintritt.

Bezüglich der Haltedauer von Aktien existieren verschiedene Studien mit einer großen Bandbreite von Ergebnissen. Bei einer objektivierten Unternehmensbewertung gemäß IDW S 1 wird bei der Bestimmung der

Kursgewinnbesteuerung zur Ermittlung eines Zukunftserfolgswerts regelmäßig von langen, aber nicht unendlichen Haltedauern ausgegangen. Dabei findet bei der Annahme einer hälftigen effektiven Abgeltungsteuerbelastung für Kursgewinne implizit eine Haltedauer von ca. 30 bis 40 Jahren Anwendung. Aus Konsistenzgründen erscheint es daher für objektivierte Unternehmensbewertungen gemäß IDW S 1 geboten, sich an dieser Annahme zur Haltedauer auch für die Bestimmung des Werts eines steuerlichen Einlagekontos zu orientieren. Insofern ist anzunehmen, dass die Summe der als Rückzahlung von Einlagen qualifizierten Ausschüttungen bei Veräußerung zum Beispiel im Jahr 40 nach dem technischen Bewertungsstichtag als Kursgewinne anfallen und somit mit dem Abgeltungsteuersatz zu versteuern sind. In der Vergangenheit wurde bei der Bestimmung des Wertbeitrags des steuerlichen Einlagekontos in der Bewertungspraxis meist (implizit) eine unendliche – und damit zu den Annahmen bei der Kursgewinnbesteuerung inkonsistente – Haltedauer angenommen und so der Wertbeitrag des steuerlichen Einlagekontos überschätzt.

Neben der Haltedauer ist der Wertbeitrag des steuerlichen Einlagekontos vor allem noch abhängig von der Ausschüttungsquote (je höher, desto höher der Wertbeitrag) und dem Kapitalisierungszinssatz.

Die Berücksichtigung des Wertbeitrags eines steuerlichen Einlagekontos kann im Bewertungskalkül grundsätzlich auf zwei Wegen erfolgen. Die Steuerersparnisse bei den Ausschüttungen sowie der korrespondierende zusätzliche Kursgewinn nach Ablauf der Haltedauer können bei der Bestimmung der Belastung mit persönlichen Steuern im Bewertungskalkül direkt im Rahmen der den Anteilseigner zufließenden Überschüsse berücksichtigt werden. Alternativ können wertidentisch die Steuerersparnisse über den Zeitablauf sowie die Steuerbelastung nach Ablauf der Haltedauer auch separat berücksichtigt, mit den unverschuldeten Eigenkapitalkosten nach persönlichen Steuern auf den Bewertungsstichtag diskontiert und als Sonderwert in der Unternehmensbewertung berücksichtigt werden. Die Berücksichtigung als Sonderwert erscheint unter Transparenz- und Vereinfachungsgründen vorteilhaft.

Zu beachten ist, dass selbst dann, wenn bei der Bestimmung eines Zukunftserfolgswerts (zum Beispiel Ertragswert) aufgrund der mittelbaren Typisierung gemäß IDW S 1, Tz. 30, von einer Berücksichtigung von persönlichen Steuern abgesehen wird, nicht ohne Weiteres auf die Berücksichtigung eines Sonderwerts für ein steuerliches Einlagekonto verzichtet werden kann. Dies wäre nur sachgerecht, wenn angenommen werden kann, dass die Alternativanlage in vergleichbarem Maße über einen Wertbeitrag aus einem steuerlichen Einlagekonto verfügt. Der Bewerter muss an dieser Stelle beachten, dass eine Bewertung vor persönlichen Steuern nicht gleichbedeutend ist mit einer Bewertung ohne persönliche Steuern. Ein potenzieller Wertbeitrag eines steuerlichen Einlagekontos ist somit grundsätzlich bei jedem Bewertungsanlass einer Kapitalgesellschaft relevant und zu untersuchen.

Zusammenfassend ist festzuhalten, dass jede Kapitalgesellschaft über ein steuerliches Einlagekonto verfügt. In Fällen, in denen die Ausschüttungen den nach steuerlichen Vorschriften ermittelten ausschüttbaren Gewinn übersteigen, kann ein Steuerstundungseffekt zwischen steuerfreier Ausschüttung späterer Veräußerung der Anteile entstehen, dem ein Wert beizumessen ist. Dieser mögliche Wertbeitrag des steuerlichen Einlagekontos ist unabhängig vom Bewertungsanlass und der Frage, ob das tatsächliche Bewertungskalkül vor oder nach persönlichen Steuern erfolgt, zu untersuchen und konsistent zu anderen Annahmen im Bewertungskalkül zu bestimmen.

7. Dispute Valuation – Besonderheiten bei der Durchführung von Bewertungen im Kontext gerichtlicher und außergerichtlicher Streitverfahren

Die unterschiedlichen Bewertungsanlässe und die Funktion, die Bewerter im Rahmen ihrer Beauftragung ausfüllen, bestimmen nach den einschlägigen Bewertungsstandards maßgeblich das Vorgehen bei der Durchführung und damit das Ergebnis der Bewertung. Zu dem Bewertungsanlass „Dispute", unter dem Bewertungen im Kontext gerichtlicher und außergerichtlicher Streitverfahren zusammengefasst werden können, führen diese Bewertungsstandards nur wenig aus. Auch in der rechtlichen Literatur gibt es wenig, was über den jeweilig entschiedenen Einzelfall hinausgeht und die Besonderheiten einer „Dispute Valuation" einer standardisierten Regelung zuführen würde. Umso wichtiger ist es, dass zur juristischen Durchsetzung der eigenen – oftmals erheblichen – Ansprüche stets spezifische Bewertungsgutachten eingeholt werden, um die Quantifizierung der Anspruchshöhe methodisch sachgerecht durchzuführen und damit eine belastbare und beweisfeste Dokumentation etwaiger Ansprüche sicherzustellen.

Gerichtliche und außergerichtliche Streitverfahren können eine langwierige und teure Angelegenheit sein. Zum Schutz der eigenen Rechtsposition ist eine umfassende juristische Beratung daher unabdingbar. In vielen Streitfällen sind neben juristischen Fragen aber auch betriebswirtschaftliche Themenstellungen relevant. Immer dann, wenn sich bei der Quantifizierung der Anspruchshöhe bewertungsrelevante Fragestellungen ergeben, beispielsweise nach dem methodischen Vorgehen bei der Ableitung der Anspruchshöhe, kann es erforderlich sein, die juristische Durchsetzung der Ansprüche mit entsprechenden Analysen oder auch Gutachten von Bewertungsexperten zu flankieren. In diesen Fällen sollten bei der Quantifizierung der Anspruchshöhe einschlägige oder analog anwendbare Bewertungsstandards berücksichtigt werden, um methodisch sachgerechte und damit belastbare Ergebnisse zu gewährleisten. Ob und inwieweit die einzelnen Bewertungsstandards im Rahmen der unterschiedlichen Ausprägungen der „Dispute Valuation" einschlägig sind oder ob diese analoge Anwendung finden müssen, hängt von der zugrundeliegenden Art und dem Zweck der durchzuführenden „Dispute Valuation" ab. Beispielhafte

Anlässe für die Durchführung einer „Dispute Valuation" sind in folgender Abbildung dargestellt.

Beispielhafte Anlässe für „Dispute Valuation"

Buyside/Sellside Disputes	— Kaufpreis & Kaufpreisanpassungsklauseln — Auslegung des Vertragstextes/von Definitionen (z.B. „Nettofinanzposition") — Bewertungsfragen, z.B. Plananpassungen, Kapitalkosten
Shareholder Disputes	— Höhe von Abfindungsansprüche — Bewertung von Put/Call-Optionen bei Austritt aus der Gesellschaft — Folgen aus der Verletzung von Informations- und Einsichtsrechten
Regulatory driven Disputes	— Wettbewerbsbeschränkungen, Wettbewerbsabsprachen — Folgen aus der Verletzung des Vergaberechts — Genehmigungsentzug — Allg. Gesetzesänderungen, Regulatorische Änderungen
Operating Business Disputes	— Preisanpassungsklauseln in Liefer- und Leistungsverträgen — Verletzungen von Rechten aus Patenten und Lizenzen — Bauverzögerungen und Bewertung des daraus resultierenden Schadens

Abb. A-1

Besonderheiten bei der Beauftragung einer Dispute Valuation

Der Bewertungsstandard IDW S 1 gibt auf der Basis der dort genannten Bewertungsanlässe und Funktionen weitestgehend vor, welcher Wert bei der durchzuführenden Bewertung zu bestimmen ist. Während Bewerter im Rahmen der Funktion des neutralen Gutachters einen objektivierten Unternehmenswert ermitteln, der die individuellen Wertvorstellungen wie zum Beispiel Synergien der betroffenen Parteien unberücksichtigt lässt, werden diese bei der Ermittlung subjektiver Unternehmenswerte in der Funktion des Beraters in das Bewertungskalkül einbezogen. In der Funktion des Schiedsgutachters/Vermittlers ermitteln Bewerter nach den Regelungen des IDW S 1 hingegen Einigungswerte im Rahmen einer Konfliktsituation. Dabei wird der objektivierte Unternehmenswert um intersubjektiv angemessene und faire Anteile an den Synergieeffekten adjustiert.

Bei Beauftragung einer Dispute Valuation sind die vom IDW S 1 definierten Begriffspaare im Einzelfall aufzulösen. Die Beauftragung erfolgt hier entweder durch eine oder beide Streitparteien oder durch ein Gericht. Unabhängig von den in IDW S 1 genannten Funktionen, erfolgt die Beauftragung dabei in der Regel als unabhängiger Sachverständiger, mit der Zielvorgabe entweder einen im Ansatz subjektbezogenen Wert oder einen objektivierten Wert zu ermitteln. Da Gerichte in aller Regel die gegenläufigen Interessen der beteiligten Streitparteien ausgleichen müssen und die jeweils subjektiven Wertvorstellungen der Streitparteien einer gerichtlichen Überprüfung nur schwer zugänglich sind, erkennt auch die Rechtsprechung eine typisierende Betrachtung und damit die Ermittlung objektivierter Unternehmenswerte grundsätzlich an. Dennoch können, in Abhängigkeit vom Einzelfall, auch subjektive Werte gefordert sein. Im Rahmen der Beauftragung einer „Dispute Valuation" ist daher in enger Abstimmung entweder mit dem Gericht oder mit den juristischen Beratern der Streitpartei(en) und passend zu deren Strategie zur Durchsetzung der entsprechenden Ansprüche festzulegen, welches Wertkonzept bei der Quantifizierung der Ansprüche verfolgt werden soll. Zudem empfiehlt es sich, die entsprechenden Wertbegriffe, insbesondere vor dem Hintergrund der Verwendbarkeit der Ergebnisse vor Gericht, im Rahmen der Expertengutachten zu definieren und deren methodische Ableitung klar zu beschreiben, insbesondere dann, wenn auf der Basis der Besonderheiten des Einzelfalls von den im IDW S 1 definierten Begriffspaaren abgewichen werden muss.

Besonderheiten bei Buyside/Sellside Disputes
Im Rahmen von Buyside/Sellside Disputes geht es in der Regel um bewertungsrelevante Fragestellungen zum Kaufpreis im Rahmen von M&A-Transaktionen. Im Marktumfeld ist zu beobachten, dass Streitverfahren im Kontext von Transaktionen in den letzten Jahren zunehmend an Bedeutung gewonnen haben. Die früher übliche Zurückhaltung der Transaktionsparteien bei der Geltendmachung von Ansprüchen nach Vollzug der Transaktion ist mittlerweile einer Sichtweise gewichen, bei der die Parteien ihre Positionen analysieren und etwaige Ansprüche, die nicht selten hohe Beträge ausmachen, geltend machen. So kann es auch trotz im Vorfeld sorgsam durchgeführter Verhandlungen nach der eigentlichen Transaktion zu Streitverfahren kommen.

Zur Vermeidung von Streitverfahren, sollte im Sinne der Prävention bereits vor Vertragsabschluss durch gezielte Analysen sichergestellt werden, dass potenzielle Streitpunkte und Fallstricke bereits im Rahmen der Vertragsverhandlung vermieden werden. Empfehlenswert ist in diesem Zusammenhang die interdisziplinäre Zusammenarbeit von auf Dispute Services spezialisierten Experten der unterschiedlichen Disziplinen aus M&A und Valuation sowie Rechtsanwälten, um potenzielle Streitthemen zu identifizieren und aus den jeweils unterschiedlichen Blickwinkeln umfassend zu analysieren. Kommt es im Nachgang von Transaktionen zu Streitverfahren, kann es um bewertungsrelevante Themenstellungen in Bezug auf das ganze Unternehmen oder einen Anteil am Unternehmen gehen, oder strittige Fragen aus der Auslegung von Vertragstexten oder Definitionen können Gegenstand des Streitverfahrens sein. In den Fällen, in denen der Schwerpunkt auf der Bewertung von Unternehmen oder deren Anteilen liegt, sollte der Bewertungsstandard IDW S 1 bei der Quantifizierung der Anspruchshöhe vollumfänglich berücksichtigt werden. Bei der Interpretation und Auslegung von Vertragstexten oder Definitionen kann eine enge Orientierung an dem Bewertungsstandard ebenfalls empfehlenswert sein. Denn durch die Anwendung der allgemein anerkannten Bewertungsregeln wird sichergestellt, dass die Quantifizierung der Anspruchshöhe methodisch sachgerecht und damit belastbar und beweisfest ist.

Besonderheiten bei Shareholder Disputes
Shareholder Disputes entstehen in der Regel aus Streitigkeiten bei gewollten und ungewollten Austritten aus einer Gesellschaft. Obwohl Gesellschaftsverträge häufig Regelungen zum Ausstieg aus der Gesellschaft vorsehen, kommt es in der Praxis nicht selten zu Streitigkeiten in Bezug auf die Auslegung der Ausstiegsklauseln und damit verbunden zu Streitigkeiten in Bezug auf die Höhe der Abfindungsansprüche. Häufig sehen entsprechende Verträge vor, dass bei Austritt aus der Gesellschaft ein Unternehmenswert nach „anerkannten Regelungen" zu ermitteln ist. In diesen Fällen ist der IDW S 1 einschlägig und sollte bei der Quantifizierung der Ansprüche berücksichtigt werden. Sofern die Ausstiegsklauseln die Bewertungsmethode zur Ermittlung der Abfindungsansprüche offen lassen oder im Rahmen einer vorgegebenen Bewertungsmethodik Interpretationsräume offen bleiben, kann es sinnvoll sein, die rein juristische Interpretation durch eine betriebswirtschaftliche Würdigung zu ergänzen, um eine methodisch sachgerechte Auslegung der Vertragsklauseln sicherzustellen und damit die eigenen Ansprüche belastbar zu dokumentieren. Insbesondere dort, wo der Bewertungsstandard im Hinblick auf die streitgegenständliche Bewertung auszulegen ist, sollte eine Orientierung an beziehungsweise auf eine weitgehend analoge Anwendung des Bewertungsstandards geachtet werden.

In der Praxis ist ferner zu beobachten, dass im Rahmen der vertraglichen Regelungen zum Austritt aus der Gesellschaft vereinfachende Wertfindungsmethoden vorgesehen sind. Die Bewertung auf der Basis vordefinierter Wertfindungsmethoden kann in der Funktion des unabhängigen Sachverständigen überprüft und umgesetzt, die Ergebnisse im Rahmen eines Bewertungsgutachtens vorgetragen werden. Im Rahmen des Bewertungsgutachtens ist dann zu dokumentieren und offenzulegen, inwiefern methodische Ansätze und Prämissen auf zwischen den Parteien vereinbarten und damit vorgegebenen Vereinfachungen beruhen.

Besonderheiten bei Regulatory Driven Disputes
Regulatory Driven Disputes beziehen sich auf Streitverfahren, bei denen es durch Maßnahmen des Gesetzgebers oder Regulierers zu einer Einschränkung der unternehmerischen Tätigkeit gekommen ist, durch die der gewöhnliche Ablauf des Unternehmens gestört wird. Charakteristisch ist hierbei, dass es sich um einen Eingriff von außen in das Unternehmen handelt, zum Beispiel durch Gesetzesänderungen oder behördlichen Genehmigungsentzug. In der Folge entsteht der Streitpartei ein Schaden, welcher sich durch die nachteilige Vermögensveränderung infolge des schädigenden Ereignisses ausdrückt. Zur Quantifizierung der Anspruchshöhe können eine Bewertung oder sogar zwei vergleichende Bewertungen (auf Basis der sogenannten Differenzhypothese) notwendig sein. Die Bestimmung der Anspruchshöhe aus Schadensersatz kann sowohl aus objektivierter Sicht, im Sinne eines abstrakten Schadens erfolgen oder aus subjektiver Sicht, bei der ein etwaiger Schaden konkret und im Ansatz subjektbezogen ermittelt wird. Das BGB räumt dem Geschädigten grundsätzlich in diesem Zusammenhang eine Dispositionsfreiheit über die Ermittlung des Schadensersatzanspruch und dessen Geltendmachung ein.

Eine weitere Besonderheit bei der Quantifizierung der Anspruchshöhe aus Schadensersatz ist die Anwendung der zivilrechtlichen Differenzhypothese. Dabei wird die Höhe des Schadensersatzanspruchs aus der Differenz der hypothetischen Vermögenslage ohne das schädigende Ereignis und der tatsächlichen Vermögenslage nach Eintritt des schädigenden Ereignisses bemessen. Die methodische Ableitung der Schadenshöhe erfordert demnach zwei vergleichende Bewertungen, welche die genannten Vermögenslagen adäquat abbilden. Während die tatsächliche Vermögenslage in der Regel aus dem Rechnungswesen des Unternehmens abgeleitet werden kann, da die tatsächlich eingetretenen Ist-Zahlen den tatsächlich entstandenen Schaden implizit widerspiegeln, ist die Abgrenzung der hypothetischen Vermögenslage meist sehr anspruchsvoll. Bei ihrer Abbildung steht die nachvollziehbare Modellierung der Entwicklung der Vermögenslage im Vordergrund, die ohne schädigendes Ereignis hätte erwartet werden können. Allerdings kann das schädigende Ereignis zum Zeitpunkt der Schadensermittlung auch in die Zukunft wirken, wenn beispielsweise auch die künftige Ertragskraft eines Unternehmens beeinflusst ist. Dann sind für beide Situationen zusätzlich Prämissen für die tatsächlich erwartete beziehungsweise die ohne schädigendes Ereignis hypothetisch erwartbare Zukunft zu treffen. Da zumindest die Modellierung der hypothetischen Vermögenslage zwingend auf Prämissen zurückgreift, sind der Ausgestaltung von Ermessensspielräumen bei der Festlegung wertrelevanter Annahmen besondere Aufmerksamkeit zu schenken. Mithilfe von Werttreiberanalysen und Szenario-Rechnungen kann die Wertrelevanz einzelner Annahmen isoliert betrachtet und im Gesamtkontext analysiert werden.

Die getroffenen Annahmen der Modellierung sollten im Rahmen eines Bewertungsgutachtens nachvollziehbar offengelegt werden, sodass die Ermittlung intersubjektiv nachvollziehbar ist und damit als belastbare Dokumentation bei Gericht verwertet werden kann. Dabei sollte auf Basis der Werttreiberanalysen der Schwerpunkt auf den Werttreibern liegen, die eine hohe Relevanz für die darzulegende Anspruchshöhe haben. Zur Darlegung der Schadensersatzansprüche im Rahmen von gerichtlichen oder außergerichtlichen Streitverfahren gilt es dabei, etwaige Bewertungsgutachten adressatengerecht und für einen Dritten nachvollziehbar zu gestalten, um die Chancen auf die Durchsetzbarkeit der Ansprüche entsprechend zu erhöhen.

Besonderheiten bei Operating Business Disputes
Unter Operating Business Disputes werden Streitfälle zusammengefasst, bei denen es um eine nachteilige Veränderung der Vermögensposition eines Unternehmens durch die Störung einer vertraglichen Grundlage zwischen Unternehmen, unter anderem Liefer- und Leistungsverträge, oder die Verletzung der Rechte des Unternehmens, wie zum Beispiel eine Patentrechtsverletzung, geht. Ist ein solcher Schaden entstanden, liegt die Schwierigkeit der Bewertung zunächst in der Abgrenzung des konkreten Schadensobjekts. Der Schaden kann die einzelnen Vermögensgegenstände oder Schulden des Unternehmens, die gesamte Unternehmenssphäre oder die Beteiligung an dem Unternehmen betreffen. Je nach Einzelfall kann es daher sinnvoll sein, auf eine vollumfängliche Unternehmensbewertung zu verzichten und stattdessen alternative Methoden anzuwenden, zum Beispiel eine vergleichende Deckungsbeitragsrechnung durchzuführen.

Resultiert der Anspruch aus der Verletzung eines Rechts an einem einzelnen Vermögensgegenstand, zum Beispiel aus einer Patentrechtsverletzung, ist eine Bewertung zu den Auswirkungen der Rechtsverletzung auf die Vermögenssituation der entsprechenden Streitpartei durchzuführen. Diese sollte sich zur belastbaren Quantifizierung der Anspruchshöhe an dem IDW Standard „Grundsätze zur Bewertung immaterieller Vermögenswerte" (IDW S 5) orientieren. Empfehlenswert ist hierbei zunächst durch entsprechende Analysen festzustellen, ob und inwieweit sich die Anstrengungen und Kosten eines möglichen Patentrechtsverletzungsverfahrens lohnen. Dazu können indikative Wertüberlegungen dienen, in deren Rahmen überschlägig quantifiziert wird, welcher Streitwert zu erwarten ist. Bei der Quantifizierung der etwaigen Anspruchshöhe kann es sinnvoll sein, unterschiedliche Szenarien zu modellieren, die Aufschluss über die Wahrscheinlichkeitsverteilung der ermittelten Ergebnisse geben. Diese können auch für die Ausrichtung der Prozessstrategie dienlich sein.

Belastbare und nachvollziehbare Bewertungen steigern die Chancen auf Durchsetzung etwaiger Ansprüche
Da in Streitverfahren oftmals komplexe Fragestellungen mit zahlreichen zu beachtenden Interdependenzen zu beantworten sind, ist es empfehlenswert, zur belastbaren und beweisfesten Dokumentation etwaiger Ansprüche auf die interdisziplinäre Zusammenarbeit von auf „Dispute Services" spezialisierten Bewertungsexperten zurückzugreifen. Denn zur Durchsetzung etwaiger Ansprüche ist neben der juristischen Argumentation auch die methodisch sachgerechte und nachvollziehbare Ableitung der Anspruchshöhe im Streitverfahren von zentraler Bedeutung. Anhand flankierender betriebswirtschaftlicher Auswertungen, insbesondere Werttreiberanalysen und Szenario-Rechnungen, kann die Position einer Streitpartei verbessert oder ein angemessener Ausgleich zwischen den Streitparteien gefunden werden.

8. IDW S 13 – Besonderheiten bei der Unternehmensbewertung zur Bestimmung von Ansprüchen im Familien- und Erbrecht

Mit der Verabschiedung des Standards IDW S 13 reagiert der IDW auf Fragestellungen für einen spezifischen Bewertungsanlass: die Bestimmung von Ansprüchen im Familien- und Erbrecht. Der IDW S 13 stellt eine Erweiterung zu den allgemeinen Grundsätzen zur Unternehmensbewertung gemäß dem Standard IDW S 1 dar. Im Fokus stehen die Ermittlung der zu übertragenden Ertragskraft, die Besteuerung der Netto-Wertsteigerung, die Berücksichtigung von abschreibungsbedingten Steuervorteilen sowie die Ermittlung des kalkulatorischen Unternehmerlohns im Rahmen von vermögensrechtlichen Auseinandersetzungen. Diese werttreibenden Faktoren haben eine besondere Relevanz bei der Ermittlung von Ausgleichs- oder Auseinandersetzungsansprüchen (zum Beispiel zwischen Ehegatten oder Erben). Da die Beteiligten sich oftmals in einer sehr emotional belastenden Situation befinden, kann eine fundierte Wertermittlung nach den vorgenannten Standards zu einer Vermeidung von langwierigen Streitigkeiten über die Höhe etwaiger Ansprüche beitragen.

Einleitung

Das IDW hat am 6. April 2016 den Standard IDW S 13 „Besonderheiten bei der Unternehmensbewertung zur Bestimmung von Ansprüchen im Familien- und Erbrecht" (IDW S 13) verabschiedet. Der Standard ersetzt die bisherige Verlautbarung „Zur Unternehmensbewertung im Familien- und Erbrecht" (IDW St/HFA 2/1995; IDW S 13, Tz. 11) und konkretisiert die allgemeinen Grundsätze zur Unternehmensbewertung gemäß IDW S 1 für spezifische Bewertungsanlässe.

Die Besonderheiten des IDW S 13 zur Bestimmung von Ausgleichs bzw. Auseinandersetzungsansprüchen – zum Beispiel zwischen Ehegatten oder Erben – resultieren aus den zivilrechtlichen Bestimmungen des jeweiligen Rechtsverhältnisses. Vor diesem Hintergrund ist eine solche Unternehmensbewertung stets im Zusammenhang mit den übrigen Regelungen zu familien- oder erbrechtlichen Auseinandersetzungen zu sehen.

Zu beachten ist, dass der IDW S 13 explizit nicht für Bewertungen für erbschaftsteuerliche Zwecke, sondern nur für zivilrechtliche Auseinandersetzungen gilt.

Grundsätzliches Vorgehen
Gemäß IDW S 13 soll die Ableitung des Ausgleichs- bzw. Auseinandersetzungsanspruchs durch eine zweistufige Ermittlung erfolgen. Im ersten Schritt ist der objektivierte Unternehmenswert der Gesellschaft festzulegen. Damit sind Bewertungen im Familien- oder Erbrecht in der Funktion des neutralen Gutachters vorzunehmen. In einem zweiten Schritt erfolgt dann die Überleitung zum Ausgleichs- beziehungsweise Auseinandersetzungsanspruch unter Beachtung der Besonderheiten der jeweiligen Rechtsverhältnisse (vgl. IDW S 13, Tz. 9).

Der Standard berücksichtigt dabei auch die Inhalte des IDW Praxishinweises „Besonderheiten bei der Ermittlung eines objektivierten Unternehmenswerts kleiner und mittelgroßer Unternehmen", die vor allem die sachgerechte Berücksichtigung der Ertragskraft über einen kalkulatorischen Unternehmerlohn betreffen.

Schritt 1: Ermittlung des objektivierten Unternehmenswertes
Analog zum vorherigen Standard IDW St/HFA 2/1995 ist nach BGB bei familienrechtlichen Auseinandersetzungen (insbesondere bei der Beendigung von Zugewinngemeinschaften) der Wert des Anfangs- (A) und des Endvermögens (E) zu den jeweiligen Stichtagen nach den Grundsätzen des IDW S 1 zu ermitteln.

Sofern zum bewertungsrelevanten Vermögen eine Beteiligung an einem Unternehmen vorliegt, ist diese zu beiden Stichtagen zu bewerten. Das Stichtagsprinzip gilt unter Berücksichtigung der zivilrechtlichen Rechtsnormen uneingeschränkt – beispielsweise ist im Fall einer Ehescheidung der Bewertungsstichtag für das Anfangsvermögen der Zeitpunkt der Eheschließung und für das Endvermögen der Zeitpunkt der Rechtshängigkeit des Scheidungsantrags. Beide Unternehmensbewertungen sind zum jeweiligen, historischen Informationsstand durchzuführen, das heißt lediglich die am jeweiligen Bewertungsstichtag bekannten Maßnahmen und Marktgegebenheiten fließen in die Unternehmensbewertung ein.

Besondere Herausforderungen für den Bewerter ergeben sich daraus, dass der Zeitraum zwischen den Bewertungsstichtagen (A und E) in der Praxis regelmäßig groß ist. Insbesondere für die Bewertung des Anfangsvermögens muss man sich fiktiv in einen weit zurückliegenden Kenntnisstand versetzen, zu dem oftmals nur eingeschränkte Informationen vorliegen. So kann es zu erheblichen Unsicherheiten zu den zum Bewertungsstichtag maßgeblichen Planungsrechnungen und zu Rückschaufehlern kommen. Diese Unsicherheit sollte keinesfalls durch Abschläge in den finanziellen Überschüssen oder pauschale Zuschläge in den Kapitalkosten abgebildet werden. Vielmehr ist die Erfahrung des Gutachters gefragt, in einer – gegebenenfalls selbst zu erstellenden – Planung die entsprechenden Unsicherheiten sachgerecht zu reflektieren.

Zusätzlich dazu kann, insbesondere bei personenbezogenen Gesellschaften, der Unternehmenserfolg in hohem Maße von den bisherigen Eigentümern abhängig sein. Im Fokus des IDW S 13 steht daher die sachgerechte Berücksichtigung der Ertragskraft, unabhängig vom spezifischen Inhaber. Dies kann durch eine Bereinigung von Erfolgsbeiträgen auf Basis des kalkulatorischen Unternehmerlohns berücksichtigt werden. Gegenüber dem IDW St/HFA 2/1995 wird im IDW S 13 klargestellt, dass sich die Höhe des kalkulatorischen Unternehmerlohns nach der marktüblichen Vergütung einer nicht beteiligten Unternehmensleitung bestimmt. Während der zeitliche Arbeitseinsatz und die individuellen Kenntnisse bei der Ermittlung dieser marktüblichen Vergütung zu berücksichtigen sind, gelten persönliche Leistungen eines Eigentümers als nicht übertragbar. Wenn wertbestimmende Faktoren für die Erzielung finanzieller Überschüsse in Abhängigkeit zum bisherigen Unternehmenseigner stehen, ist folglich die vorhandene Ertragskraft nur partiell oder zeitlich begrenzt übertragbar. Dies kann zu einer Abschmelzung der finanziellen Überschüsse im Rahmen der Planungsrechnung führen.

Zudem erfordert der IDW S 13 die sogenannte Methodenstetigkeit, das heißt die in Theorie und Praxis als zutreffend anerkannten Bewertungsgrundsätze sind zu beiden Stichtagen einheitlich zu berücksichtigen.

Schritt 2: Besonderheiten bei der Überleitung des objektivierten Unternehmenswertes zum Ausgleichs- bzw. Auseinandersetzungsanspruch
Im zweiten Schritt der Bewertung wird eine fiktive Veräußerung des Unternehmens an einen Dritten zum jeweiligen Stichtag (A und E) unterstellt.

Hierbei gilt die Prämisse, dass der Ausgleichsbetrag, wenn dieser nicht durch liquide Mittel gedeckt ist, sondern aus künftigen Erträgen erwirtschaftet werden muss, aus externen Mitteln – zum Beispiel durch Kreditaufnahme – zu beschaffen ist. Die entsprechenden Finanzierungskosten werden nicht im Rahmen der Bewertung berücksichtigt.

Grundsätzlich zielt das Konzept des IDW S 13 darauf ab, die Netto-Wertsteigerung zu ermitteln und damit das Vermögen an beiden Stichtagen mit der anfallenden Veräußerungsgewinnsteuer zu belasten (vgl. IDW S 13, Tz. 37). Im Gegensatz zum IDW St/HFA 2/1995 wird daher im Rahmen einer fiktiven Veräußerung neben einer fiktiven Veräußerungsgewinnbesteuerung von Anfang- und Endvermögen nunmehr auch die unmittelbare fiktive Besteuerung der Netto-Wertsteigerung als sachgerecht bezeichnet.

Zudem ist zu würdigen, inwiefern ein abschreibungsbedingter Steuervorteil im Rahmen der Bewertung zu berücksichtigen ist. Hintergrund ist die Überlegung, dass eine fiktive Veräußerung gleichzeitig zu einer Aufdeckung stiller Reserven beim Veräußerer einerseits und zu erhöhten Anschaffungskosten beim Erwerber andererseits führt, die über den Saldo der steuerlichen Buchwerte der übertragenden Vermögensgegenstände und Schulden hinausgeht. Sofern diese Anschaffungskosten respektive die stillen Reserven auf steuerrechtlich abschreibungsfähige Vermögenswerte zugeordnet werden können, führt deren künftige Abschreibung zu einer Reduzierung der zukünftigen steuerlichen Bemessungsgrundlage. Dadurch entsteht ein Steuervorteil für den Erwerber (sogenannter tax amortisation benefit). Dieser Steuervorteil ist werterhöhend zu berücksichtigen. Da die Effekte aus der Veräußerungsgewinnbesteuerung und der Berücksichtigung des abschreibungsbedingten Steuervorteils gegenläufig sind, kann jedoch – wenn Indikatoren vorliegen, dass diese sich weitgehend ausgleichen – aus Vereinfachungsgründen auf eine Berücksichtigung verzichtet werden (vgl. IDW S 13, Tz. 37 f., 41).

Darüber hinaus stellt der IDW S 13 klar, dass die Ableitung des Ausgleichsanspruchs nicht durch inflationsbedingte Effekte beeinflusst werden soll. Zur Vermeidung der Berücksichtigung einer nominellen Wertsteigerung bestimmt der IDW S 13 die Umrechnung des Anfangsvermögens auf der Preisbasis des Stichtags des Endvermögens (vgl. IDW S 13, Tz. 50).

Zu berücksichtigen ist auch, dass für die Ermittlung des Ausgleichsanspruchs der volle, sich nach dem Unternehmenswert bemessende Wert anzusetzen ist. Dies gilt auch dann, wenn im Rahmen von bestehenden gesetzlichen, vertraglichen oder faktischen Vergütungsbeschränkungen in Verträgen zwischen den Ausgleichsparteien ein Abfindungswert bestimmt wurde, der vom Unternehmenswert abweicht (vgl. IDW S 13, Tz. 46).

Fazit

Die Konkretisierungen des IDW S 13 stellen eine hilfreiche Ergänzung des IDW S 1 für den speziellen Bewertungsanlass der Unternehmensbewertung bei familien- und erbrechtlichen Anlässen dar, die zudem Vorgaben aus der Rechtsprechung aufgreifen. Effekte auf den ermittelten Unternehmenswert werden sich insbesondere aus den Regelungen zur Berücksichtigung der übertragbaren Ertragskraft und zur Berücksichtigung eines abschreibungsbedingten Steuervorteils in Folge der Veräußerungsfiktion und der Besteuerung der Netto-Wertsteigerung ergeben.

Eine nachvollziehbare und belastbare Ermittlung von Ausgleichs- und Abfindungsansprüchen auf Basis der vorgenannten Standards durch einen erfahrenen Unternehmensbewerter kann dazu beitragen, etwaige aufgrund des Bewertungsanlasses emotional beeinflusste Diskussionen zwischen den Beteiligten zu versachlichen und in der Praxis oftmals zu beobachtende gerichtliche Auseinandersetzungen zu der Höhe der Ansprüche zu vermeiden.

Kapitel B

UNTERNEHMENSBEWERTUNG IM RAHMEN VON TRANSAKTIONEN

1. Fairness Opinion – Absicherung bei allen wesentlichen unternehmerischen Entscheidungen 49
2. Multiples 2.0 – Quo Vadis Multiplikatorbewertung 52
3. Fair-Value-Hierarchie – Verwendung von Preisen Dritter 59
4. Debt Equity Swaps – Einsatz und Bewertung 63
5. Unternehmensfinanzierungen – Beurteilung der finanziellen Angemessenheit durch Fairness Opinions 68

1. Fairness Opinion – Absicherung bei allen wesentlichen unternehmerischen Entscheidungen

Fairness Opinions werden im Rahmen von Unternehmenstransaktionen regelmäßig zur Absicherung von Entscheidungen und damit auch zur persönlichen Absicherung von Entscheidungsträgern wie Vorständen, Geschäftsführern und Aufsichtsräten eingesetzt. Im Fokus stehen dabei die Transaktionspreise bei Unternehmenskäufen und -verkäufen bzw. die Angebotspreise im Rahmen von öffentlichen Erwerbs- oder Übernahmeangeboten. Der Anwendungsbereich von Fairness Opinions ist jedoch nicht auf Unternehmenstransaktionen beschränkt, sondern umfasst alle wesentlichen unternehmerischen Entscheidungen. Gerade in Zeiten, in denen Entscheidungen durch Aufsichtsräte und durch aktive Aktionäre immer stärker hinterfragt werden und in denen Entscheidungsträger bei vermuteter Missachtung ihrer Sorgfaltspflichten auch persönlich in Anspruch genommen werden, wird ihre proaktive und effektive Absicherung immer wichtiger. Schließlich geht es um den Nachweis, dass die Entscheidungsträger ihre Sorgfaltspflichten und dabei insbesondere die sogenannte Business Judgement Rule beachtet haben. Ihnen selbst obliegt die Beweislast. Eine durch einen Wirtschaftsprüfer erstellte Fairness Opinion nach dem etablierten IDW Standard S 8 „Grundsätze zur Erstellung von Fairness Opinions" (IDW S 8) kann ein wesentliches Element zur Dokumentation der Einhaltung von Sorgfaltspflichten sein.

Die Haftung von Vorständen und in analoger Weise von Geschäftsführern sowie in gewissem Rahmen auch von Aufsichtsräten richtet sich nach § 93 Aktiengesetz. Demnach haben diese bei ihrer Tätigkeit die Sorgfaltspflichten eines ordentlichen und gewissenhaften Geschäftsleiters anzuwenden. Entscheidungsträger können einer etwaigen Haftung vorbeugen, wenn sie im Sinne der Business Judgement Rule nachweisen können, dass sie bei unternehmerischen Entscheidungen auf der Grundlage angemessener Informationen zum Wohle der Gesellschaft gehandelt haben.

Fairness Opinions kommen typischerweise bei unternehmerischen Entscheidungen zum Einsatz, die durch zeitliche Restriktionen und eingeschränkte Informationen geprägt sind. Fairness Opinions im Zusammenhang mit Unternehmenstransaktionen sind kein Instrument zur Ermittlung von Unternehmenswerten, sondern eine fachliche Stellungnahme zur unabhängigen Beurteilung der finanziellen Angemessenheit von Transaktionspreisen. Der Anwendungsbereich von Fairness Opinions ist außerdem deutlich weiter gefasst, da er grundsätzlich alle unternehmerischen Entscheidungen von wesentlicher finanzieller Tragweite umfasst.

Dazu zählen beispielsweise folgende unternehmerische Entscheidungen:

◊ Ist der in Redestehende Transaktionspreis im Rahmen eines Unternehmenskaufs bzw. -verkaufs aus Sicht des Erwerbs bzw. Veräußerers finanziell angemessen?
◊ Welche Aussage können Vorstand und Aufsichtsrat einer Zielgesellschaft im Rahmen öffentlicher Erwerbs- oder Übernahmeangebote zur Angemessenheit der angebotenen Gegenleistung treffen (Stellungnahme nach § 27 WpÜG)?
◊ Ist der Transaktionspreis im Rahmen eines Verkaufs eines Portfoliounternehmens eines Private Equity-Fonds an einen Schwesterfonds finanziell angemessen?
◊ Welche finanziellen Auswirkungen haben beabsichtigte grundlegende Änderungen der Unternehmensstrategie, zum Beispiel in Folge von Veränderungen relevanter Absatz- oder Beschaffungsmärkte? Welche strategischen Optionen hat das Unternehmen und welche Strategie ist unter finanzwirtschaftlichen Gesichtspunkten die bessere Alternative?
◊ Wie wirken sich Veränderungen im Portfolio von Geschäftsfeldern auf das gesamte Unternehmen aus und welche Interdependenzen (positive und negative Synergieeffekte) sind bei Portfolioänderungen zu erwarten?
◊ Soll eine Produktionsstätte weiterbetrieben, geschlossen oder veräußert werden?
◊ Ist die Eigenentwicklung oder der Erwerb einer bestimmten Technologie (Make-or-Buy) günstiger?
◊ Sollen Vermögensgegenstände, möglicherweise ein Unternehmensbereich oder eine Beteiligung, veräußert werden, um fällige Kredite zu tilgen? Ist eine Eigenfinanzierung über Kapitalmaßnahmen günstiger als eine Fremdfinanzierung? Ist ein Gesellschafterdarlehen günstiger als andere Finanzierungsquellen? Wie wirkt sich ein Gesellschafterdarlehen auf das Rating aus?
◊ Lohnt sich bei einer Gesamtschau (Finanzen und Steuern versus Qualität und Verfügbarkeit) die Verlagerung von Unternehmensteilen ins Ausland?
◊ Soll zur Beendigung eines Gerichtsverfahrens ein Vergleich geschlossen werden, unter anderem um langjährige finanzielle Belastungen mit

Prozesskosten und -risiken zu beenden sowie um gebundene Managementkapazitäten wieder für ihre eigentlichen Aufgaben freizusetzen?

In allen diesen Fällen geht es darum, im Rahmen eines finanziellen Vorteilsvergleichs Antworten auf konkrete Fragestellungen zu finden und zu dokumentieren. Fehlentscheidungen oder interessengeleitete Entscheidungen können für ein Unternehmen sehr teuer werden – entweder direkt ausgabenwirksam oder in Form von Opportunitätskosten. Daher sind wesentliche Entscheidungen auf der Grundlage umfassender Informationen vorzubereiten und abzusichern. Solche Alternativenvergleiche können anhand nachvollziehbarer und individuell zu bestimmender Angemessenheitskriterien auf ihre finanziellen Folgen für das Unternehmen untersucht werden.

Eine umfassende Informationsgenerierung im Controlling, integrierte sowie mehrjährige Planungsrechnungen und Verfahren der Investitionsrechnung und Unternehmensbewertung sind die grundlegenden Instrumente für die Beurteilung der Vorteilhaftigkeit.

Zur fundierten Dokumentation der Entscheidung werden die Analyseergebnisse in professionellen Fairness Opinions nach IDW S 8 ausführlich begründet hergeleitet und zu eindeutigen Ergebnissen zusammengefasst. IDW S 8 stellt hohe Anforderungen an den Detaillierungsgrad, den Umfang und die Tragfähigkeit dessen, was als angemessene Informationsbasis anzusehen ist. Die Standardisierung ermöglicht den Adressaten und dem weiteren Empfängerkreis die Qualität und Aussagekraft besser nachzuvollziehen – nicht zuletzt hierfür wurden Anforderungen an die Analysetätigkeiten und die Berichterstattung explizit geregelt. Damit kann es zum einen durch die einzuhaltende Unabhängigkeit nicht zu Interessenkonflikten kommen; zum anderen werden aufgrund der normierten Dokumentation die Analyse- und Bewertungsergebnisse für die Adressaten transparent dargelegt. Fairness Opinions, die dem Standard IDW S 8 genügen, bieten somit einen hohen Grad an Verlässlichkeit und Akzeptanz.

Eine Fairness Opinion als fachliche Stellungnahme eines unabhängigen, sachverständigen Dritten zur finanziellen Angemessenheit einer unternehmerischen Initiative unterstützt das Management, den gesetzlichen Sorgfalts- bzw. Dokumentationspflichten nachzukommen und ist damit ein wirksames Instrument zur Begrenzung von Haftungsrisiken.

2. Multiples 2.0 – Quo Vadis Multiplikatorbewertung

Die Multiplikatormethode ist ein „Klassiker" der Unternehmensbewertung. Grundlage der Multiplikatorbewertung ist ein Analogieschluss: aus dem Preis, der für ein Unternehmen oder einen Vermögenswert gezahlt wurde, wird auf den Wert eines anderen vergleichbaren Bewertungsobjekts geschlossen. Was einfach klingt, löst in der Praxis zunehmend Störgefühle aus – warum werden derzeit vergleichsweise hohe Preise bezahlt? Wie kann ich mein fundamentales Bewertungsergebnis über die Multiplikatormethode qualifizieren? Welche Erwartung an die zukünftige Entwicklung des Bewertungsobjekts steckt in dem Multiplikator und kann ich diesen überhaupt auf meine Bewertung anwenden? Die Vermutung ist: Es lohnt sich hier „Licht ins Dunkel" zu bringen.

Status Quo Multiplikatorbewertung
Bereits im Grundsatz der Unternehmensbewertung „bewerten heißt vergleichen" drückt sich die Systematik eines Analogieschlusses aus. Eine Multiplikatorbewertung wird häufig als ein vereinfachendes Verfahren betrachtet, weil es ausschließlich einzelne finanzielle Kennzahlen (wie Umsatz oder EBITDA) oder nicht finanzielle Kennzahlen (wie Click-Through Rates bei Start-ups) für den Vergleich heranzieht. Aus Preisinformationen von Kapital- und Transaktionsmärkten und den finanziellen/ nicht finanziellen Kennzahlen wird auf den Wert des Bewertungsobjekts geschlossen. Das Gesetz von der Unterschiedslosigkeit der Preise (law of one price) bildet die Grundidee jeder Anwendung von Multiplikatoren – sei es für Unternehmen und Unternehmensteile oder einzelne immaterielle oder materielle Vermögenswerte. Insbesondere für letztere finden sich in der Praxis in der Regel nur selten Anwendungsfälle mangels öffentlich verfügbarer Informationen – Ausnahmen bestehen unter anderem bei Mobilfunklizenzen für Telekommunikationsunternehmen oder für die Bewertung von Immobilienobjekten. Meist werden daher Multiplikatoren für die Bewertung von Unternehmen in Gänze oder Unternehmensteilen herangezogen.

Häufig wird in der Bewertungspraxis übersehen, dass ein Vergleich zwischen Multiplikatormethode und kapitalwertorientierten Verfahren nur dann möglich ist, wenn beide Methoden auf der gleichen Grundlage fußen. Letztlich ist die Multiplikatormethode aus der Perspektive der Unternehmensbewertung ein einperiodiges Discounted Cashflow-, also ein sogenanntes Rentenmodell. Demzufolge funktioniert der Analogieschluss nur dann, wenn alle wertbeeinflussenden Faktoren sich auch in den miteinander verglichenen Objekten, das heißt in den herangezogenen Vergleichsunternehmen bzw. -transaktionen und im konkreten Bewertungsobjekt gleichermaßen auswirken. Nur dann ist ein Multiplikator ein geeigneter Schätzer für den Unternehmenswert.

Die Anwendungsfälle der Multiplikatormethode sind in der Praxis recht breit und finden sich bei M&A-Transaktionen bis hin zu steuerlichen oder rechnungslegungsbezogenen Bewertungen. Inhaltlich ist die Auswahl geeigneter Multiplikatoren vom jeweiligen Bewertungsanlass abhängig.

Kriterien, die für die Vergleichbarkeit von Multiplikatoren, heranzuziehen sind, sind vielfältig. Jedoch gibt es wiederkehrende Fallstricke bei der Analyse, die nachfolgend skizziert werden:

Einflussfaktoren für die Multiplikatorbewertung

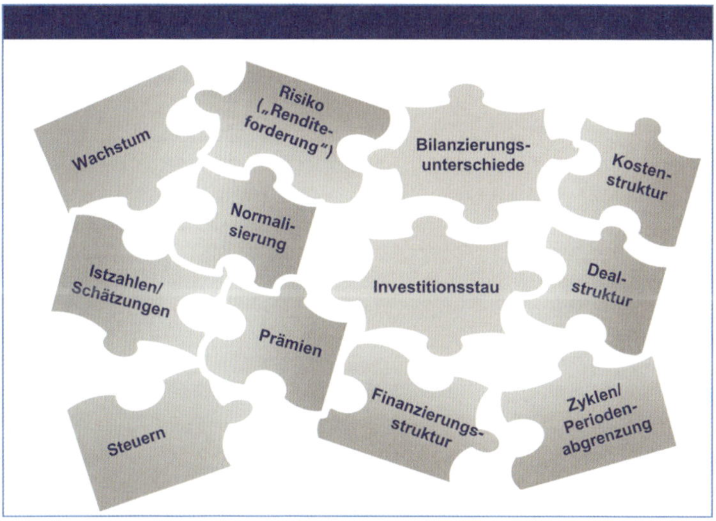

Abb. B-1

Einfluss von Wachstum und Risiko
Wachstum und Risiko sind zentrale Kriterien, die bei der Anwendung der Multiplikatormethode in vielerlei Hinsicht Einfluss auf die Wertaussage haben.

Der Grundsatz lautet: Höheres Wachstum führt zu höheren Multiplikatoren. Wachstum wirkt sich auf alle Multiplikatoren gleichermaßen aus und spielt bei der Auswahl für das Bewertungsobjekt (erwartetes Wachstum im Vergleich zur Peer Group oder zu vergleichbaren Transaktionen) und in der Interpretation des Bewertungsergebnisses eine zentrale Rolle.

Der Wachstumspfad oder -zyklus kann sich bei einzelnen Vergleichsunternehmen oder zwischen Peer Group und Bewertungsobjekt unterscheiden. Demzufolge sind absolute, aber auch periodenspezifische Wachstumsunterschiede bei der Auswahl von Multiplikatoren zu berücksichtigen.

Spiegelbildlich zum Wachstum wirkt sich das Risikomaß auf die Multiplikatorbewertung aus. Potenzielle Unterschiede im Risikomaß (Renditeforderung, also verlangte Rendite für die Übernahme des Risikos) sind ebenfalls über die Auswahl der Vergleichsunternehmen und vergleichbaren Transaktionen zu berücksichtigen.

Oftmals sind Wachstum und Risiko in Abhängigkeit vom Reifegrad des Unternehmens negativ miteinander korreliert. So bestimmt einerseits die Größe eines Unternehmens (in einer relativen Betrachtung bezogen auf die Größe des relevanten Marktes) häufig auch Chancen in Bezug auf zukünftiges Wachstum durch eine Ausweitung der Geschäftstätigkeit in diesem Markt, das heißt je kleiner der relative Marktanteil, desto höher grundsätzlich die Wachstumsmöglichkeiten. Andererseits weisen größere Unternehmen, die sich bereits am Markt erfolgreich etabliert haben und damit zukünftig nur noch geringere Wachstumserwartungen haben, oftmals ein gegenüber jungen, kleinen Unternehmen geringeres Risiko auf. Zudem hat die regionale Ausrichtung der Geschäftsaktivitäten Einfluss auf Wachstum und Risikoprofil bzw. den Reifegrad der Geschäftsentwicklung.

„Wachstum" und „Risikomaß" wirken sich auf alle finanziellen und nicht finanziellen Größen, die Basis für einen Multiplikator sein können, gleichermaßen aus. Hinter dem Wachstum stehen, ökonomisch betrachtet, das makroökonomische und konjunkturelle Umfeld und die regionale Ausrichtung auf Märkte (geografischer Footprint, Lebenszyklus der Märkte/Produkte). Spiegelbildlich drückt sich dies im Risikomaß aus, das heißt in den Renditeforderungen von Investoren an das Vergleichsunternehmen (Länderrisikoprofil der Geschäftsaktivitäten, Reifegrad der Märkte).

Hier zeigen sich insbesondere die aktuellen Herausforderungen durch die signifikanten Veränderungen von Geschäftsmodellen zum Beispiel durch

Digitalisierung und/oder makroökonomische Veränderungen wie politischer Protektionismus. Der Reifegrad eines Unternehmens ist kein unveränderlicher Zustand, sondern wird durch strategische Neuausrichtungen auf zukünftige innovative Wachstumsfelder oder die Konvergenz von Branchen verändert. Gleiches gilt für das dynamische Markt- und technologische Umfeld, in dem sich Unternehmen bewegen, gepaart mit globalpolitischen Entwicklungen. Diese Trends, auf welche Unternehmen sehr unterschiedlich reagieren, erschweren die Bestimmung von Vergleichsunternehmen und Vergleichstransaktionen, um Wachstum und Risiko sachgerecht in die Multiplikatorbewertung einfließen zu lassen. Wie wurde dieses Spannungsfeld bisher in der Bewertungspraxis gelöst? Es wurde angenommen, dass die Peer Group oder die Vergleichstransaktionen das Risikoprofil des Bewertungsobjekts im Sinne des Risikoäquivalenzprinzips zutreffend abbilden. Der Vergleich von Wachstumserwartungen auf Basis von Schätzungen für Peer Group und Bewertungsobjekt führte dann zu einer Einschätzung eines sachgerechten Multiplikators. Wenn aber vor dem Hintergrund der skizzierten Veränderungsdynamiken und Trends die Peer Group zunehmend das Risikoäquivalenzprinzip verletzt, stellt sich die Frage, wie belastbar die Multiplikatormethode noch sein kann?

Hier setzt die von KPMG entwickelte Lösung der Multiplikatorbewertung 2.0 an. Ausgangspunkt stellt das Prinzip der Multiplikatormethode dar, das eine Kombination aus einer Performance- und gleichermaßen Risikogröße ist, da der Multiplikator aus dem Wert bzw. Preis abgeleitet wird, in dem sich diese beiden Elemente abgebildet haben. Insofern lassen sich die exogenen und endogenen Faktoren für das zukünftige Wachstum des Bewertungsobjekts über Simulationsanalysen untersuchen, die gleichermaßen Rückschluss auf das individuelle Risiko des Bewertungsobjekts bzw. die Rendite für das übernommene Risiko und damit den sachgerechten Multiplikator ermöglichen.

Einflüsse weiterer Faktoren
Neben Wachstum und Risiko beeinflussen weitere Kriterien die Vergleichbarkeit des Multiplikators zwischen Bewertungsobjekt und Unternehmen bzw. Transaktionen, die sich in unterschiedlichem Maße auf die Vorgehensweise bei der Multiplikatorbewertung auswirken.

Unterschiede in der Kostenstruktur zwischen Bewertungsobjekt und Vergleichsunternehmen sind nur insoweit relevant, wie sie sich noch nicht in der relevanten Kennzahl abbilden, was insbesondere Umsatzmultiplikatoren oder nicht finanzielle Multiplikatoren betrifft. Ergebnismultiplikatoren sind daher gegenüber Umsatzmultiplikatoren zur Berücksichtigung individueller Unterschiede in der Kostenstruktur des Bewertungsobjekts vorzugswürdig. Umsatzmultiplikatoren sind grundsätzlich gegenüber Ergebnismultiplikatoren nur dann vorteilhaft, wenn für das Bewertungsobjekt eine gegenüber Ist- bzw. Plangrößen andere Ziel-Kostenstruktur angenommen werden soll.

Steuervorteile der Fremdfinanzierung oder aus steuerlichen Verlustvorträgen materialisieren sich in höheren Multiplikatoren auf Basis operativer Größen. Aus diesem Grund ist auf eine Vergleichbarkeit der Finanzierungsstruktur und steuerliche Sondersachverhalte der einzelnen Peer Group-Unternehmen und des Bewertungsobjekts zu achten.

Auch nicht zahlungswirksame Erträge und Aufwendungen haben – bei nicht sachgerechter Anwendung – Einfluss auf die Multiplikatorbewertung. Es ist für die Multiplikatorbewertung auf bereinigte Ergebnisgrößen abzustellen; so sind insbesondere nicht zahlungswirksame Erträge und Aufwendung für Bewertungszwecke zu eliminieren. Dies gilt sowohl bei den Vergleichsunternehmen und Transaktionen als auch beim Bewertungsobjekt.

Ein weiterer Bereich, der bei der Multiplikatorbewertung besondere Aufmerksamkeit verdient, sind die Investitionen oder die Veränderung des Net Working Capital. Multiplikatorbewertungen auf Grundlage von Größen der Gewinn- und Verlustrechnungen gehen implizit davon aus, dass einheitliche Prämissen für die Vergleichsunternehmen und das Bewertungsobjekt im Hinblick auf ein einheitliches Investitionsverhalten und Veränderung des Working Capital bestehen. Liegt zum Zeitpunkt der Bewertung zum Beispiel ein Investitionsstau vor oder ist das Working Capital nach einem Asset Deal wieder aufzubauen, ist dies bei einer sachgerechten Anwendung von Multiplikatorbewertungen zu berücksichtigen.

Einflüsse auf Multiplikatoren sind ferner durch die von Erwerbern bezahlten Transaktionspreise oder Prämien gegeben, die sich aus einer Erlangung der Kontrolle sowie etwaiger Synergieerwartungen speisen. Daher ist im spezifischen Bewertungsfall zu prüfen, ob Kontrollprämien als impliziter Bestandteil von Transaktionsmultiplikatoren für das Bewertungsobjekt zur Anwendung kommen können beziehungsweise bei Mehrheitsübernahmen Berücksichtigung finden sollen. Auch hierbei gilt es bei der Beurteilung das aktuelle Marksentiment zu reflektieren, da die Prämien zwischen den Branchen, aber auch in Abhängigkeit von der Position im Zyklus der M&A-Märkte schwanken.

Bei der Anwendung auf das Bewertungsobjekt sind in zeitlicher Hinsicht vergleichbare Finanzinformationen zu berücksichtigen. Aus Vergleichbarkeitsgründen können Transaktionspreise nur in zeitlicher Nähe zum Bewertungsstichtag für das Bewertungsobjekt zu sachgerechten Aussagen führen. Ferner ist die Verwendung von Multiplikatoren auf Basis von Ist-Zahlen gegenüber Analystenschätzungen abzuwägen. Es ist in der Bewertungspraxis üblich, historische Umsatz- und Ergebnisgrößen sowie aktuelle Analystenschätzungen, die zum Zeitpunkt der Bewertung vorlagen, in das Verhältnis mit der Kapitalmarktbewertung zu stellen. Dabei ist auch die Vereinheitlichung des Geschäftsjahres innerhalb der Peer Group und für das Bewertungsobjekt sicherzustellen. Bedingt durch unterschiedliche Geschäftsjahre bilden sich Zyklen (konjunkturelle oder Branchenzyklen) im unterschiedlichen Maße in den zugrunde liegenden Finanzkennzahlen ab. Insofern ist die Periodenabgrenzung ein wichtiges Analysefeld.

Gleiches gilt auch für den Einfluss von Rechnungslegungsstandards. Typische Problemfelder sind hierbei die Unterschiede im Ausweis von Aufwendungen bei operativen Aufwandsarten gegenüber einem Ausweis im Finanzergebnis. Diese Einflüsse dürfen zu keinen unterschiedlichen Wertaussagen führen. Insofern sind Periodenabgrenzung und Unterschiede aus der Anwendung der Rechnungslegungsstandards zu analysieren. Dies betrifft unter anderem die neue Leasingbilanzierung (IFRS 16), die teilweise erheblichen Einfluss auf ausgewiesene EBITDA-Größen haben dürfte und damit eine der häufig angewendeten Finanzkennzahlen für Multiplikatorbewertungen betrifft.

Konsequenzen bei der Anwendung der Multiplikatormethode
Alle vorstehenden Kriterien stellen in der Praxis wiederkehrende Anforderungen an die Analyse bei Multiplikatorbewertungen dar. Sie sind einzelfallbezogen zu betrachten und als fakultativer Analysebaustein anzusehen, um dem Grundsatz des „law of one price" gerecht zu werden und die Vergleichbarkeit sicherzustellen.

Insgesamt ist dadurch die Aussage der Multiplikatormethode in der Praxis der Unternehmensbewertung eingeschränkter denn je. Gleichzeitig bilden Multiplikatoren unverändert eine erste wichtige Orientierung bei der Beurteilung von Unternehmen insbesondere von Investitionen in neue Geschäftsmodelle, weil entsprechende Informationen über die zukünftige Entwicklung nur eingeschränkt verfügbar sind – ein Widerspruch? Nein: Multiplikatorbewertungen erfordern heute mehr denn je qualifiziertere Analysen. Die nächste Generation der Multiplikatorbewertung oder Multiples 2.0 analysieren holistisch die genannten Kriterien, um die Vergleichbarkeit der Multiplikatoren sicherzustellen. Der Schwerpunkt liegt dabei auf der Analyse der Multiplikatoren unter Performance- und Risikoaspekten.

3. Fair-Value-Hierarchie – Verwendung von Preisen Dritter

Am 16./17. September 2014 wurde anlässlich des Treffens des IFRS Interpretations Committee ein sogenanntes Staff Paper vorgelegt, welches sich mit der Frage beschäftigt, unter welchen Bedingungen Preise, die von Dritten zur Verfügung gestellt werden, als Level 1 –Inputfaktor im Sinne der Fair-Value-Hierarchie des IFRS 13 gelten. Vorausgegangen waren eine entsprechende Eingabe des DRSC sowie eine Diskussion innerhalb verschiedener Verbände der Kreditwirtschaft. Im Vordergrund stand dabei die Anwendung der Fair-Value-Hierarchie auf dem OTC-Markt gehandelter Finanzinstrumente wie Anleihen oder Schuldverschreibungen unter besonderer Würdigung der Verwendung sogenannter Konsensus-Preise. Das Staff Paper hat keinen Handlungsbedarf gesehen und auch das International Financial Reporting Interpretations Committee (IFRIC) hat sich dieser Sichtweise angeschlossen und den Punkt von der Agenda genommen. Das IFRIC hat lediglich eine sogenannte „tentative agenda decision" getroffen, welche die Prinzipen der Fair-Value-Ableitung bezogen auf die Fair-Value-Hierarchie nochmals klarstellt.

Viele Finanzinstrumente werden nicht an Börsen, sondern ausschließlich over-the-counter (OTC) gehandelt. In diesen Fällen ist der OTC-Markt der Hauptmarkt, der zur Bestimmung des Fair Value zugrunde zu legen ist. Der OTC-Markt ist ein Händler-Markt, auf dem Broker ihre Angebotspreise stellen, ohne jedoch eine rechtliche Verpflichtung zu haben, auch tatsächlich zu diesen zu kontrahieren. Informationen über die Abschlüsse auf dem Markt sowie das Handelsvolumen sind nur eingeschränkt öffentlich verfügbar, sodass Auswertungen und Analysen über Abfragen notwendig sind, da sie nicht zentral über eine Börse zur Verfügung gestellt werden können. Damit liegt zwar ein Markt vor, dennoch kann der OTC-Markt nicht automatisch als aktiv im Sinne von IFRS 13 bezeichnet werden.

Die oben beschriebene Informationslücke bezüglich der Abschlüsse wird durch sogenannte Preis-Service-Agenturen wie zum Beispiel Bloomberg oder Thomson Reuters geschlossen, die entweder die (unverbindlichen) Preisstellungen von Brokern oder Konsensus-Preise sowie berechnete Preise regelmäßig veröffentlichen. Dabei bezeichnen Konsensus-Preise den gewichteten durchschnittlichen Preis, basierend auf den gemeldeten Preisstellungen von unterschiedlichen Anbietern, und beinhalten daneben weitere Inputfaktoren, die von den Agenturen für relevant gehalten werden. Je nach angebotenen Konsensus-Preisen (z. B. Bloomberg Generic – BGN, Bloomberg CBBT oder R RICs von Thomson Reuters) können diese aufgrund unterschiedlicher Inputfaktoren und Herleitungsmethoden voneinander variieren. Bei sogenannten evaluated-Preisen werden direkt beobachtbare Preise mit modelltheoretischen Preisen in einem Modell miteinander kombiniert (z. B. Bloomberg Valuation – BVAL oder Reuters Evaluated Price). Letztlich steht sowohl hinter Konsensus- als auch berechneten Preisen ein vollumfänglich nur dem jeweiligen Anbieter bekannter Modellalgorithmus. Der auf dieser Basis vom Drittanbieter veröffentlichte Preis ist folglich kein tatsächlicher Ausübungspreis auf einem Markt, zu dem Marktteilnehmer eine Transaktion ausführen könnten.

Viele Unternehmen in der Kredit- und Versicherungswirtschaft, aber auch große Industrieunternehmen halten zahlreiche OTC-gehandelte Schuldverschreibungen, die regelmäßig im Konzernabschluss nach IFRS zum Fair Value zu bewerten sind. Sie bedienen sich dabei regelmäßig der Informationen, die von Dritten über Preise zur Verfügung gestellt werden. Im Anhang sind diese Preise sowie die daraus resultierenden Fair Values gemäß der Fair-Value-Hierarchie des IFRS 13 als Level 1, 2 oder 3 einzuordnen. Diese Unterscheidung ist von Standardsetzer bewusst gewählt, da sie die Güte des Fair Values widerspiegelt. Während Level 1 Werte reine Marktpreise signalisieren und damit die höchste Güte aufweisen, sind Level 3 Werte die Ergebnisse aus überwiegend nicht beobachtbaren Faktoren und somit von geringerer Güte. Entsprechend stellt sich die grundlegende Frage, ob die vorstehend beschriebenen Preisinformationen Dritter als Level-1-Inputfaktor qualifiziert werden können.

Hierzu haben sich auf Basis des Wortlauts des Standards zwei unterschiedliche Sichtweisen herausgebildet. Nach der Sichtweise A können die von Dritten angebotenen Preise nur dann als Level 1 angesehen werden, wenn die zur Verfügung gestellten Preise ausschließlich auf nicht angepassten Preisen auf aktiven Märkten beruhen (IFRS 13.76, IFRS 13.A). Sämtliche modellbasierten Preise – seien es Konsensus- oder berechnete Preise – können maximal als Level 2 oder sogar nur als Level 3 eingestuft werden, da sie angepasste Preise darstellen. Die Einstufung als Level 2 oder 3 hängt von der Wesentlichkeit der Anpassung und der Beobachtbarkeit anderer verwendeter Inputfaktoren ab. Damit kann ein Unternehmen von Dritten zur Verfügung gestellte Preise nicht ungeprüft für eine Level-1-Einstufung übernehmen, sondern muss sich im Prinzip davon überzeugen, dass die vom Dritten verwendeten Inputfaktoren ihrerseits als Level 1 einzustufen sind und keine Anpassungen vom Dritten vorgenommen wurden (IFRS 13.B45), wozu auch das Berechnungsmodell bekannt sein muss.

Die alternative Sichtweise B fokussiert vorrangig auf die Marktaktivität, da diese ein Maß dafür ist, wie sicher ein Exit-Preis zur Fair-Value-Ermittlung bestimmt werden kann. Solange die Marktaktivität nachweisbar hinreichend hoch ist, sind gewisse Anpassungen Dritter akzeptabel und stehen damit einer Einstufung als Level 1 nicht entgegen. Da bereits Berechnungen zulässigerweise erforderlich sind, um den Fair Value innerhalb der Bandbreite zwischen An- und Verkaufspreisen festzulegen und hierfür auch Marktkonventionen zulässig sind (IFRS 13.70 f.), kann umgekehrt geschlossen werden, dass nicht jede Anpassung bereits automatisch eine Level-1-Einstufung ausschließe. Auch sei es nicht einzusehen, warum die Verwendung von Preisen von einem einzigen Händler bei einer OTC-gehandelten Schuldverschreibung auf einem aktiven Markt zu einer Level-1-Einstufung führt, während die Verwendung von Konsensus-Preisen, die Preise einer möglichst großen Zahl von Händlern verwendet, dagegen maximal nur Level 2 sein soll. Solange in dem Konsensus-Preis überwiegend tatsächliche Preise aus ausführbaren Transaktionen Eingang gefunden haben und damit ein robustes Preismodell aufgestellt werden kann, kann nach der Sichtweise B insgesamt eine Level-1-Einstufung erfolgen.

Das vorgenannte Staff Paper sowie die „tentative decision" des IFRIC schließen sich klar der Meinung A an. Sie sehen keinen weiteren Klärungsbedarf, da sich die Auffassung A bereits unmittelbar aus dem Wortlaut des Standards ergäbe, auch wenn derzeit weitere Diskussionen in Fachkreisen stattfinden. Aufgrund der Verwendung unterschiedlicher Inputparameter in den Modellen der Anbieter, kommt der Nutzer nicht umhin, sich Klarheit über die Art der verwendeten Parameter zu verschaffen. So können in derartigen Modellen nicht nur tatsächliche Transaktionspreise, sondern auch unverbindliche Angebots- und Nachfragepreise oder sogar rein indikative Preise Eingang finden, denen ein geringeres Gewicht beigemessen werden sollte als Transaktionspreisen. Da unterschiedliche Faktoren im Sinne der Fair-Value-Hierarchie in den Modellen Eingang finden, muss die gesamthafte Einschätzung des derart abgeleiteten Preises von der Einschätzung der Wesentlichkeit dieser Inputfaktoren abhängen. Sobald wesentliche Anpassungen auf Basis nicht beobachtbarer Faktoren vorgenommen werden, kann das Ergebnis nicht mehr als Level 1 qualifiziert werden. Die Liquidität eines Marktes ändert an dieser Überlegung entgegen der Auffassung B nichts.

Obwohl sich diese Sichtweise unmittelbar nur auf OTC-gehandelte Finanzinstrumente bezieht, werden die wesentlichen Aspekte der Umsetzung der Fair-Value-Hierarchie nochmals verdeutlicht. So setzt eine Level-1-Einstufung nicht nur beobachtbare Informationen voraus, sondern die Verfügbarkeit tatsächlich ausgeführter oder ausführbarer Transaktionspreise auf einem aktiven Markt. Lediglich gerechnete oder geschätzte Preise sind – nur weil sie jedem zugänglich und damit beobachtbar sind – für eine Level-1-Klassifizierung somit nicht zulässig. Entsprechend können auch direkt oder indirekt beobachtbare Level-2-Inputfaktoren nur dann vorliegen, wenn sie am Markt beobachtbar sind und somit tatsächlich auf Marktdaten beruhen. Erwartungen und Meinungsäußerungen von Marktteilnehmern (wie z. B. Analystenschätzungen oder Branchenstudien) stellen somit keine Level-2-Inputfaktoren dar (vgl. hierzu auch IDW RS HFA 47, Einzelfragen zur Ermittlung des Fair Value nach IFRS 13, Tz. 81–85).

4. Debt Equity Swaps – Einsatz und Bewertung

Der Debt Equity Swap ist in der finanziellen Restrukturierung und im Kapitalstrukturmanagement ein effektives Instrument um die Eigenkapitalausstattung und die Zahlungsfähigkeit eines Unternehmens insbesondere Krisensituationen zu sichern oder wiederherzustellen. Voraussetzung für eine erfolgreiche Durchführung der Restrukturierung ist dabei eine transparente Ermittlung des Austauschverhältnisses zwischen aufgegebenen Forderungen und neu ausgegebenen Eigenkapitalinstrumenten.

Grundlagen

Im Rahmen eines Debt Equity Swaps wird eine finanzielle Forderung eines Gläubigers gegenüber einem Unternehmen (Fremdkapital/Debt) zugunsten einer Beteiligung an diesem Unternehmen (Eigenkapital/Equity) ausgetauscht. Die Unternehmensbeteiligung kann entweder vom ursprünglichen Gläubiger selbst oder – durch vorherigen Verkauf der ursprünglichen Forderung – von einem Investor übernommen werden.

Debt Equity Swaps finden vor allem im Rahmen der finanziellen Restrukturierung von Unternehmen, im internationalen Schuldenmanagement sowie eingebettet in strukturierte Finanzierungsinstrumente im Kapitalstrukturmanagement bei Finanzinstitutionen Anwendung. Wie notwendig bei der Strukturierung eines Debt Equity Swaps ein zielgerichtetes strategisches Einverständnis aller Beteiligten sein kann, haben beispielsweise die vor Einleitung des Insolvenzverfahrens gescheiterten Restrukturierungsversuche der Automobilunternehmen General Motors Corp. und Chrysler LLC verdeutlicht. Im Hinblick auf die Unternehmenssituation bei Abschluss eines Debt Equity Swaps können Transaktionen vor Eintreten einer finanziellen Unternehmenskrise und Transaktionen im Verlauf einer Unternehmenskrise unterschieden werden.

Durch das ESUG (Gesetz zur weiteren Erleichterung der Sanierung von Unternehmen) vom 7. Dezember 2011) besteht für Debt Equity Swaps im Rahmen von Insolvenzplanverfahren (§§ 217 ff. InsO) ein grundlegend verändertes Regelungsumfeld. Die ursprüngliche Trennung zwischen Gesellschafts- und Insolvenzrecht wurde aufgehoben, sodass nunmehr Eingriffe in Gesellschaftsrechte (§ 225a InsO) im Rahmen eines Insolvenzplanverfahrens explizit vorgesehen sind. Gemäß der Neuregelung des § 217 Abs. 1 Satz 2 InsO können auch die Anteils- oder Mitgliedschaftsrechte der am Schuldner beteiligten Personen in den Insolvenzplan einbezogen werden, vorausgesetzt dieser ist keine natürliche Person (§ 225a Abs. 2 InsO). Dies ist beispielsweise der Fall, wenn die Umwandlung von Gläubigerforderungen in Mitgliedschaftsrechte im Rahmen einer Sacheinlage Bestandteil des erarbeiteten Insolvenzplans ist.

Ein weiteres Anwendungsfeld von Debt Equity Swaps ist das internationale Schuldenmanagement. Debt Equity Swaps werden dabei von Entwicklungsländern, die nicht über ausreichende Deviseneinkommen oder -bestände verfügen, zur Tilgung von Fremdwährungsschulden eingesetzt.

Debt Equity Swaps in der finanziellen Restrukturierung
Im Rahmen einer finanziellen Restrukturierung ermöglicht es ein Debt Equity Swap einem Gläubiger eine aufgrund eines erhöhten Ausfallrisikos wertgeminderte Forderungen mit einem Abschlag auf den Nennwert zu veräußern und dadurch einen später möglichen vollständigen Forderungsverlust zu vermeiden. Im Standardfall wandelt der Gläubiger im Rahmen eines Debt Equity Swaps seine wertgeminderten Forderungen in Unternehmensanteile und begleitet die weitere Restrukturierung des Unternehmens. Eine solche Transaktion ermöglicht es dem Unternehmen die Schuldenlast zu verringern oder eine Überschuldung zu beseitigen. Gleichzeitig können die Gläubiger an einer späteren Verbesserung der wirtschaftlichen Lage des Schuldners partizipieren. Liegt es nicht im Interesse des Gläubigers im Rahmen der Unternehmensrestrukturierung unternehmerische Verantwortung zu übernehmen, kann der Gläubiger in einer zweiten Variante die gegen Aufgabe der Forderung erhaltenen Unternehmensanteile an einen Equity Investor veräußern, der die weitere Restrukturierung des Unternehmens begleitet. Schließlich kann – in einer dritten Variante – ein Erwerb ausfallrisikobehafteter Forderungen und eine nachfolgende Umwandlung in Unternehmensanteile durch den Investor direkt erfolgen. Insbesondere wenn bei größeren Restrukturierungsfällen Anleihegläubiger beteiligt sind, treten häufig Finanzinvestoren auf, die sich auf den Kauf und die Wandlung wertgeminderter Forderungen spezialisiert haben.

Dem Equity Investor ermöglicht die Ablösung der Gläubigerforderung eine Eigenkapitalbeteiligung an einem finanziell restrukturierten Unternehmen, das aufgrund einer verbesserten Liquidität bisher ungenutzte Restrukturierungs- und Wachstumspotentiale nutzen kann. Für die bisherigen Gesellschafter führt ein Debt Equity Swap in Zusammenhang mit einem teilweisen oder vollständigen Kapitalschnitt zu einer Verwässerung oder zum vollständigen Verlust ihrer Eigenkapitalanteile und Gesellschafterrechte.

Durch einen Debt Equity Swap wird die Eigenkapitalquote eines Unternehmens verbessert und gleichzeitig durch die Ablösung zukünftiger Zins- und Tilgungszahlungen dessen Liquidität erhöht. Durch die Verbesserung von Eigenkapitalquote und Cashflow-Profil können Debt Equity Swaps die Voraussetzung zur Erschließung neuer Fremdkapitalfinanzierungen schaffen.

Ermittlung der Austauschrelation
Aufgrund der Anpassung von Art, Umfang und Werthaltigkeit der Ansprüche und Rechte von Gläubigern, Altgesellschaftern und Equity Investoren ist für den Erfolg des Restrukturierungsprozesses die Bestimmung einer angemessenen und konsensfähigen Austauschrelation des Debt Equity Swaps von entscheidender Bedeutung. Voraussetzung für eine erfolgreiche Durchführung der Restrukturierung sind dabei transparent ermittelte Bewertungsrelationen und einheitlich festgelegte Transaktionskonditionen.

Sofern es sich bei dem Unternehmen nicht um eine Aktiengesellschaft mit börsengehandeltem Aktienkapital handelt, kann die Austauschrelation von ausfallrisikobehafteten Forderungen und neuem Eigenkapital nicht aus aktuellen Marktpreisen abgeleitet werden, sondern erfordert eine Bewertung des gesamten Unternehmens unter Berücksichtigung der abzulösenden und der neuen Kapitalstruktur.

Zentrale Frage bei der Gestaltung des Tauschverhältnisses des Debt Equity Swaps ist, welche Anzahl neuer Anteile die bisherigen Gläubiger für die Aufgabe Ihrer Forderungen erhalten. Dazu ist der Wert der aufgegebenen Forderungen ins Verhältnis zum Wert der neu auszugebenden Anteile zu setzen.

Die Anzahl neuer Anteile wird dabei in drei Schritten bestimmt: Zunächst erfolgt eine Bewertung der gesamten Eigenkapitalposition des Unternehmens unter Berücksichtigung der modifizierten Kapitalstruktur. Gegebenenfalls sind dabei gesonderte Werte für unterschiedliche Klassen von Eigenkapitalinstrumenten zu bestimmen. In einem zweiten Schritt ist festzulegen, welchen Anteil am wirtschaftlichen Wert des Eigenkapitals die teilnehmenden Gläubiger nach Restrukturierung erhalten. Die Festlegung des Eigenkapitalanteils der am Debt Equity Swap teilnehmenden Gläubiger ist dabei in der Regel Ergebnis eines Verhandlungsprozesses, bei dem sich modellbasierte Wertanalysen als Hilfsmittel zur Schaffung von Werttransparenz bewährt haben. Schließlich ist für jede Eigenkapitalklasse festzulegen, wie viele Anteile an Eigenkapitalinstrumenten an die teilnehmenden Gläubiger auszugeben sind, um die vereinbarten Wertverhältnisse im Vergleich zu weiteren Equity Investoren und gegebenenfalls bestehenden Anteilseignern umzusetzen.

Der Wert der abgelösten Forderung kann als Wert einer kreditausfallrisikobehafteten Finanzverbindlichkeit ermittelt werden oder – einer Eigenkapitalposition vergleichbar – als Residualwert des Unternehmenswerts abzüglich vorrangiger Schulden auf Basis einer Unternehmensbewertung vor finanzieller Restrukturierung.

Im Fall einer wertneutralen Austauschrelation des Debt Equity Swaps entspricht der wirtschaftliche Wert der neu ausgegebenen Eigenkapitalanteile nach der finanziellen Restrukturierung dem Wert der abgelösten ausfallrisikobehafteten Forderungen vor der finanziellen Restrukturierung.

Da die Forderung des Gläubigers im Rahmen einer Sacheinlage gegen Gewährung von Gesellschaftsrechten an dem Schuldnerunternehmen eingebracht wird, stellt sich die Frage nach der Werthaltigkeit der erbrachten Einlage. In Krisen- und insbesondere Insolvenzsituationen ist davon auszugehen, dass die Forderung erheblich in ihrem Wert gemindert ist. Gläubigerforderungen können dann nur wertberichtigt eingebracht werden, da eine Einbringung zum Nennwert einen Verstoß gegen den Grundsatz der effektiven Kapitalaufbringung bedeutet.

Insbesondere Unternehmen in einer Restrukturierungssituation haben zu berücksichtigen, dass die Differenz zwischen dem Buchwert der erloschenen Verbindlichkeit und dem Zeitwert der emittierten Anteile grundsätzlich ergebniswirksam zu erfassen ist und folglich Steuerzahlungen auslösen kann. Die steuerliche Wirkung eines Debt Equity Swap ist daher bei der Konditionengestaltung von besonderer Bedeutung und entspricht der eines Forderungsverzichts. Es erfolgt die Ausbuchung der Verbindlichkeit. In Höhe des werthaltigen Teils der Forderung liegt eine Einlage vor, die bei der Ermittlung des steuerlichen Gewinns abzuziehen ist.

Einsatz von Debt Equity Swaps im Kapitalmanagement
Debt Equity Swaps können darüber hinaus als Bestandteil von Finanzierungsinstrumenten im Fall einer zukünftig möglichen Unternehmenskrise eine Stärkung der Kapitalposition des Unternehmens zu vorteilhaften Konditionen sichern. Einen Anwendungsfall eingebetteter Debt Equity Swaps stellen sogenannte Contingent Convertible Bonds dar. Dies sind langfristige, nachrangige Schuldverschreibungen mit festem Coupon, die

bei Eintreten festgelegter Wandlungskriterien (Trigger Event) von Fremd- in Eigenkapital gewandelt werden. Ohne Eintreten der Wandlungskriterien werden diese hybriden Schuldverschreibungen am Ende ihrer Laufzeit getilgt. Im Unterschied zu herkömmlichen Wandelanleihen liegt das Wandlungsrecht nicht bei den Investoren, sondern erfolgt zwingend bei Eintreten des Trigger Events.

Contingent Convertible Bonds machen Fremdkapitalgeber im Falle einer Wandlung zu haftenden Eigenkapitalgebern und verbessern die Eigenkapitalausstattung des Emittenten in wirtschaftlich ungünstigen Situationen zu bereits vorab festgelegten Konditionen. Voraussetzung für eine erfolgreiche Platzierung solcher Contingent Convertible Bonds ist eine zielgerichtete, an den Erfordernissen von Investoren und Emittenten ausgerichtete Festlegung der Wandlungskonditionen.

5. Unternehmensfinanzierungen – Beurteilung der finanziellen Angemessenheit durch Fairness Opinions

Fairness Opinions kommen bei Unternehmenstransaktionen zur Beurteilung von Transaktionspreisen bei Unternehmenskäufen und -verkäufen oder auch von Angebotspreisen bei öffentlichen Erwerbs- und Übernahmeangeboten zum Einsatz. Der Anwendungsbereich der Fairness Opinion ist jedoch nicht auf Transaktionspreise für Aktien und Unternehmensanteile beschränkt. Auch bei Finanzierungsentscheidungen obliegt Entscheidungsträgern die Beweislast, dass Sorgfaltspflichten insbesondere Business Judgement Rules erfüllt sind.

Im Fall von Finanzierungen kann eine Missachtung der Sorgfaltspflichten durch Vorstand und Aufsichtsrat sowohl durch aktive Aktionäre als auch von Kreditgebern und Anleihegläubigern hinterfragt werden. Im Kern wird eine Verschlechterung ihrer Risikoposition als Kapitalgeber durch die Finanzierungsentscheidung vermutet. Folglich müssen die Entscheidungsträger des Unternehmens den Nachweis erbringen, dass die Finanzierungskonditionen einer neuen Finanzierung aus der Perspektive der übrigen Kapitalgeber finanziell angemessen sind. Auch in diesem Zusammenhang kann eine durch einen Wirtschaftsprüfer erstellte Fairness Opinion nach dem etablierten IDW S 8 ein wesentliches Element zur Dokumentation der Einhaltung der Sorgfaltspflichten bei Unternehmensfinanzierungen sein.

Die Beurteilung der finanziellen Vorteilhaftigkeit beschränkt sich bei unternehmerischen Entscheidungen nicht auf einen Transaktionspreis beim Erwerb bzw. der Veräußerung von Aktien und Unternehmensanteilen oder allgemeiner auf die Höhe einer Investition oder Desinvestition alleine. Auch bei Finanzierungsentscheidungen, zum Beispiel im Zusammenhang mit Transaktionen, Restrukturierungen oder Refinanzierungen, stellt sich die Frage nach der finanziellen Vorteilhaftigkeit. Entscheidungsträger sind im Sinne § 93 AktG gehalten, den Nachweis zu erbringen, dass bei wesentlichen Finanzierungsentscheidungen die gewährten Konditionen aus der Perspektive anderer Kapitalgeber – Aktionäre oder Inhaber von weiteren, bereits bestehenden Finanzierungen des Unternehmens – finanziell angemessen sind. Besonders offensichtlich wird diese Frage, wenn die neue Finanzierung durch eine nahestehende Person, zum Beispiel durch einen bereits vorhandenen Eigen- oder Fremdkapitalgeber, gewährt wird. Im

Kern stellt sich dann die Frage, ob die Konditionen der neuen Finanzierung auch zwischen fremden Dritten vereinbart worden wären. Für die in Frage stehende Finanzierung gilt es im Ergebnis einen marktüblichen Prozess unter fremden Dritten – dem Grunde und der Höhe nach – nachzuweisen.

Im Einzelnen kann es unter anderem bei folgenden Finanzierungssituationen zu einer vermuteten Missachtung der Sorgfaltspflichten kommen:

◊ Werden im Fall von Übernahmen finanzielle Ressourcen von nahestehenden Unternehmen und Personen zur Ablösung von existierenden Finanzierungen gewährt, deren Refinanzierung infolge von Change-of-Control-Klauseln erforderlich wird oder die im Zuge der Transaktion abgelöst werden sollen?
◊ Wird bei wesentlichen Investitionsvorhaben (Geschäftserweiterung, neue Geschäftsfelder) eine bilaterale Finanzierung ausschließlich durch einen (bereits bestehenden) Fremdkapitalgeber gewährt?
◊ Werden im Zusammenhang mit Kooperationsvereinbarungen, die signifikanten Einfluss auf das Geschäftsmodell haben, auch Finanzierungskonditionen durch einen Kooperationspartner (zum Beispiel in Form von Garantien) gewährt?
◊ Werden in Restrukturierungsfällen (Fortführung aus der Insolvenz oder bei finanzieller Überschuldung) neue Kredite insbesondere durch Kreditgeber mit bestehender Kapitalbeteiligung gewährt?
◊ Welchen Einfluss hat eine neue Mezzaninefinanzierung (unter anderem typische oder atypische stille Beteiligung, Genussrechtskapital) auf die Risikoposition von Eigen- und Fremdkapitalgebern?
◊ Werden im Rahmen der Refinanzierung bestehender Finanzverbindlichkeiten sämtliche verfügbare Optionen geprüft, um hier eine optimale Finanzierungskondition zu erreichen?

Sofern in den genannten Konstellationen weitere Kapitalgeber wie (Minderheits-) Aktionäre und/oder andere Kreditgeber existent sind, können diese in Bezug auf die gewährten Finanzierungskonditionen hinterfragen, ob sich ihre Risikoposition und/oder das Profil ihrer zukünftigen Rückflüsse (Dividenden, Zins- und Tilgungen) durch die Finanzierungsentscheidung verschlechtert hat.

Für eine solche Einschätzung ist eine prozessuale und inhaltliche Würdigung der gewährten Finanzierung und von (hypothetischen) Alternativangeboten und Vergleichstransaktionen vorzunehmen: Der Prozess, der der gewährten Finanzierung und gegebenenfalls Alternativangeboten zugrunde lag, ist im Hinblick auf seine Repräsentativität zu untersuchen. Neben der prozessualen Frage stellt sich auch die Würdigung der einzelnen Konditionen. Dazu ist eine umfassende Analyse aller gegenwärtigen und über die Laufzeit der Finanzierungsvereinbarung relevanten, die Finanzierungskonditionen bestimmenden Elemente vorzunehmen: Höhe der Marge und Ausprägung des Margengitters, Bereitstellungsgebühren bei revolvierenden Kreditlinien, Ausgabediskont, Sicherheitenstellung, Rating und Financial Covenants, Kündigungsmöglichkeiten. Zentrale Relevanz für die Würdigung erlangt die Entwicklung relevanter Kennziffern für die Bonitätseinschätzung des zu finanzierenden Unternehmens auf Basis der erwarteten Geschäftsentwicklung unter Berücksichtigung der Übernahme bzw. der Investitions-, Kooperations-, Refinanzierungs- oder Restrukturierungsmaßnahme.

Folglich stellt sich für die Entscheidungsträger im Unternehmen die Frage, wie sie proaktiv ihre Sorgfalts- und Nachweispflichten erfüllen können. Zum einen kann es insbesondere aus prozessualer Sicht zur aktiven Gestaltung und Strukturierung der Finanzierungsentscheidung empfehlenswert sein, die Expertise unabhängiger Finanzierungsberater einzubeziehen. Auf diese Weise kann eine Optimierung der Konditionengestaltung angestrebt und eine umfassende Marktabdeckung sowie die hinreichende Objektivierung des Finanzierungsprozesses gewährleistet werden. Zum anderen sollte die finanzielle Angemessenheit der Finanzierungskonditionen durch einen unabhängigen Sachverständigen im Hinblick darauf beurteilt werden, ob aus Perspektive der übrigen Kapitalgeber die Finanzierungskonditionen fair sind.

Kapitel C

UNTERNEHMENSBEWERTUNG FÜR STEUERLICHE ANLÄSSE

1. Bewertung aus steuerlichen Anlässen – wachsende Relevanz von Marktpreisen 73
2. Steuerliche Verluste und Zinsvorträge – Nutzung auch bei Anteilseignerwechsel 77
3. Bewertungen im Zusammenhang mit Funktionsverlagerungen – auf die Sichtweise kommt es an 82
4. Das Ausrichten von Verrechnungspreisen an der Wertschöpfung – neue bewertungsbezogene Herausforderungen für Unternehmen 88
5. Erbschaftsteuerreform – neue Regelungen für die steuerliche Unternehmensbewertung 94
6. Der Schritt über die Grenzen – steuerliche Konsequenzen eines Wegzugs 100

1. Bewertung aus steuerlichen Anlässen – wachsende Relevanz von Marktpreisen

Obwohl die steuerlichen Wertkonzepte des gemeinen Werts und des Teilwerts seit Jahrzehnten im Bewertungsgesetz verankert sind, ist in den Einzelsteuergesetzen und der Rechtsprechung eine zunehmende Marktorientierung bei Bewertungen aus steuerlichen Anlässen zu beobachten. Oftmals liegen jedoch keine geeigneten Transaktionspreise zwischen fremden Dritten vor, die einer Ableitung des Marktwerts von Gesellschaftsanteilen und Betriebsvermögen zugrunde gelegt werden könnten. In diesen Fällen stehen ertragsorientierte Verfahren zur Bewertung von Unternehmen und Unternehmensteilen im Vordergrund, wie sie auch bei der Bestimmung von Marktwerten durch Investoren Verwendung finden (Ertragswertverfahren, Discounted Cashflow-Verfahren).

Das deutsche Steuerrecht kennt unterschiedliche Bewertungsmaßstäbe. Das Bewertungsgesetz stellt vor allem auf den Begriff des gemeinen Werts und des Teilwerts ab. Der gemeine Wert wird durch den Preis bestimmt, der im gewöhnlichen Geschäftsverkehr nach der Beschaffenheit des Wirtschaftsgutes bei einer Veräußerung zu erzielen wäre (§ 9 Absatz 2 Satz 1 BewG). Insofern kann der gemeine Wert als Verkehrswert aufgefasst werden. Der Teilwert hingegen ist der Betrag, den ein Erwerber des ganzen Unternehmens im Rahmen des Gesamtkaufpreises für das einzelne Wirtschaftsgut ansetzen würde (§ 10 Satz 2 BewG). Zentrale Prämisse ist dabei die Fortführung des Unternehmens (going-concern). Der Teilwert hat derzeit nur noch Bedeutung im Einkommensteuergesetz. Die spezifischen Regelungen des deutschen Steuerrechts sind international nicht vergleichbar. Dennoch finden sich konzeptionelle Ähnlichkeiten. So weist der Teilwert als Nutzungswert Ähnlichkeiten zum Value in use aus, während der gemeine Wert durch seine Nähe zum Veräußerungspreis Parallelen zum Fair Value less cost of disposal hat.

Das Konzept des gemeinen Werts wird – in seiner Funktion als zentraler Wertmaßstab – durch die speziellen Regelungen des Bewertungsgesetzes weiter konkretisiert. Für die Bestimmung des gemeinen Werts ist auf tatsächliche Marktpreise zum Zeitpunkt der Beurteilung abzustellen, sofern diese entweder Preise an Kapitalmärkten darstellen oder auf Transaktionsmärkten unter fremden Dritten beobachtbar waren und jüngerer Natur sind (nicht älter als 1 Jahr).

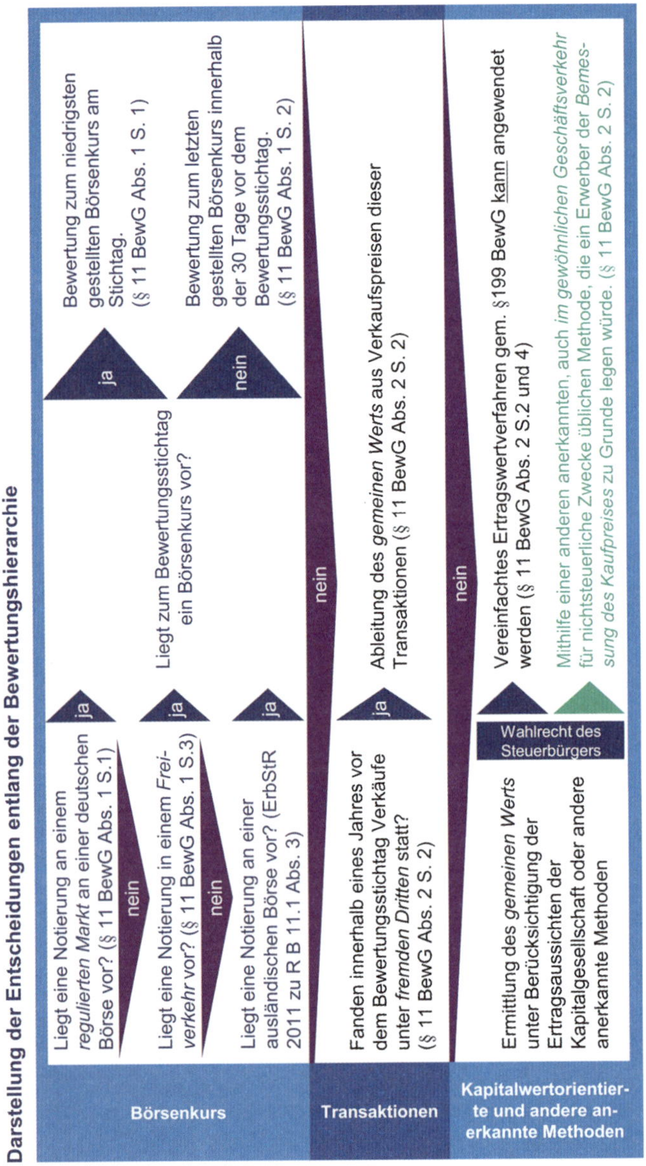

Darstellung der Entscheidungen entlang der Bewertungshierarchie

Börsenkurs

- Liegt eine Notierung an einem regulierten Markt an einer deutschen Börse vor? (§ 11 BewG Abs. 1 S.1)
  - ja → Liegt zum Bewertungsstichtag ein Börsenkurs vor?
    - ja → Bewertung zum niedrigsten gestellten Börsenkurs am Stichtag. (§ 11 BewG Abs. 1 S. 1)
    - nein → Bewertung zum letzten gestellten Börsenkurs innerhalb der 30 Tage vor dem Bewertungsstichtag. (§ 11 BewG Abs. 1 S. 2)
  - nein → Liegt eine Notierung in einem *Freiverkehr* vor? (§ 11 BewG Abs. 1 S.3)
    - ja → (siehe oben)
    - nein → Liegt eine Notierung an einer ausländischen Börse vor? (ErbStR 2011 zu R B 11.1 Abs. 3)
      - ja → (siehe oben)

Transaktionen

- nein → Fanden innerhalb eines Jahres vor dem Bewertungsstichtag Verkäufe unter *fremden Dritten* statt? (§ 11 BewG Abs. 2 S. 2)
  - ja → Ableitung des *gemeinen Werts* aus Verkaufspreisen dieser Transaktionen (§ 11 BewG Abs. 2 S. 2)

Kapitalwertorientierte und andere anerkannte Methoden

- nein → **Wahlrecht des Steuerbürgers**
  - Ermittlung des *gemeinen Werts* unter Berücksichtigung der Ertragsaussichten der Kapitalgesellschaft oder andere anerkannte Methoden
  - Vereinfachtes Ertragswertverfahren gem. §199 BewG kann angewendet werden (§ 11 BewG Abs. 2 S.2 und 4)
  - Mithilfe einer anderen anerkannten, auch *im gewöhnlichen Geschäftsverkehr* für nichtsteuerliche Zwecke üblichen Methode, die ein Erwerber der *Bemessung des Kaufpreises* zu Grunde legen würde. (§ 11 BewG Abs. 2 S. 2)

Abb. C-1

Lässt sich der gemeine Wert nicht aus solchen Beobachtungen ableiten, sind zur Bestimmung des gemeinen Werts Methoden anzuwenden, wie sie Investoren oder Marktteilnehmer bei der Bemessung von Kaufpreisen zugrunde legen. In diesem Zusammenhang stellt das Gesetz (§ 11 Absatz 2 Satz 2 BewG) auf Verfahren ab, die das zukünftig erwartete Ertragspotenzial berücksichtigen. Investoren verwenden heutzutage typischerweise das Ertragswertverfahren oder das Discounted Cashflow-Verfahren. Diese Hierarchie ist im Ergebnis vergleichbar zu den Regelungen der internationalen Rechnungslegung im Rahmen der Bestimmung des Fair Value. Auch dort wird primär auf beobachtbare Marktpreise abgestellt und erst im zweiten Schritt auf ertragsorientierte Ansätze zurückgegriffen, die bei der Bestimmung relevanter Ertragsgrößen spezifische Entwicklungen des Bewertungsobjekts auf Basis von unternehmensinternen Erwartungen und damit überwiegend nicht am Markt beobachtbare Inputfaktoren verwenden.

Für nicht notierte Anteile an Kapitalgesellschaften und Betriebsvermögen sieht das Bewertungsgesetz das vereinfachte Ertragswertverfahren als Alternative vor, sofern dieses Verfahren nicht zu offensichtlich unzutreffenden Ergebnissen führt. Das vereinfachte Ertragswertverfahren ist zwar methodisch an zukunftsgerichteten ertragsbezogenen Verfahren orientiert, doch wird der zukünftig erwartete Ertrag auf Basis des durchschnittlichen Jahresertrags der Vergangenheit geschätzt. Eine Schwäche des Verfahrens besteht somit in der Überschätzung (oder Unterschätzung) der gemeinen Werte – vor allem wenn die zukünftig erwarteten Ergebnisse deutlich unterhalb (oberhalb) des historischen Durchschnitts liegen.

Der Kapitalisierungsfaktor wurde für Bewertungsstichtage nach dem 31. Dezember 2015 unabhängig von Unternehmensgröße oder Branche auf 13,75 festgelegt. Dies entspricht einem einheitlichen Kapitalisierungszinssatz in Höhe von rund 7,27 %. Häufig wird diese pauschale Vorgehensweise bei der Bestimmung des Kapitalisierungszinssatzes der Berücksichtigung der spezifischen Risikostruktur des Bewertungsobjekts nicht gerecht. Durch die (volatile) Entwicklung an den Kapitalmärkten kann sich die Problematik der Überbewertung mittels des vereinfachten Ertragswertverfahrens verschärfen, da der festgelegte Kapitalisierungszinssatz nicht auf das Unternehmen angepasst werden kann.

Demgegenüber stehen die Vorzüge einer Gutachtlichen Bewertung in Form einer objektivierten, transparenten und in vollem Umfang nachvollziehbaren Wertermittlung nach anerkannten Methoden des IDW S 1 durch einen sachverständigen Dritten. Diese ist zukunftsgerichtet, zahlungsstrombasierten und stellt auf die wertprägenden Zukunftserwartungen des Bewertungsobjekts ab.

Zwar bleibt im Einzelfall zu prüfen, ob die im Rahmen der Unternehmensbewertung nach IDW S 1 vorzunehmende unternehmensindividuelle und kapitalmarktgestützte Ableitung des Kapitalisierungszinssatzes auf Basis des Capital Asset Pricing Model (CAPM) auf den entsprechenden Bewertungsstichtag zu einem abweichenden Kapitalisierungszinssatz führt – für eine Vielzahl von Unternehmen kann aber derzeit davon ausgegangen werden, dass die unternehmensindividuelle Ableitung zu einem vergleichsweise höheren Kapitalisierungszinssatz und damit zu einem tendenziell niedrigeren Unternehmenswert führt.

Insgesamt lässt sich festhalten, dass die Relevanz ertragsbezogener Bewertungsansätze zur Bestimmung gemeiner Werte in den Fällen, bei denen zum relevanten Beurteilungszeitpunkt kein Wert der Geschäftsanteile und des Betriebsvermögens aus aktuellen Transaktionspreisen zwischen fremden Dritten abgeleitet werden kann, gestiegen ist und voraussichtlich weiter steigen wird. Die entsprechende Dokumentation mittels Bewertungsgutachten dient letztlich der proaktiven Gestaltung entsprechender Argumentationsgrundlagen gegenüber der Finanzverwaltung.

2. Steuerliche Verluste und Zinsvorträge – Nutzung auch bei Anteilseignerwechsel

Seit dem Jahr 2008 bestehen die aktuell geltenden Regelungen des § 8c KStG zur Nutzung von steuerlichen Verlusten und Zinsvorträgen bei Unternehmenserwerben oder Beteiligungen durch Investoren. Die bisher vor allem relevante „Stille Reserven Klausel" wurden zum 1. Januar 2016 mit Einführung des § 8d KStG ergänzt. Damit wird eine weitere Möglichkeit geschaffen, steuerliche Verluste bei einem qualifizierten Anteilseignerwechsel weiterhin zu nutzen, was insbesondere für Start-ups interessant ist. Während der § 8c KStG die Nutzbarkeit der Verlustvorträge von dem Bestehen beziehungsweise dem Nachweis von stillen Reserven beim Transaktionsobjekt abhängig macht, erfordert der § 8d KStG insbesondere eine Auseinandersetzung mit der künftigen Entwicklung, um einen späteren Verstoß gegen die Regelungen des § 8d KStG zu vermeiden. Von besonderer Bedeutung ist dabei, dass der Steuerpflichtige sich zwischen den „Optionen" des § 8c und § 8d KStG entscheiden muss.

Mit dem Unternehmenssteuerreformgesetz 2008 wurde die Vorschrift des § 8c KStG eingeführt. Diese steuerliche Regelung ist auf unterschiedliche Arten von Unternehmenstransaktionen anwendbar – beispielsweise auf Veräußerungsvorgänge von Unternehmensanteilen oder konzerninterne Reorganisationsmaßnahmen. Die Nutzung von steuerlichen Verlusten – das heißt steuerliche Verlustvorträge und Verluste des laufenden Jahres bis zum Vollzug der Transaktion – sowie von Zinsvorträgen nach den Regelungen der Zinsschranke ist seit der Einführung des § 8c KStG grundsätzlich nur noch eingeschränkt möglich, wenn sich die Eigentümerstruktur einer Kapitalgesellschaft innerhalb eines Zeitraums von fünf Jahren maßgeblich ändert.

Eine solche maßgebliche Änderung liegt bereits bei einer direkten oder indirekten Übertragung von Anteilen von mehr als 25 Prozent an einen Erwerber oder eine Erwerbergruppe vor. Bei Anteilsübertragungen von mehr als 25 Prozent und bis zu 50 Prozent gehen steuerliche Verluste und Zinsvorträge zum Zeitpunkt der Transaktion anteilig unter – bei Mehrheitsbeteiligungen sogar vollständig. Die Verlustnutzungsbeschränkung des § 8c KStG erfasst auch Kapitalerhöhungen unter Beteiligung neuer Gesellschafter sowie Kapitalherabsetzungen unter Änderung von

Beteiligungsquoten oder Veränderung von Stimmrechten. Die Regelung gilt auch für gewerbesteuerliche Verluste von Personengesellschaften, an denen Kapitalgesellschaften beteiligt sind.

Diese strikten Regelungen hat der Gesetzgeber teilweise eingeschränkt und Ausnahmetatbestände vorgesehen. Mit dem Wachstumsbeschleunigungsgesetz wurden die „Konzern-Klausel" und die „Stille-Reserven-Klausel" eingeführt. Da die Konzern-Klausel nur bei Transaktionen mit einer 100-prozentigen mittelbaren oder unmittelbaren Beteiligung in einem Konzernverbund Anwendung findet, stellte die Stille-Reserven-Klausel bis zur Einführung des § 8d KStG den zentralen Ausnahmetatbestand für die Praxis bei Unternehmenstransaktionen dar.

Zielsetzung des mit dem Gesetz zur Weiterentwicklung der steuerlichen Verlustverrechnung bei Körperschaften zum 1. Januar 2016 eingeführten § 8d KStG war es insbesondere, die steuerlichen Hürden von Investitionen in Start-ups zu senken. Bei einem Start-up fehlt es häufig an der Erfüllung der Voraussetzungen des § 8c KStG: sie sind meist nicht Teil eines Konzernverbunds und der Nachweis stiller Reserven fällt insbesondere in frühen Entwicklungsphasen schwer. Verlustvorträge würden damit beim Einstieg eines Investors mit einem Anteil von 25,1 % oder mehr (anteilig) untergehen – und die Investitionen in ein Start-up an Attraktivität verlieren. Der § 8d KStG stellt daher insbesondere auf die weitgehend unveränderte Fortführung des bestehenden Geschäftsbetriebs ab.

Zu berücksichtigen ist, dass eine „Konkurrenz" zwischen beiden Normen besteht – der Steuerpflichtige muss sich zwischen der Nutzung der Tatbestände des § 8c und § 8d KStG zur Vermeidung des Untergangs steuerlicher Verlustvorträge entscheiden. Daher sollte unter Berücksichtigung des individuellen Einzelfalls analysiert werden, welche Regelung für den Steuerpflichtigen mit Blick auf die geplante künftig Entwicklung die bessere Alternative ist.

Die Stille-Reserven-Klausel des § 8c Abs. 1 Satz 6 KStG bewirkt, dass ein Verlustuntergang in dem Umfang nicht eintritt, in dem die im Inland steuerpflichtigen stillen Reserven des Betriebsvermögens die Höhe der steuerlichen Verluste und Zinsvorträge (summarisch betrachtet) übersteigen. Maßgeblicher Zeitpunkt für die Ermittlung der stillen Reserven ist der Zeitpunkt des Übergangs des wirtschaftlichen Eigentums an den Anteilen, das heißt des Vollzugs der Transaktion (Closing) bzw. bei Kapitalmaßnahmen der Zeitpunkt der Handelsregistereintragung. Folglich bleiben steuerliche Verluste und Zinsvorträge dann erhalten, wenn die stillen Reserven des im Inland steuerpflichtigen Betriebsvermögens die gesamten steuerlichen Verluste und Zinsvorträge bei Mehrheitserwerben abdecken. Entsprechend sind stille Reserven in Höhe der anteiligen steuerlichen Verluste und Zinsvorträge im Fall einer Beteiligung von mehr als 25 Prozent und bis zu 50 Prozent nachzuweisen.

Bei schädlichen Anteilsübertragungen lässt sich mit einer fundamentalen, zukunftsbezogenen Unternehmensbewertung der gemeine Wert der Anteile oder der Wert einzelner, meist immaterieller Vermögenswerte – wie Kundenbeziehungen, Marken, Patente oder nicht patentierte Technologie – bestimmen und so der Nachweis stiller Reserven zum Transaktionszeitpunkt erbringen. In diesem Zusammenhang bieten die Bewertungsstandards IDW S 1 und IDW S 5 den Rahmen für Bewertungen, die eine geeignete Argumentationsgrundlage gegenüber der Finanzverwaltung darstellen.

Bei Transaktionen zwischen fremden Dritten ist grundsätzlich davon auszugehen, dass sich der Wert der Anteile im Transaktionspreis widerspiegelt, sodass auf diese Weise regelmäßig ein Nachweis stiller Reserven im Betriebsvermögen erbracht werden kann. Allerdings muss bei Erwerben von international tätigen Unternehmen häufig der Umfang derjenigen stillen Reserven, die auf das im Inland steuerpflichtige Betriebsvermögen entfallen, nachgewiesen werden. Gleiches gilt, wenn zum Betriebsvermögen der Verlustkörperschaft Anteile an Kapitalgesellschaften gehören, die steuerfrei veräußert werden können. In diesen Fällen ist der Transaktionspreis alleine nicht aussagekräftig und der Kaufpreis muss auf einzelne Vermögenswerte beziehungsweise Beteiligungen verteilt werden. Selbst bei Unternehmenstransaktionen, die ausschließlich inländische Gesellschaften betreffen, wird die Verteilung des Gesamtkaufpreises auf einzelne Gesellschaften relevant, wenn Personen- und Kapitalgesellschaften gleichermaßen Gegenstand der Transaktion sind. Für wachstums- oder forschungsintensive Unternehmen mit einer negativen Ergebnisentwicklung und damit einhergehender Bildung von steuerlichen Verlusten und Zinsvorträgen werden durch den Nachweis stiller Reserven steuerlich bedingte Restriktionen bei Wagnisfinanzierungen infolge der Aufnahme neuer Gesellschafter vermieden. Im Fall der Sanierungsübernahme findet ungeachtet der ausgesetzten Sonderregelung – der sogenannten Sanierungs-Klausel – zumindest die Stille-Reserven-Klausel Anwendung.

Die Verlustverrechnung nach § 8d KStG erfordert ebenfalls eine eingehende Befassung mit der zukünftigen Entwicklung und damit der Planung des Unternehmens. Voraussetzung für die Weiterführung der Verlustvorträge ist, dass die Gesellschaft seit ihrer Gründung oder zumindest seit Beginn des dritten Veranlagungszeitraums, der dem grundsätzlich schädlichen Beteiligungserwerb vorangeht, ununterbrochen denselben Geschäftsbetrieb unterhält. Gemäß § 8d Abs. 1 S. 6 KStG wird der zum Schluss des Veranlagungszeitraums des schädlichen Anteilserwerbs verbleibende Verlust als sogenannter „fortführungsbedingter Verlust" qualifiziert und ist damit grundsätzlich vortragsfähig.

Allerdings besteht nun – unbefristet beziehungsweise bis zum Verbrauch der Verlustvorträge – das Risiko deren Untergangs, wenn der Geschäftsbetrieb eingestellt oder nicht im Wesentlichen unverändert fortgeführt wird. Eine schädliche Veränderung des Geschäftsbetriebs besteht zum Beispiel darin, dass dieser „einer andersartigen Zweckbestimmung zugeführt wird" oder die Körperschaft einen zusätzlichen Geschäftsbetrieb aufnimmt beziehungsweise sich an einer Mitunternehmerschaft beteiligt. Bereits die Übertragung von Wirtschaftsgütern zu einem geringeren als dem gemeinen Wert kann als schädliches Ereignis gewertet werden. Da insbesondere bei einem Start-up die strategische Ausrichtung durchaus nachjustiert wird, zum Beispiel mit Anpassungen des Produktsortiments, der Absatz- und Vermarkungsstrategie oder der regionalen Ausbreitung, sollte vor Entscheidung für die § 8d KStG-Option geprüft werden, wie wahrscheinlich steuerlich schädliche Veränderungen im relevanten Planungszeitraum zu erwarten sind.

Unabhängig von der Inanspruchnahme des § 8c KStG oder des § 8d KStG ist die Dokumentation von besonderer Bedeutung, denn der Untergang von steuerlichen Verlusten und Zinsvorträgen ist für Unternehmen ein regelmäßiger Diskussionspunkt mit der Finanzverwaltung, insbesondere im Rahmen von steuerlichen Außenprüfungen.

Bei der Verlustverrechnung nach § 8d KStG sollten insbesondere die Merkmale und strategische Ausrichtung des Geschäftsbetriebs vor dem Anteilseignerwechsel dokumentiert und mit der Entwicklung nach dem Anteilseignerwechsel bis zum Verbrauch der Verlustvorträge permanent verglichen werden. Entscheidungen über eine Veränderung des Geschäftsbetriebs sollten die steuerlichen Folgewirkungen in das Bewertungskalkül einbeziehen. Zudem sollte bereits im Zeitpunkt der Anteilsübertragung analysiert werden, wie „anfällig" das Geschäftsmodell des Transaktionsobjekts für eine Anpassung des Geschäftsbetriebs ist.

Bei Nutzung der Stille-Reserven-Klausel des § 8c Abs. 1 Satz 6 KStG liegt der Dokumentationsfokus auf der Ermittlung der stillen Reserven im inländischen Geschäftsbetrieb des Unternehmens und damit auf der in die Bewertung einbezogenen Planungsrechnung und risikoäquivalenten Kapitalkosten. Eine Bewertung auf Basis der einschlägigen Bewertungsstandards wie dem IDW S 1 bereits zum Transaktionszeitpunkt ermöglicht es, im relevanten Beurteilungszeitraum entsprechende Kenntnisse und Informationen im Rahmen einer Bewertung bestmöglich zu reflektieren. Die transaktionsnahe Dokumentation der im Inland steuerpflichtigen stillen Reserven mittels Bewertungsgutachten dient dazu, pro-aktiv und belastbare Argumentationsgrundlagen gegenüber der Finanzverwaltung zu gestalten.

3. Bewertungen im Zusammenhang mit Funktionsverlagerungen – auf die Sichtweise kommt es an

Zum 1. Januar 2008 trat die Verordnung zur Anwendung des Fremdvergleichsgrundsatzes nach § 1 Abs. 1 AStG in Fällen grenzüberschreitender Funktionsverlagerungen (Funktionsverlagerungsverordnung – FVerlV) in Kraft. Eine grenzüberschreitende Funktionsverlagerung im Zusammenhang mit Reorganisationen internationaler Unternehmensgruppen führt bei Erfüllung der Tatbestandsmerkmale des § 1 AStG zur Besteuerung stiller Reserven. Die Besteuerung orientiert sich dabei am Fremdvergleichspreis. Der zur Preisermittlung oftmals anzuwendende hypothetische Fremdvergleich beinhaltet die Ermittlung eines Einigungsbereichs als Ergebnis einer simulierten Verhandlungssituation zwischen dem die Funktion abgebenden und dem aufnehmenden Unternehmen. Funktionsverlagerungen weisen daher nicht nur aufgrund des konkreten Reorganisationssachverhalts sondern auch in Hinblick auf die Findung des Fremdvergleichspreises einen hohen Komplexitätsgrad auf.

Nach dem Fremdvergleichsgrundsatz sind Transaktionen zwischen verbundenen Unternehmen so zu bepreisen, als hätten sie zwischen unabhängigen, in ihrem Eigeninteresse handelnden Parteien stattgefunden. Zur Bestimmung des Fremdvergleichspreises sieht das deutsche Außensteuergesetz eine Hierarchie von Preisfindungsansätzen vor: die Preisvergleichsmethode, die Wiederverkaufspreismethode und die Kostenaufschlagsmethode. Sofern direkt vergleichbare beziehungsweise eingeschränkt vergleichbare Preise nicht verfügbar sind, sieht das Gesetz den hypothetischen Fremdvergleich vor. Hierzu sind ausgehend von einer Funktions- und Risikoanalyse sowie von Ertragserwartungen die Höchst- und Mindestpreise aus Sicht der aufnehmenden und abgebenden Gesellschaft zu bestimmen. Aus diesen Preisober- und -untergrenzen ist ein Einigungsbereich zu ermitteln.

Diese Regelungen gelten unabhängig von dem konkreten Gegenstand der Transaktion bzw. der Funktionsverlagerung und auch unabhängig davon, ob eine Veräußerung aus Deutschland in das Ausland oder umgekehrt erfolgt. Diese Regelung durch den deutschen Gesetzgeber wurde durch die im Juli 2017 überarbeiteten OECD Transfer Pricing Guidelines bestätigt, die insbesondere im Fall immaterieller Wirtschaftsgüter eine zweiseitige Wertfindung vorsehen beziehungsweise empfehlen. Den Automatismus der deutschen Normen, der den Mittelwert von Preisober- und Preisuntergrenze als Einigungspreis festlegt, wenn keine anders lautenden Argumente vorgebracht werden, sieht die OECD allerdings nicht vor.

Wenn es sich bei dem Transaktionsgegenstand um eine Funktion handelt, also eine Geschäftstätigkeit, einschließlich der Wirtschaftsgüter, die zur Funktionsausübung erforderlich sind, deren Fremdvergleichspreis jedoch nicht anhand uneingeschränkt oder eingeschränkt vergleichbarer Vergleichswerte erfolgen kann, kommen die Sondervorschriften des § 1 Abs. 3 S. 9 AStG zur Anwendung. Der Fremdvergleichspreis ist für das Transaktionspaket grundsätzlich im Rahmen einer Bewertung des Gesamtpakets und nicht seiner Einzelbestandteile zu ermitteln; Bewertungsobjekt ist das sogenannte „Transferpaket".

Transferpaket gemäß § 1 Abs. 3 FVerlV

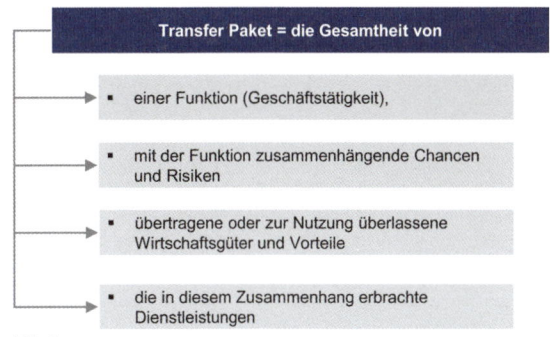

Transfer Paket = die Gesamtheit von
- einer Funktion (Geschäftstätigkeit),
- mit der Funktion zusammenhängende Chancen und Risiken
- übertragene oder zur Nutzung überlassene Wirtschaftsgüter und Vorteile
- die in diesem Zusammenhang erbrachte Dienstleistungen

Abb. C-2

Bei den zu ermittelnden Grenzpreisen des Transferpakets handelt es sich um Entscheidungswerte, zu welchem ein ordentlicher und gewissenhafter Geschäftsführer unter Berücksichtigung aller Umstände des Einzelfalls und tatsächlich bestehender Handlungsmöglichkeiten höchstens kaufen (aufnehmendes Unternehmen) beziehungsweise mindestens verkaufen (abgebendes Unternehmen) würde.

Um den umfangreichen Dokumentationsanforderungen an eine Funktionsverlagerung zu genügen, sind die jeweils nach betriebswirtschaftlichen Grundsätzen zu ermittelnden subjektiven Entscheidungswerte zu objektivieren, das heißt intersubjektiv nachvollziehbar darzulegen und zu begründen. Ausgangsbasis sind dabei die Unterlagen, die Grundlage für die Entscheidung waren, die Reorganisation durchzuführen. Nach Auffassung der deutschen Finanzverwaltung setzt die Wertermittlung unter anderem integrierte Planungsrechnungen bestehend aus Plan-Gewinn- und Verlustrechnungen, Plan-Bilanzen und Plan-Cashflow-Rechnungen sowie die Orientierung an national (IDW S 1 sowie IDW S 5) oder international anerkannten Bewertungsstandards voraus.

Neben der Bestimmung der mit dem Transferpaket verbundenen erwarteten Überschüsse sind die beiden weiteren Eckpunkte der Wertermittlung der Kapitalisierungszinssatz und Kapitalisierungszeitraum:

◊ Der Kapitalisierungszinssatz ist dabei risikoäquivalent zu den aus den integrierten Planungsrechnungen abgeleiteten Überschüsse des Transferpakets abzuleiten: er setzt sich nach dem in der Bewertungspraxis regelmäßig angewandten Capital Asset Pricing Model (CAPM) aus einem risikolosen Basiszinssatz und einem Risikozuschlag zusammen. Aus Sicht der abgebenden und der aufnehmenden Gesellschaft kann sich dieser Kapitalkostensatz aufgrund der unterschiedlichen Risikoposition unterscheiden.
◊ Mit Blick auf den Kapitalisierungszeitraum setzt der Gesetzgeber für das Transferpaket grundsätzlich eine unbestimmte Nutzungsdauer an. Der Kapitalisierungszeitraum orientiert sich jedoch an den rechtlichen, tatsächlichen und wirtschaftlichen Umständen der Funktionsausübung, so dass der Steuerpflichtige für das Transferpaket eine bestimmte Nutzungsdauer in seinen Analysen annehmen kann, sofern er diese hinreichend begründen kann. Grundsätzlich gilt: Ist die Ausübung der Funktion auf eine begrenzte Dauer angelegt, bestimmt sich der Kapitalisierungszeitraum über die Dauer der geplanten Funktionsübung. Handelt es sich bei dem Transferpaket um einen Teilbetrieb oder eine einem Teilbetrieb ähnliche Einheit, ist von einem unbegrenzten Kapitalisierungszeitraum auszugehen. Aufnehmende Gesellschaft und abgebende Gesellschaft können – sofern intersubjektiv nachvollziehbar dargelegt – unterschiedliche Kapitalisierungszeiträume unterstellen.

Der deutsche Gesetzgeber lässt im Gegensatz zu der deutschen Finanzverwaltung offen, ob die Besteuerung der stillen Reserven, die aufgrund der Verlagerung aufgedeckt werden, den Grenzpreis des Verkäufers und die Vorteile aus Abschreibungen, die der Erwerber aus der Anschaffung des Transferpakets erzielen kann, den Grenzpreis des Erwerbers erhöht. Die Grafik zeigt illustrativ, wie sich abgebende und aufnehmende Partei, ausgehend von dem jeweiligen Wert des Transferpakets durch weitere Aspekte der Reorganisation dem Einigungsbereich annähern.

Unternehmensbewertung für steuerliche Anlässe

Einigungsbereich (§7 FVerlV)

Abb. C-3

Verkäufersicht:
- Transferpaket[a]
- Lizenzeinnahmen[b]
- Restrukturierungskosten
- Mindestpreis[c],[d]

Einigungsbereich

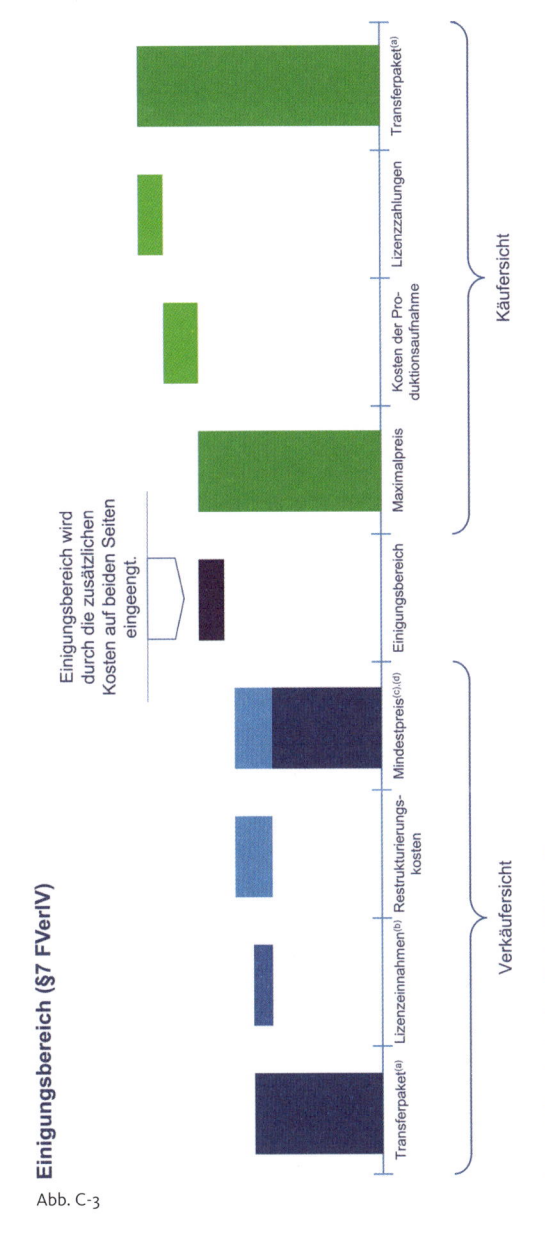

Käufersicht:
- Maximalpreis
- Kosten der Produktionsaufnahme
- Lizenzzahlungen
- Transferpaket[a]

Einigungsbereich wird durch die zusätzlichen Kosten auf beiden Seiten eingeengt.

Anm.:
(a) Übergehende und überlassene Wirtschaftsgüter
(b) aus der Überlassung von Wirtschaftsgütern zur Nutzung
(c) Mindestpreis entspricht Liquidationswert, wenn das Unternehmen nicht in der Lage ist, die Funktion mit eigenen Mitteln auszuüben (§7 Abs. 2 FVerlV)
(d) Bei dauerhaft zu erwartenden Verlusten: Nur teilweise Deckung der Schließungskosten oder Ausgleichszahlung denkbar (§7 Abs. 3 FVerlV)

Nach Ansicht der Finanzverwaltung sind die finanziellen Überschüsse des Transferpakets vorrangig einmal aus Sicht des aufnehmenden und einmal aus Sicht des abgebenden Unternehmens zu ermitteln (sogenannte direkte Methode). Bei der alternativ anwendbaren indirekten Methode wird der Unternehmenswert der abgebenden Gesellschaft und der aufnehmenden Gesellschaft jeweils vor und nach der Reorganisation ermittelt. Beide Methoden führen bei gleichen Annahmen grundsätzlich zu gleichen Ergebnissen. Bei komplexeren Reorganisationen lassen sich jedoch die finanziellen Überschüsse und insbesondere die Risikoprofile vor und nach Verlagerung nicht ohne weiteres im Rahmen der direkten Methode abbilden, so dass die indirekte Methode zu bevorzugen ist.

Durch die Verlagerung des Transferpakets verändern aufnehmende und abgebende Gesellschaft regelmäßig ihr Funktions- und damit ihr Risikoprofil. Dies kann beispielsweise dadurch gegeben sein, dass das eine Unternehmen nach der Verlagerung sämtliche unternehmerischen Risiken trägt oder die abgebende Gesellschaft durch den Verkauf des Transferpakets aufgrund eines höheren Finanzmittelbestands (durch den Verkaufserlös) ein zukünftig geringeres Risiko trägt. Zudem werden im Rahmen von Reorganisationen auch Transferpreisvereinbarungen samt Zahlungszielen neu verhandelt und abgeschlossen; auch dies ist im Rahmen der subjektiven Wertfindung aus Sicht der aufnehmenden und abgebenden Gesellschaft zu berücksichtigen. Diese Beispiele verdeutlichen, dass die Abbildung der erwarteten Ertragskraft der beiden Unternehmen mit und ohne geplanter Reorganisation in integrierten Planungsrechnungen regelmäßig erforderlich ist; eine sachgerechte Bewertung kann – sollen dem Wortlaut der Verordnung folgend sämtliche Umstände des Einzelfalls berücksichtigt werden – nur in Einzelfällen ausschließlich am zu verlagernden Gewinnpotential ansetzen.

Unabhängig von der Verwendung der direkten oder indirekten Methode führen Funktionsverlagerungen zu einem hohen Beratungs- und Dokumentationsbedarf. Regelmäßig sind Dokumentationen für die betroffenen in- und ausländischen Finanzbehörden zu erstellen. Diese können durch Auslegung der OECD Transfer Pricing Guidelines in den einzelnen Ländern unterschiedlich sein; teilweise erscheinen die Anforderungen aus den jeweiligen Auslegungen der Richtlinien sogar widersprüchlich. Zur Sicherstellung einer reibungslosen und steueroptimierten grenzüberschreitenden Reorganisation sollten Gestaltungsmöglichkeiten frühzeitig geprüft und die erforderliche zeitnahe Dokumentation für die jeweiligen Jurisdiktionen erstellt werden. Nur so kann für den individuellen Sachverhalt analysiert werden, ob eine Besteuerung stiller Reserven im Rahmen einer Funktionsverlagerung vermieden werden kann und welche Bewertungsverfahren im Falle einer Funktionsverlagerung sachgerecht sind. Dabei bieten sich als Grundlage für die Entscheidungsfindung auch Sensitivitätsrechnungen im Hinblick auf die voraussichtliche Steuerbelastung an.

4. Das Ausrichten von Verrechnungspreisen an der Wertschöpfung – neue bewertungsbezogene Herausforderungen für Unternehmen

Die gestiegene Veränderungsdynamik und Komplexität im unternehmerischen Umfeld zwingt Unternehmen, ihr Geschäftsmodell regelmäßig und in immer kürzeren Abständen auf den Prüfstand zu stellen und zu optimieren; bei internationalen Unternehmensgruppen führt dies in aller Regel zu grenzüberschreitenden Transaktionen zwischen den Gruppengesellschaften zur Optimierung der Erlös- und/oder Kostenstruktur. Diese Transaktionen ziehen zwangsläufig steuerliche Folgen nach sich, für deren Beurteilung Fremdvergleichspreise zuverlässig zu bestimmen sind. Nach den sogenannten BEPS-Aktionspunkten 8 bis 10 „Aligning Transfer Pricing Outcomes with Value Creation" der OECD, die im Juli 2017 ihren Niederschlag in den OECD Transfer Pricing Guidelines for Multinational Enterprises and Tax Administrations gefunden haben, soll dies wertschöpfungsbasiert unter Zugrundelegung des betriebswirtschaftlichen Rendite-Risiko-Kalküls erfolgen. Dadurch werden Unternehmen vor die Herausforderung gestellt, einen ganzheitlichen und damit widerspruchsfreien Bewertungsansatz zur Ermittlung von Fremdvergleichspreisen zu finden.

Die Aktionspunkte 8 bis 10 der von den G-20 Staats- und Regierungschefs verabschiedeten und der zuvor gemeinsam mit der OECD ausgearbeiteten „BEPS-Maßnahmenpakete zur internationalen Bekämpfung von Gewinnkürzungen und Gewinnverlagerungen" (BEPS – Base Erosion and Profit Shifting) haben im Wege der Überarbeitung der Kapitel I, II, V – VIII Eingang in die OECD Transfer Pricing Guidelines for Multinational Enterprises and Tax Administrations 2017 Eingang gefunden. Diese dienen der Interpretation von Artikel 9 des OECD-Musterabkommens, welches die Grundlage für die neu abzuschließenden Doppelbesteuerungsabkommen bildet. Damit werden Unternehmen vor einer gruppeninternen Reorganisation die aus Sicht der OECD durchzuführenden umfassenden ökonomischen Analysen aufbereiten und – sofern nicht schon vorhanden – ein konsistentes, von der ökonomischen Realität geleitetes Verrechnungspreissystem entwickeln müssen.

Für Unternehmen ergibt sich hieraus nicht nur zusätzlicher Aufwand, sondern auch eine große Chance: bereits vor der Reorganisation mittels eines systematischen, von betriebswirtschaftlichen Grundsätzen geleiteten Ansatzes die Wertbeiträge von Wirtschaftsgütern, Prozessen und Aktivitäten der am Geschäftsmodell der Unternehmensgruppe beteiligten Gesellschaften unter Rendite-Risiko-Kriterien zu analysieren, zu bestimmen und die Chancen und Risiken des eigenen Geschäftsmodells besser zu verstehen.

Was sind die Zielsetzungen der OECD?
Die Aktionspunkte 8 bis 10 beziehen sich auf wesentliche Aspekte der Verrechnungspreisgestaltung von grenzüberschreitend tätigen Unternehmensgruppen. Vor allem Gestaltungen im Zusammenhang mit immateriellen Wirtschaftsgütern und der Verortung von Risiken zwischen verbundenen Unternehmen ließen aus OECD-Sicht in der Vergangenheit häufig Zweifel aufkommen, ob die gewählten Strukturen und Verrechnungspreise tatsächlich fremdübliches Handeln wiedergegeben haben oder nicht doch Ausdruck von Steueroptimierung waren.

Die OECD stellt die Grundlagen betriebswirtschaftlichen Handelns in den Mittelpunkt ihrer Überlegungen mit der erklärten Zielsetzung, dass künftig Gewinne dort besteuert werden sollen, wo die wirtschaftliche Aktivität stattfindet und Werte geschaffen werden. Hierzu stellt die OECD auf den ökonomischen Grundsatz der Rendite-Risiko-Beziehung ab: je höher das erwartete Risiko, das ein Unternehmen eingeht, desto höher die Rendite, die das Unternehmen erwirtschaften will. Und mit Blick auf immaterielle Wirtschaftsgüter stellt die OECD klar, dass deren rein rechtlichen Eigentümern künftig nicht zwangsläufig die Erträge durch die Nutzung dieses Wirtschaftsguts zustehen sollen. Gruppenunternehmen, die mit diesem Wirtschaftsgut in Verbindung stehende Funktionen ausüben und Risiken tragen, sind entsprechend zu vergüten. Ausübung bezieht sich dabei konkret auf die Entwicklung, die Verbesserung, den Erhalt und den Schutz sowie die Nutzung des immateriellen Wirtschaftsguts. Zum Beispiel wird durch die Anmeldung einer Marke oder eines Patents im Namen der Gesellschaft das rechtliche Eigentum begründet; für die Zuordnung der Erträge aus der Nutzung reicht dies allein jedoch nicht aus. Werden Kosten der Ausübung übernommen, ohne jedoch die Funktion aktiv auszuüben, begründet dies lediglich die Vergütung einer Finanzierungsfunktion.

Folglich können die Ausübung von Funktionen im Zusammenhang mit immateriellen Wirtschaftsgütern, die Übernahme von Risiken und die Bereitstellung unterstützender Wirtschaftsgüter künftig bei der Bestimmung der angemessenen Verrechnungspreise nicht außen vor gelassen werden. Der übergeordnete Rahmen des Fremdvergleichsgrundsatzes entfaltet auch hier seine Wirkung, indem er die Übernahme von Risiken an die Kontrollanforderung verknüpft, die sowohl die Fähigkeit, relevante Entscheidungen zu treffen, als auch die tatsächliche Umsetzungskompetenz umfasst. Die vertragliche Zuordnung von Risiken soll nur akzeptiert werden, sofern der Risikonehmer auch tatsächlich die übernommenen Risiken zu kontrollieren vermag und über ausreichend finanzielle Substanz verfügt, im Schadensfalle eintreten zu können.

Damit werden immaterielle Wirtschaftsgüter und die mit diesen in Verbindung stehenden gruppeninternen Vergütungsstrukturen künftig noch stärker in den Fokus der Finanzverwaltungen rücken.

Was sind immaterielle Wirtschaftsgüter im Sinne der OECD?

Bei ihrer Definition von immateriellen Wirtschaftsgütern nimmt die OECD bewusst Abstand von formalrechtlichen oder rechnungslegungsbezogenen Definitionen. Ein immaterielles Wirtschaftsgut für Verrechnungspreiszwecke liegt vor, wenn

◊ es sich weder um ein physisches noch finanzielles Wirtschaftsgut handelt,
◊ es beherrscht werden kann, das heißt, es kann von dem Gut Besitz ergriffen werden, um es für wirtschaftliche Aktivitäten zu nutzen oder zu kontrollieren und
◊ dessen Nutzung oder Übertragung vergütet werden würde, wenn die Transaktion zwischen fremden Dritten stattgefunden hätte.

Beispiele für immaterielle Wirtschaftsgüter sind gewerbliche Schutzrechte, Betriebs- und Geschäftsgeheimnisse, Lizenzen und Zulassungen, Forschungs- und Entwicklungsprojekte oder in der Entwicklung befindliche Marken; auch Goodwill und der sogenannte „ongoing concern value" zählen dazu. Darunter versteht die OECD zum Beispiel den Wertbeitrag, der einem Bündel von Wirtschaftsgütern zugeschrieben wird, der über der Summe der Einzelwertbeiträge liegt. Zu beachten ist, dass Goodwill und „ongoing concern value" im Sinne der OECD in der Regel nicht dem Goodwill im Sinne der Rechnungslegung entspricht.

Rechtlicher, vertraglicher oder sonstiger Schutz eines immateriellen Wirtschaftsguts mag den Wert dieses Guts beeinflussen, ist für sich genommen jedoch keine Voraussetzung für dessen Existenz. Auch die von anderen Wirtschaftsgütern getrennte Übertragbarkeit wird nicht vorausgesetzt. Ebenso sind immaterielle Wirtschaftsgüter von allgemeinen Marktbedingungen oder lokalen Gegebenheiten, wie verfügbares Einkommen, Wettbewerbsstrukturen oder Standortvorteilen zu unterscheiden. Auch diese können den Preis einer Transaktion beeinflussen, stellen für sich genommen jedoch keine immateriellen Wirtschaftsgüter dar.

Wie sind immaterielle Wirtschaftsgüter zu bewerten
Die Ermittlung von Verrechnungspreisen für immaterielle Wirtschaftsgüter unterliegt dem Fremdvergleichsgrundsatz. Der Bepreisung stellt die OECD eine umfassende Analyse der mit immateriellen Wirtschaftsgütern verbundenen Transaktionen bzw. deren Nutzungsüberlassung voran. Dabei steht das tatsächliche Geschäftsgebaren im Vordergrund, welches auch als Maßstab für die Beurteilung der Fremdüblichkeit der gegebenenfalls vorliegenden Verträge über die im Zusammenhang mit dem immateriellen Wirtschaftsgut stehenden Liefer- und Leistungsbeziehungen dienen soll. Die Subjektbezogenheit von (immateriellen) Gütern in der Bewertung spielt für die OECD eine besondere Rolle. Diese Analyse der faktischen Gegebenheiten und Rahmenbedingungen beinhaltet daher insbesondere:

◊ die Definition und Abgrenzung des Wirtschaftsguts,
◊ die Identifikation der vertraglichen Grundlagen inklusive der Rechtsgrundlage für das rechtliche Eigentum,
◊ die Identifikation der Parteien, die in Bezug auf das immaterielle Wirtschaftsgut die maßgeblichen Funktionen ausüben, gegebenenfalls andere Wirtschaftsgüter nutzen und Risiken übernehmen,
◊ die Identifikation der realistischen Handlungsmöglichkeiten der an der Transaktion beteiligten Parteien
◊ den Sachverhalt der faktischen Transaktion einschließlich der Identifikation sämtlicher immaterieller Wirtschaftsgüter, die Gegenstand der Transaktion sind.

Die Position der OECD, bei der Preisfindung die realistischen Handlungsmöglichkeiten der an der Transaktion beteiligten Parteien zu beachten, spiegelt grundsätzlich die geltenden deutschen Regelungen wider. Der Fremdvergleichspreis liegt innerhalb der Bandbreite, deren Obergrenze der Grenzpreis der aufnehmenden Gesellschaft und deren Untergrenze der Grenzpreis der abgebenden Gesellschaft bilden. Den Automatismus der deutschen Normen, der den Mittelwert von Preisober- und Preisuntergrenze als Einigungspreis festlegt, wenn keine anders lautenden Argumente vorgebracht werden, sieht die OECD nicht vor.

Mit der Forderung einer zweiseitigen Bewertung aus Sicht der abgebenden und aufnehmenden Gesellschaft setzt die OECD eine hohe Hürde für die grundsätzlich vorrangig zur Anwendung kommenden einseitig-basierten Standardmethoden – Preisvergleichsmethode, Wiederverkaufsmethode und Kostenaufschlagsmethode – zur Bestimmung von Verrechnungspreisen. Denn dem Grunde nach zweifelt die OECD an, dass im Fall von immateriellen Wirtschaftsgütern Informationen aus öffentlichen und privaten Datenbanken dem Standard der zuverlässigen Vergleichbarkeit genügen. Zugleich rückt die OECD die Anwendung der Gewinnaufteilungsmethode (profit split) und kapitalwertorientierter Bewertungsmethoden in den Vordergrund – allerdings ohne zu versäumen, darauf hinzuweisen, dass eine einperiodige Profit-Split-Betrachtung insbesondere bei in der Entwicklung befindlichen immateriellen Wirtschaftsgütern, die auch als hard to value intangibles (HTVI) gesondert abgehandelt werden, nicht zu zuverlässigen Ergebnissen führt.

Zusammengefasst heißt das, dass nach Auffassung der OECD in einfach gelagerten Fällen die herkömmlichen Standardmethoden zu zuverlässigen Ergebnissen führen können, in komplexeren Fällen jedoch eine Kapitalwertmethode zugrunde zu legen ist, die den Verrechnungspreis an dem Wertschöpfungsbeitrag ausrichtet. In der Unternehmensrealität sind immaterielle Wirtschaftsgüter und Funktionen immer stärker miteinander verwoben, sodass die Kapitalwertmethode zwangsläufig zum Standard werden wird, denn nur sie kann eine zuverlässige Ableitung von Verrechnungspreisen unter Rendite-Risiko-Gesichtspunkten gewährleisten und so einen ganzheitlichen und widerspruchsfreien Bewertungsansatz sicherstellen.

Was heißt das für die Unternehmenspraxis?
Die Finanzverwaltungen werden folglich nicht nur zunehmend das Funktions- und Risikoprofil der an der Transaktion beteiligten Parteien sowie vertragliche Grundlagen vor dem Hintergrund des tatsächlichen Geschäftsgebaren hinterfragen, sondern auch die Planung und Wertbeitragsanalyse, die der Bestimmung des Fremdvergleichspreises zugrunde liegt. Werden die BEPS-Aktionspunkte dem Grunde nach von den nationalen Gesetzgebern umgesetzt, dürfte im Rahmen der Dokumentation neben

die bisher ausgeprägt deskriptive Argumentation eine wesentlich stärker quantitativ ausgerichtete Analyse treten. Die OECD betont, dass Beiträge zur Wertschöpfung grundsätzlich an zwei Dimensionen zu messen sind: an der Rendite des Wirtschaftsguts und dem korrespondierenden Risiko. Seit Langem ist bekannt, dass Risiken sich diversifizieren lassen; die Portfolio- und Optionspreistheorie bietet Anschauungsmaterial, wie diese sich messen und managen lassen. Und ist die Unsicherheit mit Bezug auf den künftigen Ertrag sehr hoch, wie zum Beispiel bei HTVI und damit verbundenen Funktionen, kann eine ansonsten starre Vergütungsregel auch ergänzt werden um Preisanpassungsklauseln, Zahlungen bei Erreichen von Meilensteinen und einen gestaffelten Einsatz von Lizenzen, wie es bei Vereinbarungen zwischen Dritten bereits üblich ist.

Nachvollziehbare und belastbare Analysen von immateriellen Wirtschaftsgütern respektive von Wertbeiträgen bringen dabei Transparenz in die gesamte Wertschöpfungskette und deren Reorganisation. Im ersten Schritt gelingt dies durch die eindeutige Definition des Bewertungsobjekts. In einem zweiten Schritt stellen die an dem Bewertungsobjekt ausgerichteten integrierten Planungsrechnungen ganzheitliche quantitative Abbildungen der unternehmerischen Realität, in dem die jeweilige Transaktion eingebettet ist, sicher. Damit ist die Analysebasis für die Behandlung von Unsicherheiten gelegt: für Sensitivitäten, Szenarien und andere Simulationstechniken sowie die Ableitung angemessener, sprich risikoäquivalenter Kapitalkosten. Moderne Steuerungsansätze wie Corporate Economic Decision Assessment (CEDA) können hierbei aufgrund ihrer stringenten Ausrichtung an dem Erfolg und Risiko einer unternehmerischen Entscheidung und den hinter dieser liegenden ökonomischen Interdependenzen einen zusätzlichen Mehrwert durch das Aufzeigen von Rendite- und Risikoprofil der Wirtschaftsgüter beziehungsweise des Wertbeitrags generieren.

5. Erbschaftsteuerreform – neue Regelungen für die steuerliche Unternehmensbewertung

Die Neuregelungen der Erbschaftsteuerreform beziehen sich neben der Ermittlung des begünstigungsfähigen Vermögens auch auf die Vorgehensweise bei der steuerlichen Unternehmensbewertung. Zwar bleibt die weitgehende Verschonung betrieblichen Vermögens grundsätzlich erhalten, die Regelungen differenzieren allerdings stärker zwischen nicht begünstigten Verwaltungsvermögen und weiterhin begünstigten Betriebsvermögen. Zudem erfolgten Änderungen bei der Anwendung des steuerlichen vereinfachten Ertragswertverfahrens. Die nun maßgeblichen Regelungen können unter bestimmten Konstellationen erhebliche Nachteile für die betroffenen Steuerpflichtigen entfalten.

Der Bundesrat hat am 14. Oktober 2016 der am 29. September 2016 vom Bundestag beschlossenen Anpassung des Erbschaftsteuer- und Schenkungsteuergesetzes (ErbStG) an die Rechtsprechung des Bundesverfassungsgerichts zugestimmt. Von den Änderungen sind insbesondere die Regelungen im ErbStG zur Verschonung von betrieblichem Vermögen sowie die Anpassung des Bewertungsgesetzes (BewG) in Bezug auf den Kapitalisierungsfaktor betroffen. Die Anpassungen des Erbschaftsteuergesetzes gelten rückwirkend zum 1. Juli 2016 – die Änderungen des Bewertungsgesetzes hingegen bereits für Übertragungen ab dem 1. Januar 2016.

Dabei bleibt das Grundprinzip der weitgehenden Begünstigung des übertragenen Betriebsvermögens erhalten und auch die grundsätzliche Bewertungssystematik für erbschaft- und schenkungsteuerliche Zwecke wird nicht berührt. Allerdings können die Änderungen der Bewertungsregelungen mit Bezug auf die Verschonung in Einzelfällen zu einem akuten Handlungsbedarf bei den betroffenen Steuerpflichtigen führen. Wurde auf Basis der alten Gesetzeslage eine (weitgehende) Verschonung erwartet, können sich nach neuem Recht zusätzliche Hürden aufgetan haben – denn auf Basis der aktuellen Gesetzeslage sind neue Grenzwerte für die Verschonungsregelungen einzuhalten.

Wesentliche Änderungen des Bewertungsgesetzes

Die Regelungen zur Ermittlung der Bemessungsgrundlage für die Erbschaft- und Schenkungsteuer wurden in ihrer grundsätzlichen Systematik durch die Erbschaftsteuerreform nicht verändert. Das BewG gibt weiterhin ein dreistufiges Prüfungsschema für die Bestimmung des gemeinen Werts als steuerliche Bemessungsgrundlage bei Kapitalgesellschaften vor. Ist der gemeine Wert nicht aus Verkäufen unter fremden Dritten, die weniger als ein Jahr vor dem Übertragungsstichtag liegen, ableitbar, ist der gemeine Wert grundsätzlich unter Berücksichtigung der Ertragsaussichten der betreffenden Kapitalgesellschaft zu ermitteln.

Eine Möglichkeit zur Berechnung eines Unternehmenswertes unter Berücksichtigung der Ertragsaussichten stellt das im BewG geregelte vereinfachte Ertragswertverfahren dar, sofern dieses nicht zu offensichtlich unzutreffenden Ergebnissen führt. Der Ertragswert des betriebsnotwendigen Vermögens lässt sich dann regelmäßig durch Multiplikation des durchschnittlichen Ertrags der letzten drei Istjahre mit einem vorgegebenen Kapitalisierungsfaktor ermitteln.

Die bisherige Regelung, wonach sich der Kapitalisierungsfaktor aus einem Basiszinssatz und einem (Risiko-) Zuschlag in Höhe von 4,5 % zusammensetzt, wurde im Zuge der Reform gestrichen und durch einen einheitlichen Kapitalisierungsfaktor in Höhe von 13,75 ersetzt. Eine Anpassung des Kapitalisierungsfaktors kann zukünftig lediglich durch Rechtsverordnung des Bundesministeriums für Finanzen an die Entwicklung der Zinsstrukturdaten erfolgen.

Diese Änderungen des BewG gelten rückwirkend ab dem 1. Januar 2016. Der Kapitalisierungsfaktor für das Jahr 2016 betrug vor der Erbschaftsteuerreform 17,86 und lag damit deutlich über dem nunmehr festgelegten Faktor von 13,75. Dass der Kapitalisierungsfaktor im Vergleich zu den Vorjahren niedriger wurde, ist auch eine Folge der zahlreichen Hinweise von Verbänden und Unternehmen, dass die in den Vorjahren zu berücksichtigenden Kapitalisierungsfaktoren häufig zu unrealistisch hohen Unternehmenswerten geführt haben. Die nachträgliche Reduzierung des Kapitalisierungsfaktors für das Jahr 2016 bewirkt ceteris paribus eine Verringerung des Unternehmenswertes nach dem vereinfachten Ertragswertverfahren um rund 23 %. Damit reduziert sich grundsätzlich auch die steuerliche Bemessungsgrundlage und folglich die Steuerlast.

Erbschaftssteuerreform: Verschonungsregelegungen

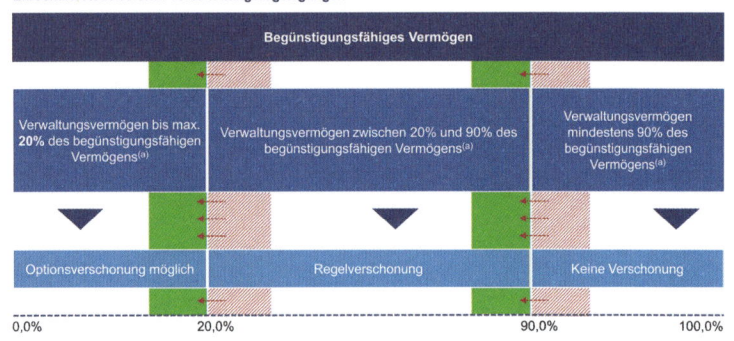

Begünstigungsfähiges Vermögen

Verwaltungsvermögen bis max. 20% des begünstigungsfähigen Vermögens[a]	Verwaltungsvermögen zwischen 20% und 90% des begünstigungsfähigen Vermögens[a]	Verwaltungsvermögen mindestens 90% des begünstigungsfähigen Vermögens[a]
Optionsverschonung möglich	Regelverschonung	Keine Verschonung

0,0%   20,0%   90,0%   100,0%

Anm.: (a) Die Ermittlung der Verwaltungsvermögensquoten im Verhältnis zum begünstigungsfähigen Vermögen erfolgt für die Optionsverschonung gemäß §13a Absatz 10 ErbStG n.F., die für die Versagung der Verschonung gemäß §13b Absatz 2 ErbStG. Die Vorgehensweisen sind nicht deckungsgleich.

Abb. C-4

Ob durch die Senkung des Kapitalisierungsfaktors nun realistischere Unternehmenswerte ermittelt werden, kann nicht allgemein beantwortet werden, vielmehr hängt es unverändert vom zu betrachtenden Einzelfall ab. Allerdings sind bei Bewertungen in Anlehnung an das vereinfachte Bewertungsverfahren unternehmensspezifische Anpassungen, die in Einzelfällen in Abstimmung mit dem Finanzamt möglich waren, nun tendenziell noch schwieriger begründbar, da kein Bezug auf die einzelnen Komponenten des Kapitalisierungszinssatzes (Basiszinssatz, Risikozuschlag) mehr genommen werden kann. Die Abbildung der individuellen Unternehmenssituation (zum Beispiel Auslandsrisiken, Verschuldungsgrad) ist damit noch stärker eingeschränkt als in der alten Rechtslage.

Entscheidend ist aber insbesondere, dass, trotz des grundsätzlich positiven Effekts aus der Reduzierung des Kapitalisierungsfaktors, generell geprüft werden sollte, ob die Anwendung des vereinfachten Ertragswertverfahrens vorteilhaft für den Steuerpflichtigen ist oder ob – insbesondere bei offensichtlich unzutreffenden Ergebnissen – eine fundamentale Unternehmensbewertung nach den Grundsätzen des IDW S 1 durchgeführt werden sollte.

Wesentliche Änderungen bei der Verschonung des Betriebsvermögens
Die Verschonung des Betriebsvermögens ist – unverändert zur alten Gesetzeslage – durch einen Abschlag in Form der (a) Regelverschonung oder der (b) Optionsverschonung geregelt. Neu geschaffen wurde die Möglichkeit, unter bestimmten Voraussetzungen einen Vorabschlag von bis zu

30 % auf das begünstigte Vermögen zusätzlich zu den beiden weiterhin bestehenden Verschonungswegen zu berücksichtigen.

Bei der Regelverschonung beträgt der Verschonungsabschlag auf das begünstigte Vermögen grundsätzlich weiterhin 85 %, bei der Optionsverschonung weiterhin 100 %. Allerdings sind die Voraussetzungen, um diese Vergünstigungen zu erhalten, verschärft worden.

So unterliegt zum Beispiel das nicht begünstigte Vermögen grundsätzlich direkt der vollen Besteuerung und das bislang geltende sogenannte „Alles-Oder-Nichts-Prinzip" unter Berücksichtigung einer 50 %-Verwaltungsquote wurde abgeschafft. Die Rechtsfolge dieser Quasi-Freigrenze war, dass das Verwaltungsvermögen zu einem großen Anteil begünstigt wurde oder aber, dass das grundsätzlich begünstigungsfähige Vermögen vollständig nicht begünstigt war. Im Zuge der Erbschaftsteuerreform erfolgte zudem eine grundlegende Änderung zur Ermittlung des Verwaltungsvermögens, die im Vergleich zur alten Rechtslage wesentlich komplexer ist. Im Ergebnis soll mit den Änderungen nun sichergestellt werden, dass grundsätzlich begünstigtes Vermögen auch tatsächlich begünstigt versteuert werden kann und dass schädliches Verwaltungsvermögen weitgehend einer normalen Besteuerung unterliegt.

Auswirkungen der Erbschaftsteuerreform auf die Bewertung bei Übertragungen im 1. Halbjahr 2016
Das Erbschaftsteuergesetz in der neuen Fassung gilt rückwirkend zum 1. Juli 2016, sodass für Zeiträume vom 1. Januar bis zum 30. Juni 2016 weiterhin die alte Rechtslage einschließlich des damals vorzunehmenden Verwaltungsvermögenstest zu berücksichtigen ist. Die Änderungen des Bewertungsgesetzes und damit des Kapitalisierungsfaktors gelten hingegen rückwirkend ab dem 1. Januar 2016.

Bei sinkendem Kapitalisierungsfaktor sinken ceteris paribus der Unternehmenswert beim steuerlichen vereinfachten Ertragswertverfahren und damit auch der „Nenner" im Verwaltungsvermögenstest. Das (konstant gebliebene) Verwaltungsvermögen wird somit einer kleineren Basis (Unternehmenswert) gegenübergestellt und die Verwaltungsvermögensquote steigt. Dies kann in Einzelfällen dazu führen, dass durch die Verringerung des Unternehmenswertes (auf Basis des vereinfachten Ertragswertverfahrens) die Grenze des zulässigen Verwaltungsvermögen überschritten wird und die beabsichtigte Verschonung – mit negativen Effekten aus Sicht des Steuerpflichtigen – nicht mehr erreicht werden kann.

Die rechtliche Fragestellung, ob der Steuerpflichtige sich in diesen Fällen auf einen Vertrauensschutz berufen kann, wird voraussichtlich erst durch eine finanzgerichtliche Entscheidung geklärt. Eine fundamentale Unternehmensbewertung nach den Grundsätzen des IDW S 1, die unabhängig von den Änderungen im BewG ist, kann die bisher angewandten Verschonungsregeln stützen. Dies kann insbesondere dann der Fall sein, wenn ceteris paribus nach einer Unternehmensbewertung auf Basis des IDW S 1 Eigenkapitalkosten ermittelt werden, die bei identischen Zahlungsströmen zum vereinfachten Ertragswertverfahren kleiner als 7,3 % (= 1 / Faktor 13,75) sind oder die für die Fundamentalbewertung maßgeblichen Prognoseergebnisse im Durchschnitt höher liegen, als auf Basis des bei vereinfachtem Ertragswertverfahren berücksichtigten Durchschnitts der Vergangenheitsjahre.

Auswirkungen der Erbschaftsteuerreform auf die Bewertung bei Übertragungen ab dem 1. Juli 2016
Die neuen Regelungen des ErbStG sehen zum einen vor, dass die Optionsverschonung nur dann möglich ist, wenn das begünstigungsfähige Vermögen nicht zu mehr als 20% aus Verwaltungsvermögen besteht. Zum anderen ist nunmehr geregelt, dass die Verschonung bei Überschreitung einer 90 %igen Verwaltungsvermögensquote versagt wird.

Im ersten Fall kann es daher für den Steuerpflichtigen vorteilhaft sein, dass der Wert des begünstigungsfähigen Vermögens (Wert des Unternehmens) höher ausfällt als unter Berücksichtigung des vereinfachten Ertragswertverfahrens, um die 20 %-Quote zu unterschreiten.

Im zweiten Fall ergibt sich eine Vorteilhaftigkeit für den Steuerpflichtigen daraus, wenn vermieden werden kann, dass grundsätzlich begünstigungsfähiges Vermögen nicht begünstigt wird, weil das Verwaltungsvermögen mehr als 90 % des begünstigungsfähigen Vermögens beträgt.

Die Empfehlung der Durchführung einer Unternehmensbewertung nach den Grundsätzen des IDW S 1 gilt ohnehin vor dem Hintergrund, dass Unternehmensbewertungen nach IDW S 1 aufgrund des Zukunftsbezugs und der Berücksichtigung der individuellen Unternehmenssituation dem vereinfachten Ertragswertverfahren konzeptionell überlegen ist. Zudem besteht beim vereinfachten Ertragswertverfahren unverändert die Gefahr, dass sich per se realitätsferne Unternehmenswerte ergeben, da der Basiszinssatz im bisherigen Jahresverlauf 2016 auf deutlich unter 1 % gesunken ist, während bei Anwendung des vereinfachten Ertragswertverfahrens ein für das Jahr fest vorgegebener Kapitalisierungsfaktors vorgegeben wurde.

Fazit

Die neu gefassten steuerlichen Regelungen in Bezug auf das ErbStG und das BewG erlauben weiterhin grundsätzlich sowohl die Anwendung des vereinfachten Ertragswertverfahrens sowie die Unternehmensbewertung nach IDW S 1.

Die Anpassungen des BewG mit ihrer Rückwirkung zum 1. Januar 2016 können trotz aufgrund des reduzierten Kapitalisierungsfaktors sinkender Unternehmenswerte zu negativen Auswirkungen für Übertragungen im ersten Halbjahr 2016 führen, wenn die entsprechenden Verwaltungsvermögensquoten ungünstig ausfallen. Hier muss geprüft werden, ob ein Handlungsbedarf für die betroffenen Steuerpflichtigen besteht. Die Anpassungen des ErbStG gelten rückwirkend zum 1. Juli 2016. Nicht zuletzt für eine fundierte Inanspruchnahme der Verschonungsregelungen sollte für die sachgerechte Ermittlung des Unternehmenswerts als Basis für die Bemessungsgrundlage der Erbschafts- bzw. Schenkungsteuer nicht nur das vereinfachte Ertragswertverfahren angewandt, sondern auch eine Bewertung nach IDW S 1 durchgeführt werden

6. Der Schritt über die Grenzen – steuerliche Konsequenzen eines Wegzugs

Vor dem Hintergrund der gestiegenen internationalen Mobilität der Anteilseigner von Unternehmen gilt es, die steuerlichen Folgen für den Anteilseigner bei einem Wegzug ins Ausland zu kennen. So kann beispielsweise ein eigentlich nur vorübergehend geplanter Auslandsaufenthalt zum „unbemerkten" Wegzug werden, wenn die planmäßige Rückkehr nach Deutschland nicht erfolgt. In einer solchen Situation wird häufig die Wegzugsbesteuerung nach § 6 AStG vergessen, die zu einer erheblichen einkommensteuerlichen Belastung führen kann. Im Rahmen eines Wegzugs können auch erbschaftssteuerliche Konsequenzen durch das Risiko einer Doppelbesteuerung entstehen. Idealerweise sollte vor Wegzug ins Ausland versucht werden, durch eine sorgfältige Analyse etwaigen Risiken entgegenzuwirken.

Hintergründe zur Wegzugsbesteuerung nach § 6 AStG

Egal ob jung oder alt, immer häufiger erfüllen sich Deutsche den langersehnten Traum, ein neues Leben im Ausland zu starten. Sei es vorübergehend im Rahmen der Ausbildung, einer beruflichen Chance in einem internationalen Unternehmen oder zwecks Ruhestand im sonnigen Süden. Bevor jedoch das Eigenheim verkauft und der Haushalt in Deutschland aufgelöst wird, ist es ratsam, sich zuvor mit einem Steuerberater auszutauschen, sofern Anteile an Unternehmen gehalten werden. Ansonsten besteht das Risiko, dass aufgrund eines Umzugs „Wegzugsteuern" zu zahlen sind, zum Beispiel in Form von Steuern auf einen fiktiven Veräußerungsgewinn von Gesellschaftsanteilen, die man gar nicht beabsichtigt zu veräußern.

Damit dem deutschen Fiskus das Besteuerungsrecht an den in der Beteiligung gebildeten stillen Reserven durch einen Wegzug in einen Staat, mit dem ein Doppelbesteuerungsabkommen (DBA) abgeschlossen wurde, nicht verloren geht, wurde § 6 AStG in das Außensteuergesetz aufgenommen.

Gemäß § 6 Abs. 1 S. 1 AStG wird eine entgeltliche Veräußerung von Unternehmensanteilen unterstellt, sobald eine natürliche Person ihre unbeschränkte Steuerpflicht durch Wohnsitzverlegung beendet. Die Wegzugsbesteuerung soll sicherstellen, dass die in Deutschland angewachsenen stillen Reserven, die ohne Wegzug ins Ausland im Falle einer Veräußerung der Beteiligung zu realisieren wären, auch weiterhin in Deutschland versteuert werden.

Zu einer Entschärfung führte das Urteil des Europäischen Gerichtshofs im Streitfall „Lasteyrie du Saillant", in dem die französische Wegzugsbesteuerung, die – analog zur alten Rechtslage in Deutschland – eine sofortige Besteuerung von stillen Reserven im Falle eines Wegzugs vorsah, als unvereinbar mit der in der Europäischen Union (EU) geltenden Niederlassungsfreiheit erklärt wurde. Dies führte dazu, dass im Rahmen der Neuerung des § 6 AStG eine Stundungsregelung im Falle eines Wegzugs innerhalb der EU oder des EWR-Raumes vorgesehen wurde.

Voraussetzungen der Wegzugsbesteuerung
Für das Wirksamwerden der Wegzugsbesteuerung nach § 6 AStG müssen persönliche und sachliche Voraussetzungen erfüllt werden. Zu den persönlichen Voraussetzungen zählt das Bestehen einer unbeschränkten Steuerpflicht im Inland gemäß § 1 Abs. 1 EStG für einen Zeitraum von mindestens zehn Jahren. Dabei ist nicht ausschlaggebend, ob die unbeschränkte Steuerpflicht über zehn aufeinanderfolgende Jahre bestand, vielmehr ist das zehnjährige Bestehen der unbeschränkten Steuerpflicht in Summe maßgebend.

Der sachliche Anknüpfungspunkt ist die Beteiligung an einer in- oder ausländischen Kapitalgesellschaft nach § 17 EStG. Demnach ist eine innerhalb der letzten fünf Jahre mindestens 1-prozentige Beteiligung für das Wirksamwerden der Wegzugsbesteuerung notwendig. Ebenfalls kann die Beteiligung an einer Personengesellschaft mit etwas anders gelagerten Voraussetzungen die Wegzugsbesteuerung auslösen. Voraussetzung hierfür ist, dass sich durch den Wegzug das Besteuerungsrecht nach dem jeweiligen DBA auf den ausländischen Wohnsitzstaat verlagert.

Rechtliche Folgen
Sind diese Voraussetzungen gegeben, wird zum Zeitpunkt des Wegzugs eine Veräußerung der Beteiligung unterstellt. Die Bemessungsgrundlage für die Besteuerung ist der fiktive Veräußerungsgewinn. Um diesen zu ermitteln, ist eine Unternehmensbewertung zum Zeitpunkt, zu dem die Voraussetzungen der Wegzugsbesteuerung erfüllt sind, vorzunehmen und der anteilige Wert ist den jeweiligen Anschaffungskosten gegenüberzustellen. Auf den anteiligen Vermögenszuwachs ist sodann das Teileinkünfteverfahren anzuwenden, welches eine Besteuerung der Veräußerungsgewinne zu 60 Prozent vorsieht. Fiktive Veräußerungsverluste

werden einkommensteuerlich außer Betracht gelassen. Aber auch gerade diesen Fall sollte man mit seinem Steuerberater besprechen, zum Beispiel könnte dieser Verlust steuerwirksam realisiert werden.

Weiterhin unterscheidet das Gesetz zwischen Fällen der Wohnsitzverlegung innerhalb des EU-/EWR-Gebiets und dem Wegzug in Drittstaaten (zum Beispiel USA oder Schweiz). Dabei wird die Wegzugssteuer in Fällen der Wohnsitzverlagerung innerhalb des EU-/EWR-Gebiets zinslos und unbefristet bis zum Zeitpunkt einer tatsächlichen Anteilsveräußerung gestundet, während bei dem Wegzug in einen Drittstaat die Wegzugssteuer im Grundsatz sofort zur Zahlung fällig ist.

Der Steueranspruch kann unter bestimmten Bedingungen auch entfallen. Dies ist beispielsweise der Fall, wenn die Beendigung der unbeschränkten Steuerpflicht auf vorübergehender Abwesenheit beruht oder der Steuerpflichtige innerhalb von fünf Jahren seit der Beendigung der unbeschränkten Steuerpflicht wieder unbeschränkt steuerpflichtig wird. Ferner besteht die Möglichkeit – beispielsweise durch Umstrukturierungsmaßnahmen im Vorfeld des Wegzugs – die Wegzugsbesteuerung nach § 6 AStG zu vermeiden.

Erbschaftsteuerliche Konsequenzen eines Wegzugs
Bei einem Wegzug ins Ausland sind neben dem § 6 AStG auch mögliche erbschaftsteuerliche Konsequenzen zu berücksichtigen. Im Vorfeld eines Wegzugs gilt es, die im Ausland geltenden erbschaftsrechtlichen Anforderungen zu bedenken, insbesondere wenn mehrere Länder von einem Erbfall betroffen sind.

In Deutschland liegt eine unbeschränkte Steuerpflicht vor, wenn der Erblasser und/oder der Erbe Steuerinländer sind oder aber sogenannte Inlandsvermögen im Sinne des Bewertungsgesetzes übertragen werden. Als Steuerinländer sind dabei Personen, die ihren Wohnsitz bzw. ihren gewöhnlichen Aufenthalt im Inland haben, zu verstehen. Auch nach Wegzug ins Ausland bleibt für weitere fünf Jahre eine (erweiterte) unbeschränkte Steuerpflicht bestehen, sodass das gesamte Vermögen auch weiterhin den Vorschriften des deutschen Erbschaftssteuergesetzes unterworfen ist. Sollte somit der Erblasser im Inland ansässig sein, so wird der gesamte Erbanfall – das heißt sowohl das Auslands- als auch das Inlandsvermögen – von der unbeschränkten Steuerpflicht erfasst. Ist wiederum nur der Erwerber im Inland ansässig, so gelten nur für das auf ihn entfallende Vermögen die Vorschriften des deutschen Erbschaftsteuergesetzes. Immer steuerpflichtig als Inlandsvermögen ist daneben inländisches Betriebsvermögen, Anteile an einer deutschen Personengesellschaft oder Anteile an einer deutschen Kapitalgesellschaft, wenn der Gesellschafter und seine Familie zusammen mindestens 10 Prozent des Kapitals halten.

In bestimmten Fallkonstellationen kann das Risiko einer Doppelbesteuerung für einzelne Nachlassgegenstände aufgrund gegebener Situation in zwei Staaten entstehen. So tritt dies häufig infolge der Ausdehnung der unbeschränkten Steuerpflicht auf fünf Jahre nach dem Wegzug ein. Dabei ist zu beachten, dass europäische Erbschaftsteuersätze teilweise deutlich höher ausfallen als in Deutschland und somit ein nicht unwesentlicher Steueraufwand entstehen kann. Das deutsche Erbschaftsteuergesetz ermöglicht zwar auf Antrag eine Anrechnung der ausländischen Erbschaftsteuer auf die deutsche Steuer, allerdings sind hierfür mehrere Bedingungen zu erfüllen.

Ermittlung des Unternehmenswerts
Ist ein Wegzug ins Ausland geplant, sollten stets steuerliche Konsequenzen im Vorfeld bedacht werden. So sollte idealerweise versucht werden, das Auslösen der Wegzugsbesteuerung nach § 6 AStG bereits im Vorfeld durch eine sorgfältige Planung oder durch Umstrukturierungsmaßnahmen im Rahmen des Möglichen zu vermeiden.

Es kann jedoch auch Situationen geben, in denen es Sinn macht, ganz bewusst eine Art „Schlussbesteuerung" in Deutschland im Wegzugszeitpunkt auszulösen, um erwartete künftige Wertsteigerungen einer günstigeren Besteuerung im Zuzugsstaat zu unterwerfen.

In jedem Fall ist jedoch die Dokumentation des Unternehmenswerts der Beteiligung durch eine fundamentale Unternehmensbewertung geboten. Denn – sollte der Anteilseigner im Falle eines Wegzugs keinen Unternehmenswert nachweisen können – so wird die Bewertung der Anteile von dem zuständigen Finanzamt übernommen. Dieses zieht dafür in der Regel das sogenannte „Vereinfachte Ertragswertverfahren" §§ 199 bis 203 BewG heran. Demnach setzt sich der vereinfachte Ertragswert aus dem Ertragswert des betriebsnotwendigen Vermögens sowie dem gemeinen Wert des nicht betriebsnotwendigen Vermögens zusammen.

Der Ertragswert des betriebsnotwendigen Vermögens lässt sich durch Multiplikation des „nachhaltig erzielbaren Jahresertrags" mit einem Kapitalisierungsfaktor errechnen. Der Jahresertrag entspricht dabei dem Durchschnitt des um vorgegebene Korrekturposten bereinigten steuerlichen Betriebsergebnisses der letzten drei Geschäftsjahre. Damit basiert das vereinfachte Ertragswertverfahren ausschließlich auf Vergangenheitswerten und lässt die zukünftige Ertragskraft des Unternehmens völlig außer Acht.

Hinsichtlich des Kapitalisierungsfaktors ist zudem anzumerken, dass dieser für alle Unternehmen und alle Übertragungen ab dem 1. Januar 2016 verbindlich vom Gesetzgeber auf 13,75 festgeschrieben wurde. Dadurch bestehen keinerlei Möglichkeiten, die individuelle Risikosituation, zum Beispiel hinsichtlich des Verschuldungsgrads, einer Branche oder einer Währungsabhängigkeit zu berücksichtigen.

Diese pauschalen Annahmen können schnell zu einer Überbewertung führen, mit der entsprechend eine (zu) hohe Steuerlast einhergeht.

Es ist daher ratsam, die eigene Situation durch einen erfahrenen Steuerberater prüfen und ein Wertgutachten erstellen zu lassen, sobald ein Wegzug denkbar wird. Gängig und von Finanzämtern anerkannt ist zum Beispiel eine Unternehmensbewertung nach den allgemein anerkannten Grundsätzen des IDW S 1. Anders als das vereinfachte Ertragswertverfahren berücksichtigt es ausschließlich den Zukunftserfolg, in dem künftig erwartete Zahlungsströme mit einem unternehmensindividuellen Kapitalkostensatz kapitalisiert werden, der die individuelle Risikosituation des Unternehmens abbildet.

Dadurch können Wertunterschiede von bis zu einem Drittel gegenüber den Berechnungen des Finanzamts entstehen. Zwar ist die Erstellung einer solchen Bewertung mit einem gewissen Aufwand verbunden und sollte in die Hände von erfahrenen Bewertungsexperten gelegt werden, jedoch wird eine sachgerechte Besteuerungsbasis ermittelt und dokumentiert. Nur dies ermöglicht eine fundierte Nachweismöglichkeit gegenüber der Finanzverwaltung über einen steuerpflichtigen Gewinn und die damit verbundene Steuerbelastung.

Kapitel D
WERTORIENTIERTE STEUERUNG

1. Grundsätze ordnungsmäßiger Entscheidungsfindung – auf die richtigen Werttreiber kommt es an 107
2. Corporate Economic Decision Assessment (CEDA) – ein entscheidungsorientierter Ansatz als Antwort auf aktuelle Marktherausforderungen 111
3. Immaterielle Werte – im Spannungsfeld von Wertschöpfung und Wertsicherung 116
4. Data Analytics – eine entscheidende Komponente der Qualitätssicherung und -steigerung bei der Unternehmensbewertung und Planungsplausibilisierung 121
5. Rechtsstreitigkeiten – Quantifizierung von Risiken und -chancen 127

1. Grundsätze ordnungsmäßiger Entscheidungsfindung – auf die richtigen Werttreiber kommt es an

Unternehmerische Entscheidungen basieren auf einer wachsenden Anzahl unsicherer Parameter und ungewisser Rahmenbedingungen. Die Ursache liegt in der gestiegenen Komplexität wirtschaftlicher Verflechtungen sowie der zunehmenden Dynamik auf den Absatz-, Beschaffungs- und Kapitalmärkten. Dadurch ist es nicht mehr ausreichend, bedeutende finanzielle Entscheidungen gelegentlich hinsichtlich ihrer alternativen Lösungsmöglichkeiten zu überprüfen und dann basierend auf einer Mischung aus Erfahrung und Intuition die Entscheidung zu treffen. Vielmehr gilt es heute, die fundamentalen Werttreiber für bestimmte Entscheidungssituationen wirklich zu kennen, diese Werttreiber quasi permanent zu überprüfen und, sofern erforderlich, anzupassen, um damit jederzeit eine fundierte Entscheidung treffen zu können. Der unternehmerische Erfolg hängt somit von einer sorgfältigen und gleichzeitig schnellen Entscheidungsfindung ab. Gleichzeitig steigt der Druck der Entscheidungsträger, ihre Entscheidung gegenüber den Stakeholdern zu kommunizieren und zu rechtfertigen. Hierzu ist ein transparenter und effizienter Prozess der Entscheidungsfindung erforderlich, der auf aussagekräftigen Analysen beruht, die insbesondere auch Risiken und Chancen unsicherer Einflussfaktoren explizit abbilden und beurteilbar machen.

In der Vergangenheit fanden Unternehmer häufig ein klar strukturiertes Umfeld vor: Wertschöpfungsketten mit geringer Tiefe und Komplexität, Innovationszyklen in vorhersehbaren Zeiträumen und eine handhabbare Informationsdichte. Mit hinreichender Sicherheit konnte man für eine hinreichende Anzahl von Jahren in die Zukunft sehen, planen und Entscheidungen mit ausreichenden Vorlaufzeiten treffen. Die Entscheidung konnte primär auf langjährigen Erfahrungen und unternehmerischer Intuition basiert werden.

In den letzten Jahren hat sich dieses Bild grundlegend verändert. „Business Intelligence"-Systeme erlauben den sofortigen Zugang zu Informationen innerhalb und außerhalb des Unternehmens, Wertschöpfungsketten sind – durch zunehmende Ver- und Auslagerung einzelner Bestandteile, auch auf externe Partner – komplex geworden, Innovationszyklen haben sich auf sehr kurze Zeiträume reduziert. Wettbewerber entstehen quasi über Nacht und dies gerade in Sektoren, die bislang gar nicht dem relevanten Wettbewerbsumfeld zugeordnet wurden. Mit der zunehmenden Digitalisierung gelingt es selbst jungen Start-ups, mit neuen digitalen Geschäftsmodellen zentrale Teile etablierter Geschäftsmodells zu disruptieren. Fast schon im Widerspruch zu diesem fundamentalen Wandel müssen zentrale unternehmerische Entscheidungen durch den Druck der Stakeholder im Vergleich zur Vergangenheit besser abgesichert sein. Gleichzeitig nimmt die Zahl bedeutsamer finanzieller Entscheidungen aufgrund der Dynamik eher zu als ab. In diesem herausfordernden Umfeld kommt es primär darauf an, die wertrelevanten verfügbaren Informationen permanent zu kennen, sie fortlaufend und umfassend zu identifizieren, effizient auszuwerten und systematisch in ein Entscheidungsproblem zu überführen und diesen Prozess entsprechend zu dokumentieren.

Eine Vielzahl der Unternehmen begegnet dieser Entwicklung weiterhin mit den gleichen Instrumenten wie in der Vergangenheit. Diese basieren meist auf einem jährlichen, zeitaufwendigen Top-down-/Bottom-up-Planungsprozess, der ein Budgetjahr, eine kurz- bis mittelfristige Vorschaurechnung von zwei bis drei Jahren sowie eine strategische Grobplanung umfasst. Ausgehend hiervon werden teilweise unterjährige Plananpassungen vorgenommen. Auch wenn diese Instrumente weiterhin ihre Berechtigung für das Setzen konkreter Steuerungs- und Zielgrößen haben, so können sie doch den Bedarf nach kurzfristig erforderlichen (strategischen) Vorschaurechnungen und Analysen für Teile des Unternehmens bis hin zum Gesamtunternehmen nicht erfüllen. Unsicherheit und Volatilität spezifischer Erwartungen werden wenn überhaupt häufig nur in Form ausgewählter diskreter Szenarien betrachtet.

Eine verantwortungsvolle zeitgemäße Unternehmensführung erfordert Transparenz über Chancen und Risiken im Geschäftsmodell und eine Aussage darüber, wie einzelne unternehmerische Maßnahmen und Entscheidungen dieses Risikoprofil verändern. Hierzu sind Chancen und Risiken, die sich in Form von unsicheren Einflussfaktoren widerspiegeln, explizit in die Entscheidungsfindung einzubeziehen. Diese Abbildung im Entscheidungskalkül verändert den Blickwinkel und ermöglicht vertiefte Einblicke. Dies ist wiederum die Basis für eine angemessene Absicherung und Dokumentation des Entscheidungsprozesses gegenüber Stakeholdern.

Hierzu sind zunächst für das jeweilige existierende oder künftige Geschäftsmodell kritische Wert- und Erfolgstreiber zu identifizieren und in einem zentralen Entscheidungssystem (bestehend aus einem strukturiertem Prozess und einem unterstützenden Tool) unter Einbindung vorhandener Erkenntnisse aus strategischen und operativen Planüberlegungen zu integrieren. Diese Werttreiber sind als diejenigen Größen zu verstehen, von denen der Erfolg oder Misserfolg des jeweiligen Geschäftsmodells zentral abhängt. Sie sind in vielen Fällen damit branchen- und geschäftsmodellspezifisch. In der Regel handelt es sich bei ihnen gerade nicht um finanzielle Größen, sondern um operative Größen wie zum Beispiel Kundenanzahl, Transaktionsraten, Volumina, Entwicklungszeiten, technische Spezifikationen, regulatorische Größen, Stillstandszeiten, Verfahrensdauern, die letztlich hinter finanziellen Kennzahlen wie Umsatz, Herstellkosten oder EBIT (Ergebnis vor Zinsen und Steuern) stehen. Kritische Werttreiber sollten auf ihre Bedeutsamkeit für die Entscheidung hin bewertet und Unsicherheiten in Form von zugehörigen Bandbreiten definiert werden. Dies bedeutet, dass man sich darüber Klarheit verschafft, welche Veränderung einzelner Werttreiber, welchen Effekt auf den Entscheidungswert hat und wie groß die Bandbreite ihrer Ausprägung sein kann und damit entsprechend auch der Effekt auf den Entscheidungswert. Gerade bei einem solchen Schritt empfiehlt es sich, externe Expertise zur Sicherung der Qualität, der Zuverlässigkeit und der Angemessenheit eines solchen Entscheidungssystems hinzuzuziehen. Hierbei ist zu empfehlen, neben der rein faktischen Strukturierung eines solchen Entscheidungssystems auch ergänzende Fragestellungen zu würdigen, die sich auf zentrale Beurteilungskriterien der Stakeholder ausrichten, wie zum Beispiel die Steigerung des Unternehmenswertes aus Sicht der Anteilseigner.

Die Fokussierung auf zentrale Werttreiber erlaubt zu jedem Zeitpunkt kurzfristige Analysen mit hinreichender Genauigkeit in Bezug auf die Auswirkung erwarteter und/oder geplanter Veränderungen im Unternehmen. Gerade, wenn man den Effekt auf den Entscheidungswert analysiert, ergibt sich überwiegend, dass für eine fundierte Analyse bereits fünf bis zehn Werttreiber vollkommen ausreichend sind. Gerade diesbezüglich wird von der Praxis immer wieder die Kritik vorgebracht, dass bei ihrem Geschäftsmodell eher hundert Werttreiber zu analysieren wären, was wiederum viel zu komplex wäre. Tatsächlich ist „mehr" nicht automatisch gleich „besser". Die Verknüpfung mit dem Effekt auf den Entscheidungswert ermöglicht eine deutliche aber fundierte Reduzierung.

Neben klassischen Renditekennziffern und Barwertbetrachtungen ist zunehmend auch die Veränderung der Unsicherheit künftiger Ergebnisse mit einzubeziehen. Durch die Berücksichtigung von Bandbreiten für die zentralen Werttreiber ergeben sich auch die finanziellen Effekt als Bandbreiten. Damit erhält man ein Risikoprofil für jedes Geschäftsmodell, welches auch nicht statisch ist, sondern sich im Zeitablauf an die jeweilige Umwelt anpasst. Gerade bei der Betrachtung alternativer Strategien innerhalb eines Geschäftsmodells lassen sich auf diese Weise auch die unterschiedlichen Risikoprofileder Alternativen bei der Entscheidungsfindung mit berücksichtigen. Künftig ist davon auszugehen, dass Unternehmer in zunehmendem Maße Unsicherheitsaspekte in ihre Entscheidungskalküle und die einwandfreie Dokumentation ihrer Entscheidungsfindung mit aufnehmen müssen. Ein solches Instrumentarium entspricht quasi Grundsätzen ordnungsmäßiger Entscheidungsfindung.

2. Corporate Economic Decision Assessment (CEDA) – ein entscheidungsorientierter Ansatz als Antwort auf aktuelle Marktherausforderungen

Moderne entscheidungsorientierte Ansätze wie CEDA berücksichtigen konsistent und praktikabel nicht nur die mit einer Entscheidung verbundenen Performanceveränderungen, sondern auch die Risikoveränderungen des Unternehmens. Die hierdurch operationalisierbare Orientierung auf die tatsächliche Wertentwicklung eines Unternehmens und auf die ihr zu Grunde liegenden Performance- und Risikotreiber schließt die Lücke zwischen der oft qualitativ geprägten, stark aggregierten strategischen Orientierung eines Unternehmens und der geforderten Orientierung an einer quantifizierbaren Wertentwicklung im Sinne der Stakeholder.

Unternehmen stehen vor dem Hintergrund der unverändert hohen branchenunabhängigen Dynamik ihres wirtschaftlichen Umfelds und der hohen Marktvolatilitäten jeden Tag vor zunehmend komplexer werdenden Entscheidungen. Sich häufende temporäre Marktverzerrungen sowie das verstärkte Auftreten disruptiver Effekte können ganze Geschäftsmodelle bedrohen. Mehr denn je stehen Unternehmen vor der Aufgabe, zukünftige Trends frühzeitig zu erkennen und auf sie zu reagieren. Fehlentscheidungen können das nachhaltige Überleben selbst großer Marktplayer gefährden. Nicht nur nimmt die Anzahl potenziell bedeutsamer Unternehmensentscheidungen signifikant zu, sondern gleichzeitig nimmt der Zeitraum zur Vorbereitung und Umsetzung der Entscheidung signifikant ab.

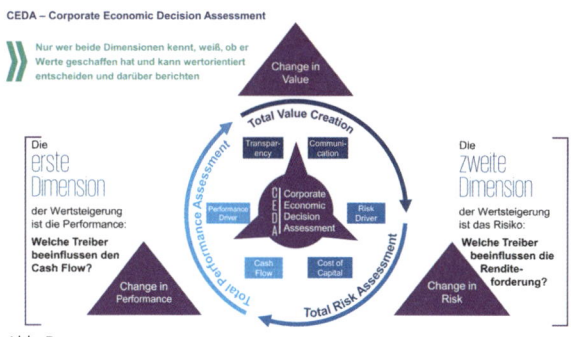

Abb. D-1

Als mögliche Antwort auf die wachsende Komplexität von Entscheidungsprozessen in Unternehmen gelten simulationsbasierte wertorientierte Entscheidungsansätze, die Unternehmen in die Lage versetzen, ihre Entscheidungen standardisiert, konsistent, in hohem Maße skalierbar und transparent zu treffen. Ziel ist dabei, Handlungsalternativen auf der Basis ihrer maßgeblichen Werttreiber zu vergleichen und einheitlich zu beurteilen sowie die Entscheidungen unter Berücksichtigung der mit ihnen einhergehenden Performance- und Risikoveränderungen zu treffen und zu dokumentieren. Messlatte für jede Entscheidung muss der durch sie geschaffene (Mehr-)Wert für das Unternehmen sein.

Im (Mehr-)Wert verdichten sich alle zukünftigen Erwartungen an die Entwicklung einer zu beurteilenden Handlungsoption. CEDA bewertet den fortlaufenden strategischen Entwicklungsprozess von Unternehmen und die hiermit einhergehenden Entscheidungen im Hinblick auf die resultierenden Performance- und Risikoveränderungen kontinuierlich. Zusätzlich muss der Entscheidungsprozess aufgrund der oft hohen Komplexität der zu Grunde liegenden wirtschaftlichen Sachverhalte mit einer hohen Transparenz der Entscheidungsgrundlagen einhergehen. Denn nur derjenige, der die mit einer Entscheidung einhergehenden Performance- und Risikoveränderungen insgesamt und klar vor Augen hat, hat auch Transparenz über den mit seiner Entscheidung verbundenen Wert.

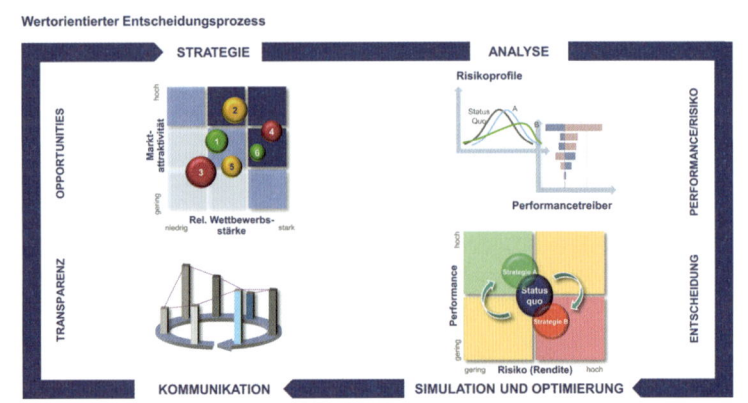

Abb. D-2

Bereits im strategischen Auswahlprozess von Handlungsalternativen sollte der Fokus auf die relevanten Performance- und Risikotreiber gelegt werden; sowohl bei der Analyse des aktuellen Unternehmens und seiner

Bestandteile als auch bei der Validierung der zukünftigen Optionen. Bereits in dieser Phase beginnt der zunächst qualitative Auswahlprozess der relevanten Treiber. In der sich anschließenden Analysephase gilt es unter Anwendung dynamischer und integrierter Planungsmodelle, die qualitativen Elemente des vorangegangenen strategischen Auswahlprozesses zu quantifizieren und die relevanten Performance- und Risikotreiber und denkbaren Szenarien in Bandbreiten und Erwartungen zu transformieren. Basierend auf Simulations- und Szenariorechnungen erfolgen die Beurteilung der Handlungsalternativen anhand ihrer Performance- und Risikomaße sowie die Quantifizierung der jeweiligen Performance-, Risiko- und Diversifikationsbeiträge.

Ist die mit der Handlungsoption verbundene Performance- und Risikoveränderung bekannt, lässt sich in der nachfolgenden Entscheidungsphase die Wertauswirkung einer konkreten Handlungsoption konsistent berechnen, indem für jede Option die unterschiedliche Performance und das jeweilige spezifische Risiko berücksichtigt werden. Durch die Auswahl der besten Handlungsalternative(n) gelingt die Zusammenstellung eines optimalen Sets an Entscheidungen auf Basis des optimalen Performance-/Risikoverhältnisses sowie die Maximierung des Unternehmenswerts. Die Ergänzung dieser Vorgehensweise um zusätzliche Ansätze und Analysen zum Erkennen und Nutzen disruptiver exogener Extremsituationen (Black Swans) unterstützt die Unternehmen bei der Entscheidung, welche Handlungsalternative auch unter exogenen Extremszenarien erfolgreich ist. Im Rahmen dieses zweistufigen Entscheidungsprozesses bleibt die Orientierung an der Performance (was ist die vielversprechendste Strategie) und am Risiko (was ist die robusteste Strategie) und somit am hiermit verbundenen Wertbeitrag auch bei der Beurteilung extremer Szenarien konsequent erhalten.

Werden Strategie, Analyse und Optimierungsphase konsequent miteinander verbunden, lässt sich die Auswahl der jeweiligen Handlungsoption gegenüber internen wie externen Adressaten transparent und lückenlos kommunizieren. Im Ergebnis resultiert ein standardisierter Entscheidungsprozess, der alle Handlungsoptionen gleichermaßen anhand ihres Wertbeitrages für das Unternehmen beurteilt und kontinuierlich die Wertentwicklung des Unternehmens monitort. Die Ermittlung der tatsächlichen Wertsteigerung/ Wertvernichtung einer Handlungsoption gelingt durch die fortlaufende Transparenz des Unternehmenswertes und seiner Veränderung im Zeitablauf.

Der richtige Unternehmenswert lässt sich jedoch nur dann ermitteln, wenn die der jeweiligen Entscheidung zurechenbaren Plan-Cashflows und die zur Wertableitung verwendeten Kapitalkosten zueinander äquivalent sind. Da nahezu jede Entscheidung sowohl die Performance als auch das Risiko eines Unternehmens beeinflussen, bleiben die zu verdienenden Kapitalkosten und die in ihnen reflektierten Risiken hiervon regelmäßig nicht unberührt. Für die Erfassung und Berücksichtigung des unternehmensspezifischen Ansatzes herrscht in der heutigen Bewertungspraxis jedoch ein eher pragmatisches Vorgehen anhand der Orientierung an Peer Groups vor, welches die Gefahr von strategischen Fehlbewertungen in sich birgt. Aktuelle Markttrends zeigen, dass Unternehmen zunehmend Wettbewerbsvorteile gerade dadurch zu erzielen suchen, indem sie sich strategisch verändern, um sich – im Vergleich zu ihrer bisherigen Peer Group – gerade „anders" aufzustellen. Damit findet sich das vergleichbare Risikoprofil häufig gerade nicht mehr in derselben Branche oder den bisherigen Wettbewerbern, sondern es müssen neue Ansätze und Methoden gefunden werden.

Im Rahmen dieses wertorientierten Entscheidungsansatzes werden zum einen die bewertungsrelevanten Plan-Cashflows einer zu beurteilenden Entscheidung auf der Basis dynamischer und integrierter Planungsmodelle simulationsbasiert abgeleitet. Zum anderen werden die in den Plan-Cashflows enthaltenen inhärenten Risiken ermittelt und einheitlich quantifiziert. Plan-Cashflows und Kapitalkosten werden folglich äquivalent und auf der Basis eines einheitlichen Datensets von unternehmensindividuellen Performance- und Risikotreibern abgeleitet. Dadurch wird die sich zunehmend vergrößernde Lücke zwischen zum Teil „angenommener" und der tatsächlich gesuchten „herzustellenden" Risikoäquivalenz geschlossen und die maßgeblichen zu verdienenden Kapitalkosten konsistent abgeleitet. Hierdurch werden bestehende Ansätze ergänzt und neue Lösungsmöglichkeiten in einer Welt, die zunehmend unvergleichbar wird, implementiert.

Der klare Mehrwert, der hierdurch geschaffen wird, besteht im transparenten und standardisierten Vergleich von Entscheidungsalternativen anhand der tatsächlich erwarteten Wertveränderung. Die wertrelevanten Performance- und Risikoveränderungen einer Entscheidung werden auf der Basis eines konzeptionell geschlossenen skalierbaren Ansatzes konsistent im Entscheidungskalkül berücksichtigt. Die in der Vergangenheit und im Sinne des „in die Jahre gekommenen" Shareholder-Value-Gedankens geforderte Orientierung an der Wertentwicklung eines Unternehmens lässt sich unmittelbar auf die Performance- und Risikotreiber zurückführen, die von Unternehmen beeinflusst werden können, und auf solche, die zwar gegebenenfalls nicht beeinflussbar sind, auf deren Veränderung Unternehmen jedoch vorbereitet sein sollten. Ansätze wie CEDA schlagen hierbei nicht nur die Brücke zwischen Strategie und Wertorientierung, sondern binden auf der Basis der bekannten Unternehmensbewertungsansätze auch jährlich wiederkehrende Bewertungen, zum Beispiel für Zwecke eines Impairment Tests, konsistent in den beschriebenen Entscheidungsprozess mit ein, was nicht zuletzt zu entsprechenden Effizienzvorteilen führen kann.

3. Immaterielle Werte – im Spannungsfeld von Wertschöpfung und Wertsicherung

Unternehmenslenker sehen sich in jüngerer Zeit mit einer gestiegenen Veränderungsdynamik und Komplexität in ihrem Umfeld konfrontiert – mit nicht unerheblichen Auswirkungen auf den Unternehmenserfolg. Immaterielle Werte wie Marken, industrielle Schutzrechte oder Technologien tragen regelmäßig wesentlich zu der Ertragskraft und dem nachhaltigen Erfolg eines Unternehmens bei. Ein zielgerichtetes Management dieser immateriellen Ressourcen sichert und steigert Unternehmenswerte, indem es den Nutzen für die Unternehmenskunden in den Mittelpunkt stellt. Grundlage hierfür sind regelmäßige Bewertungen der immateriellen Ressourcen. Einer konsistenten Berücksichtigung der mit den immateriellen Werten des Unternehmens verbundenen Erfolgs- und Risikofaktoren, wie es moderne Steuerungsansätze ermöglichen, kommt dabei eine besondere Rolle zu. Bewertungen bringen zugleich Transparenz in die gesamte Wertschöpfungskette. Dadurch können die immateriellen Ressourcen, die einen erheblichen Beitrag zum Erfolg des Unternehmens leisten, identifiziert und anschließend besonders abgesichert und geschützt werden.

Nach der klassischen ökonomischen Theorie sind es grundsätzlich die drei Produktionsfaktoren Arbeit, Kapital und Sachwerte, die in optimaler Kombination zusammengestellt, die Grundlage von unternehmerischem Erfolg bilden. In diesem Jahrtausend ist jedoch zu beobachten, dass gerade Unternehmen mit einem vergleichsweise geringen Anteil an diesen Werten einen vergleichsweise großen Erfolg verzeichnen können. Diese Unternehmen verschaffen sich Wettbewerbsvorteile durch ihre Fähigkeit, künftige Entwicklungen zu antizipieren, Innovationen zu treiben und Geschäftschancen gemeinsam mit anderen Innovatoren zu nutzen und zu teilen. Diese Unternehmen versuchen, ihre Wertschöpfungskette so auszurichten, dass sie nicht nur die heutigen, sondern durch Antizipation auch die künftigen Kundenbedürfnisse mit ihren (zukünftigen) Produkten und Dienstleistungen bedienen und so die Zukunft gestalten können. Die konsequente Ausrichtung an dem Kundennutzen stellt zugleich die Grundlage für eine auskömmlichen Rendite für die Anteilseigner dar. Diese teilweise sehr erfolgreichen Unternehmen gelingt dies, indem sie Eigenschaften und Attribute von Produkten und Dienstleistungen, für die Kunden bereit sind, eine Prämie zu zahlen, zu schützen. Dies gelingt durch eine konsequent am Geschäftsmodell ausgerichteten IP (Intellectual Property) Strategie.

Es sind jedoch nicht nur Marktneulinge, die bestehende Geschäftsmodelle etablierter Unternehmen bedrohen, sondern zunehmend auch langjährige Wettbewerber, die ihre eigenen Geschäftsmodelle fortlaufend hinterfragen und neue Geschäftsmodell entwickeln. Unternehmen dagegen, die diese Fähigkeiten der aktiven Zukunftsgestaltung verloren haben, empfinden die zwangläufig resultierende volatile Dynamik des Umfelds, die vielfältigen technologischen Entwicklungen und das sich – aus ihrer Sicht wie von Geisterhand – verändernde Kundenverhalten als Gefahr und nicht als Chance. Marktposition und Positionierung des eigenen Unternehmens werden sich in der Folge grundlegend verändern.

Aus der Sicht der Rechnungslegung stellt sich in diesem Zusammenhang zwangsläufig die Frage nach der Werthaltigkeit von bilanzierten – nicht nur – immateriellen Vermögenswerte wie Technologien, Marken, Kundenbeziehungen sowie des Geschäfts- und Firmenwerts. Dabei muss sich die Situation für ein Unternehmen sicherlich nicht so extrem darstellen, wie bei der von Microsoft im Geschäftsjahr 2015 vorgenommenen Abschreibung von etwa 7 Milliarden USD auf das erst ein Jahr zuvor erworbene Nokia-Handset-Geschäft. Dennoch scheint es geboten, kritisch zu prüfen, ob zum Beispiel Markenwerte oder Kundenbeziehungen mit einer mittel- oder langfristigen Restnutzungsdauer angesichts des sich ändernden Verhaltens und der Loyalität der Kunden überbewertet sind. Gleiches gilt für Technologien, die zwar weiterhin unverändert eingesetzt werden, weil sie „funktionieren", aber mittlerweile keinen Wettbewerbsvorteil mehr darstellen, da alternative Technologien dasselbe können.

Aus der strategischen Perspektive stellt sich die wesentlich grundlegendere Frage, wie Kunden weiterhin langfristig an die Leistungen des eigenen Unternehmens gebunden werden können. Kunden werden sich bei ihrer Kaufentscheidung zu dem Unternehmen hinwenden, von dem sie sich das Produkt oder die Dienstleistung mit dem höchsten Nutzen versprechen. Vor diesem Hintergrund müssen das Geschäftsmodell und die wesentlichen Unternehmensressourcen mit Blick auf den Kundennutzen regelmäßig fortentwickelt und gleichzeitig vor Wettbewerbern geschützt werden. Tragende Säulen eines solchen Geschäftsmodells sind die immateriellen Ressourcen – ob bilanziert oder nicht –, mit denen sich Wettbewerbsvorteile schaffen und ausbauen lassen. Als zentrale Faktoren der Wertschöpfung eines Unternehmens sind daher die immateriellen

Ressourcen aktiv zu managen. Dem prägnanten Zitat des US-Ökonomen Peter Drucker „wenn es nicht messbar ist, kann es auch nicht gelenkt werden" folgend setzt das Ressourcen-Management die Bewertung dieser immateriellen Wertschöpfungsfaktoren voraus. In erfolgreichen Unternehmen ist die fortlaufende Bewertung von immateriellen Werten Teil des Strategie- und Risikomanagements.

Immaterielle Ressourcen im Mittelpunkt der Unternehmensstrategie
Fristeten immaterielle Ressourcen vor 40 Jahren noch ein Schattendasein, zählen sie mittlerweile zu den wichtigsten Produktionsfaktoren eines Unternehmens (siehe Grafik). Sie sind die Hauptquelle für die Ertragskraft eines Unternehmens. Durch sie und mit ihnen differenzieren sich Unternehmen; immaterielle Ressourcen machen Unternehmen besonders, für eine gewisse Zeit vielleicht sogar einzigartig.

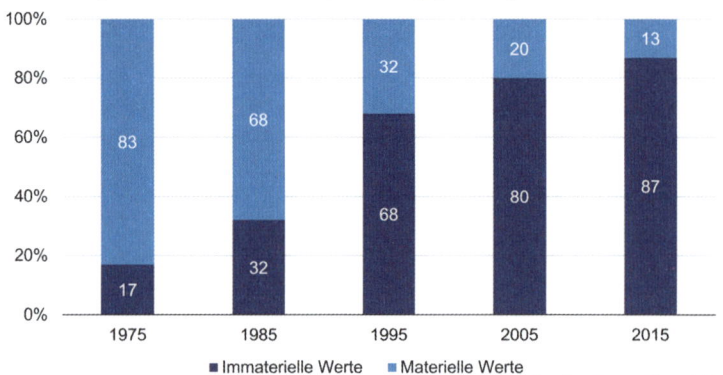

Entwicklung des Anteils an der Marktkapitalisierung (S&P 500)

Jahr	Immaterielle Werte	Materielle Werte
1975	17	83
1985	32	68
1995	68	32
2005	80	20
2015	87	13

Quelle: Ocean Tomo LLP

Abb. D-3

Immaterielle Ressourcen umfassen neben den „harten" Rechten wie gewerblichen Schutz- und Urheberrechten auch „weiche" Schutzrechte wie Betriebs- und Geschäftsgeheimnisse, Datenbanken sowie in Mitarbeitern gebundenes Know-how; Ressourcen, die nachstehend vereinfachend unter dem Begriff IP (Intellectual Property) zusammengefasst werden. Der Unternehmenswert liegt häufig zu einem ganz wesentlichen Umfang in diesen Ressourcen begründet. Diese Beobachtung trifft nicht nur für Unternehmen im Technologie-Umfeld zu, sondern unter anderem auch für Hotelgruppen, Automobilhersteller, Pharmaunternehmen, Fluggesellschaften, Logistiker, Software- und Medienunternehmen. Apple,

Expeditors, Qualcomm, Starwood-Hotels sind einige Namen, die ihr Geschäftsmodell fast ausschließlich auf immaterielle Ressourcen stützen, das heißt „assetlight" (weitgehend ohne eigene materielle Vermögenswerte tätig) sind.

Mit IP-Bewertung Transparenz in Wertschöpfungsketten bringen
Ausgangsbasis der Ermittlung des Werts von IP ist die Analyse des Zusammenhangs zwischen dem Bewertungsobjekt IP und der Funktion, die das Bewertungsobjekt für das Unternehmen erfüllt, sowie dem zukünftigen wirtschaftlichen Nutzen, der diesem zugeordnet werden kann. Aus Letzterem lässt sich anschließend der Wert ableiten. Eine solche Funktions- und Wirkungsanalyse ist erforderlich, da sich der Wert von IP in aller Regel nicht direkt, sondern über indirekte Folgewirkungen ergibt. Somit ist zu beleuchten, wie das IP konkret eingesetzt wird; zum Beispiel nutzt das Unternehmen eine Technologie ausschließlich selbst zur Erschließung von Märkten oder räumt es einem anderen Unternehmen die Möglichkeit ein, die Technologie zu nutzen, mit dem Ziel einen neuen Markt für die eigenen Produkte oder Dienstleistungen schneller zu erschließen oder um einen Standard durchzusetzen. In diesem Beispiel sind die Auswirkungen des gewählten IP-Einsatzes „Markterschließung" durch Eigennutzung und/oder Fremdnutzung auf die künftige Marktstruktur, die Schaffung möglicher Eintrittsbarrieren und konkreter Wettbewerbsvorteile zu analysieren.

Verwertungsprozess
Wirkungs- und Wertschöpfungszusammenhänge – illustrative Darstellung

Bewertungsobjekt → Verwertungsprozess (Funktion, Wirkung, Zukünftiger wirtschaftlicher Nutzen, Aneignung) → Monetärer Wert

Abb. D-4

Gewerbliche Schutzrechte können eine Reihe von Funktionen erfüllen, indem sie zum Schutz, zur Blockierung, als Verhandlungsmittel oder zur Nutzungseinräumung eingesetzt werden. Einige Schutzrechte lassen sich auch für Zwecke eines späteren Einsatzes vorhalten. Entscheidend ist, den Zusammenhang zum Nutzen des Kunden herzustellen, der sich durch den Einsatz des immateriellen Werts ergibt. Ein weiteres Beispiel soll dies verdeutlichen: Der Schutz einer bestimmten Produkteigenschaft ist geboten, wenn der Kunden diese schätzt; ist der Kunden andererseits nicht bereit, für die Eigenschaft zu zahlen, ist dem Schutzrecht keine Wirkung zuzuschreiben und kein Wert beizumessen.

Ergebnis einer solchen Funktions- und Wirkungsanalyse ist ein spezifisches Ertrags- und Risikoprofil für die immaterielle Ressource. Das Geschäftsmodell des Unternehmens legt dabei fest, wie die erwarteten Erträge realisiert und internalisiert werden sollen. Dieses kann grundsätzlich im Wege der Eigennutzung mit oder ohne Differenzierung von Leistungen, im Wege der Fremdnutzung, zum Beispiel durch Lizenzierung oder Bildung von Allianzen, der Freigabe zur Standardisierung oder Mischformen hieraus erfolgen.

Mit dem Fokus auf eine immaterielle Ressource für Zwecke der Veranschaulichung abstrahiert die obige Darstellung zwangsläufig von der Komplexität einer IP-Bewertung. Immaterielle Ressourcen wirken in der Regel zusammen mit anderen immateriellen und materiellen Werten. Damit ist nicht nur die Wirkung, die das einzelne IP entfaltet, sondern das Zusammenspiel zwischen den (immateriellen) Ressourcen zu durchdringen. Wird IP effektiv miteinander kombiniert, entstehen Synergieeffekte, die sich nicht mehr auf eine einzelne Ressource zurückverfolgen lassen. Eine aussagekräftige Bewertung der immateriellen Ressourcen liefert somit nicht nur einfach einen Wert, sie gibt auch wertvolle Einsichten für die Unternehmensstrategie. Ein moderner Steuerungsansatz, wie Corporate Economic Decision Assessment (CEDA) kann hierbei aufgrund seiner stringenten Ausrichtung an dem Erfolg und Risiko einer strategischen Entscheidung und den hinter dieser liegenden gesamtunternehmerischen Interdependenzen einen besonderen Mehrwert generieren. Durch die Schaffung von Transparenz über Wirkungs- und Wertzusammenhänge in unterschiedlichen Unternehmenssituationen ist die IP-Bewertung Basis für die unternehmerische Gestaltung.

4. Data Analytics – eine entscheidende Komponente der Qualitätssicherung und -steigerung bei der Unternehmensbewertung und Planungsplausibilisierung

Zettabyte, eine Eins mit 21 Nullen. Das ist mittlerweile die Einheit, die zur Beschreibung von Datenmengen verwendet wird. Datenmengen wachsen vier Mal schneller als die Weltwirtschaft. Big Data findet in allen Bereichen mehr und mehr Beachtung, da Daten zukünftig eine immer wichtigere Rolle einnehmen und selbst Treiber für neue Geschäftsmodelle sein werden. Bei der Plausibilisierung von Unternehmensplanungen eröffnet insbesondere die Erweiterung der unternehmensexternen Datenbasis ganz neue Perspektiven und ermöglicht besser fundierte Evaluationen, um den ihrer Natur nach unsicheren Annahmen zu künftigen unternehmensinternen und -externen Entwicklungen und Sachverhalten besser Rechnung tragen zu können. Dies kommt auch im aktuellen IDW-Praxishinweis zur „Beurteilung einer Unternehmensplanung bei Bewertung, Restrukturierungen, Due Diligence und Fairness Opinion" zum Ausdruck. Mit der verstärkten Integration und Analyse operativer Kennzahlen und deren Zusammenhänge und der Einbettung in schon bisher übliche Analysen finanzieller Kennzahlen wird sich die Rolle von Data Analytics von einer unterstützenden Funktion hin zu einem richtungsweisenden Aufsatzpunkt entwickeln.

Datenverfügbarkeit versus Datennutzung

Die Menschheit hat in den letzten zwei Jahren mehr Daten generiert als in der gesamten Menschheitsgeschichte. Seien es Apps, die in Echtzeit über Verbindungen und Verkehrssituationen informieren, Fitness-Armbänder, welche die geschlafenen Stunden oder die täglich zurückgelegten Schritte aufzeichnen oder auch schlichtweg die Bezahlung per Karte, welche Rückschlüsse auf das Konsumverhalten zulässt. Die Digitalisierung hält mittlerweile in fast allen Bereichen unseres alltäglichen Lebens Einzug. Damit einher geht eine enorme Steigerung der jährlich generierten digitalen Datenmenge weltweit. Diese Entwicklung wird sich auch in Zukunft weiter rasant fortsetzen, beispielsweise durch die erwartete Einführung des autonom fahrenden Autos, einer enormen „Datengenerierungsmaschine". Die Prognose der weltweit digitalen Datenmenge für

2020 liegt bei unvorstellbaren 40 Zettabyte, eine Steigerung um das ca. 33-fache im Vergleich zu 2010 – Tendenz weiter exponentiell steigend.

Dieses nahezu unendliche Datenvolumen liegt in einer unstrukturierten und sehr komplexen Form vor, sodass es mit der klassischen Methode der manuellen Datensichtung nicht erfasst und verarbeitet werden kann. In der Folge bleiben die sich aus einem weitreichenden Spektrum an Daten resultierenden zusätzlichen Möglichkeiten der Erkenntnisgewinnung bislang weitestgehend ungenutzt. Marktplayer verschiedener Branchen versuchen zunehmend die Diskrepanz zwischen Datenverfügbarkeit und -nutzung für sich nutzbar zu machen, um dieses Tätigkeitsfeld für sich zu beanspruchen. Im Zeitalter immer kürzerer Technologiezyklen und äußerst dynamischer Märkte ist es für Unternehmen von entscheidender Bedeutung agil zu sein, Entwicklungen und Trends frühzeitig zu identifizieren und das eigene Geschäftsmodell solchen Veränderungen anzupassen. Gelingt es anhand intelligenter Datenauswertung die Auswirkungen globaler Trends und Marktentwicklungen frühzeitig auf die Unternehmensperformance einzuschätzen, kann mit fundierten Aussagen den Unsicherheiten bei der Unternehmens- und Geschäftsmodellbewertung sinnvoll und zielführend begegnet werden.

NextGeneration (NextGen) Analytics als Türöffner zum Datenkosmos
NextGen Analytics ermöglicht es, eine Vielzahl unterschiedlicher und vor allem großer und unübersichtlicher Datenmengen nahezu in Echtzeit auszuwerten und zu analysieren. Dabei können Filter beliebig nach Regionen, Ländern, spezifischen Marken oder auch Zeiträumen gesetzt werden, um damit Analysen ganz nach individuellen Interessensgebieten zusammenzustellen. Hierbei werden verschiedenste vergangenheits- und zukunftsorientierte sowie unternehmensinterne als auch -externe Datenquellen, wie zum Beispiel Finanz-, Markt-, Geo- und vor allem auch Makrodaten, miteinander verknüpft, konsolidiert, strukturiert und somit sinnvoll aufbereitet in Analysen einbezogen, in Relation zueinander und kritisch gegenüber gestellt. Basierend auf einer umfänglichen und zugleich objektiven Datengrundlage liefert NextGen Analytics auf diese Weise übersichtliche und anschauliche Ergebnisse, welche einfach und schnell ermittelbar und visualisierbar sind, und als solide Grundlage einer Entscheidungsfindung dienen können.

Wertorientierte Steuerung   **123**

Anwendung von NextGen Analytics bei der Planungsplausibilisierung
Unternehmen und deren Berater beschäftigen sich in unterschiedlichen Zusammenhängen mit Informationen zu ihren derzeitigen und zukünftigen Geschäftsmodellen, Branchen, Märkten etc., zu denen auf Basis einer fundierten Argumentation Stellung zu beziehen ist und perspektivische Aussagen getroffen werden. Insbesondere für die Erstellung und Beurteilung von Unternehmensplanungen einschließlich der ihnen zugrunde liegenden Annahmen, zum Beispiel im Rahmen einer Unternehmensbewertung, ist die Aussagekraft und Belastbarkeit von zukunftsorientieren Informationen ausschlaggebend.

Bisher erfolgte die sogenannte „interne" Plausibilisierung von Unternehmensplanungen überwiegend auf unternehmensinternen Daten und deren Abbildung in den Planungsinstrumenten. Währenddessen lag der Fokus bei der sogenannten „externen" Plausibilisierung auf dem bisherigen Markt- und Wettbewerbshergang und dessen künftiger Entwicklung, die mit Hilfe von Marktstudien und/oder Analystenschätzungen evaluiert und in Bezug zum relevanten Bewertungsobjekt gesetzt wurde.

NextGen-Analysetool: Dashboard Beispiel 1

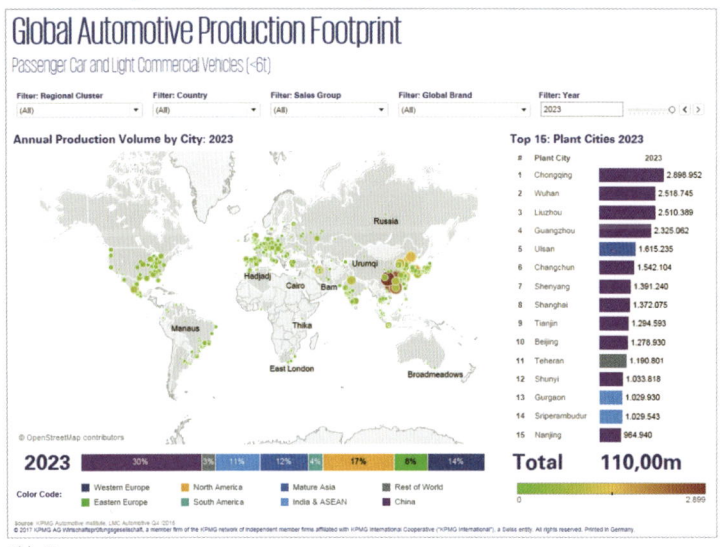

Abb. D-5

NextGen Analytics ermöglicht die Auswertung einer weitaus umfangreicheren Datenbasis unternehmensinterner sowie externer Daten als die bisherige Vorgehensweise und liefert somit zusätzliche Schlussfolgerungen für eine argumentativ standhafte Planungsbeurteilung. So liefern unternehmensinterne Daten konkrete Ergebnisse für die Vergangenheits- und Lageanalyse, mittels derer Erfolgsursachen und Ergebnistreiber auf operativer Ebene detailliert identifiziert und explizit benannt werden können. Bei der Marktanalyse, basierend auf externen Daten, sind vor allem gesamtwirtschaftliche, politische, gesellschaftliche und technologische sowie Branchenentwicklungen von Bedeutung. Mit ergänzenden Instrumenten wie der Marktanteils-, Marktwachstums-, Produktlebenszyklus- oder der Branchenstrukturanalyse sind weitergehende Erkenntnisse hinsichtlich der Entwicklung operativer Kennzahlen erhältlich.

Mit NextGen Analytics werden die Ergebnisse der internen und externen Daten gegenübergestellt und Korrelationen erkannt. So können auch Fragen beantwortet werden, die sich auf Basis der bisherigen Ansätze wenn überhaupt nur begrenzt beantworten ließen: Werden die bisherigen Werttreiber auch Werttreiber der Zukunft sein? Bedingt die makroökonomische Entwicklung womöglich eine Verschiebung der Bedeutungsschwerpunkte von einzelnen Geschäftsbereichen?

NextGen-Analysetool: Dashboard Beispiel 2

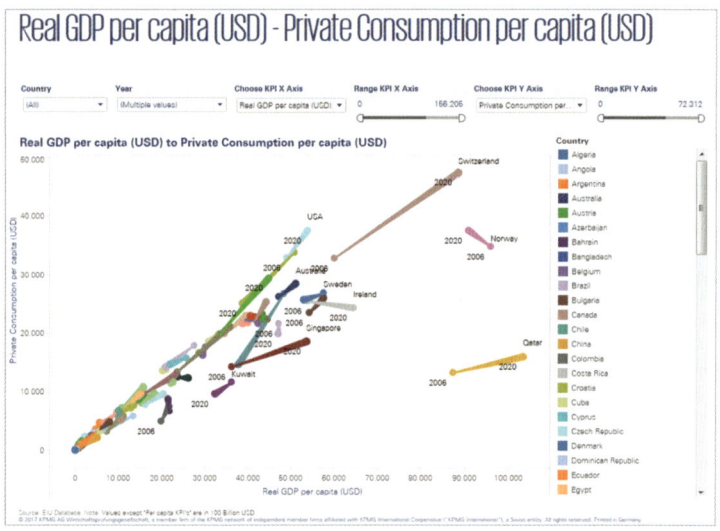

Abb. D-6

Mit Hilfe von NextGen Analytics könnte somit im Rahmen der externen Plausibilisierung, beispielsweise für einen Zulieferer der Automobilindustrie, schnell und einfach analysiert werden, welche Märkte im Moment und in Zukunft welches Wachstum aufweisen, wo die Produktionsstätten der Konkurrenz sind und welche Marktstrategie für das eigene Unternehmen Sinn ergeben würde. Das Analysetool greift dabei auf verschiedenste Datenquellen zu und ermöglicht, verschiedenste Analysen vorzunehmen, Szenarien zu modellieren und anschauliche Ergebnisübersichten zu erstellen.

Gleichzeitig könnte es für ein Unternehmen interessant sein, sich mit dem konjunkturellen Ist-Zustand und dessen Entwicklung je nach Region – beispielsweise in den relevanten Absatzmärkten – auseinanderzusetzen. Je nach Produktangebot könnte neben der politischen Situation oder der erwarteten Zinsentwicklung eine visuelle Auswertung der Relation von BIP pro Kopf und privater Konsumausgaben pro Kopf wertvolle Rückschlüsse auf die Entwicklung aktueller und zukünftiger Absatzmärkte liefern.

Perspektivisch kann sich der Einsatz von NextGen Analytics dahingehend verändern, dass diese Analysen nicht mehr nachgelagert eine Planungsplausibilisierung unterstützen, sondern direkt als Ausgangspunkt einer vom jeweiligen planungsverantwortlichen Management unabhängigen Planungsrechnung dienen, die anschließend mit der unternehmenseigenen Planung verglichen wird.

NextGen Analytics im Rahmen der Planungsplausibilisierung

Abb. D-7

Neben der Planungsplausibilisierung ermöglicht der Einsatz von NextGen Analytics außerdem, Unternehmen bei strategischen Entscheidungen zielgerichtet zu unterstützen, zum Beispiel bei der Entwicklung einer Internationalisierungsstrategie, und Geschäftsmodelle auf ihre Zukunftsfähigkeit hin zu bewerten. Stabilere Vorhersagen ermöglichen fundiertere Entscheidungen.

Mit dem weiteren Anstieg des verfügbaren Datenvolumens wird die Bedeutung von NextGen Analytics weiter zunehmen und künftig einen zunehmend wichtigeren Platz in der Datenaufbereitung einnehmen. Auch die Struktur von Unternehmensplanungen wird sich wandeln: es ist von einer Abkehr von Planungen auf Basis rein finanzieller und stark komprimierter oder nicht dokumentierter Kennzahlen, hin zu einer verstärkten Integration und Kombination operativer Größen und deren Zusammenhänge auszugehen.

NextGen Analytics wird dabei voraussichtlich künftig der Ausgangspunkt im Planungsprozess sein und nicht nur zur Bestätigung zum Prozessabschluss erfolgen. Und vielleicht wird in der Zukunft ein Unternehmensbewerter nicht mehr nach der Unternehmensplanung fragen, sondern die erwartete Unternehmensentwicklung selber ermitteln und diese, nach einer Spiegelung mit der unternehmensinternen Planung, der Bewertung zugrunde legen.

5. Rechtsstreitigkeiten – Quantifizierung von Risiken und -chancen

Rechtsstreitigkeiten stellen für Unternehmen ein hohes Risiko dar und sind gleichzeitig nahezu integraler Bestandteil unternehmerischer Tätigkeit. Bereits der bekannte Ökonom Milton Friedman wusste in seinem Klassiker „Kapitalismus und Freiheit", dass absolute Freiheit wirtschaftlichen Handelns unmöglich ist. Er stellte plakativ fest: „My freedom to move my fist must be limited by the proximity of your chin" (vgl. Milton Friedman (2002), Capitalism & Freedom, Fortieth Anniversary Edition, S. 26). Rechtsrisiken nehmen für Unternehmen einen immer größer werdenden Stellenwert ein und konfrontieren diese mit wachsenden Anforderungen an ihre Organisationsstruktur sowie an ihre unternehmerische Tätigkeit. Nahezu alle großen Konzerne sind von Schadensersatz-, Produktqualitäts-, Patentrechts- sowie Korruptions- und Kartellrechtsrisiken betroffen. Hieraus resultieren zahlreiche Gerichtsverfahren mit einer entsprechenden bilanziellen Erfassung dieser Rechtsrisiken in Form von Rückstellungen für Rechtsstreitigkeiten sowie tatsächlichen Inanspruchnahmen in teilweise existenzbedrohender Höhe.

Rechtsrisiken als Anwendungsfall wertorientierter Entscheidungen
Jedes erfolgreiche Unternehmen will und muss sein Geschäftsmodell absichern oder sich gegen Angriffe verteidigen. Moderne wertorientierte Entscheidungsansätze wie zum Beispiel Corporate Economic Decision Assessment (CEDA), bei denen das Risiko eines Zahlungsstroms unmittelbar aus dessen Streuung ermittelt wird, ermöglichen es, Rechtsrisiken im Sinne eines wertorientierten Entscheidungsansatzes zu beleuchten.

Stakeholder fordern vermehrt, unternehmerische Entscheidungen transparent und eindeutig zu unterlegen. Dies macht eine fundierte kommerzielle Analyse der auftretenden Rechtsrisiken im Spannungsfeld zwischen Rendite- und Risikoauswirkungen notwendig. Vorgenannte Ansätze schließen die Lücke zwischen einer oftmals qualitativ geprägten reinen Rechtsberatung und der Orientierung an einer quantifizierbaren Wertentwicklung im Sinne der Stakeholder. Messlatte für jede Entscheidung – auch im Rahmen eines Rechtsstreits – muss die durch sie ausgelöste Wertauswirkung auf das Unternehmen sein.

Quantifizierung von Rechtsrisiken – ein Anwendungsfall

Der folgende Anwendungsfall verdeutlicht beispielhaft deren Einsatzmöglichkeiten bei der Analyse von Rechtsstreitigkeiten: Es ist regelmäßig Aufgabe des Vorstands und Aufsichtsrats, drohende oder bereits laufende Rechtsstreitigkeiten auf mögliche Wertauswirkungen zu prüfen. Im vorliegenden Fall soll ein Unternehmen in mehrere laufende und wechselseitige Rechtsstreitigkeiten mit mehreren gegnerischen Parteien verstrickt sein. Hierbei haben sich über einen längeren Zeitraum sowohl eine beträchtliche Anzahl an Schadensersatzklagen mit unterschiedlichen Klagesachverhalten und entsprechend divergierenden Streithöhen als auch gegenseitige Abhängigkeiten der einzelnen Verfahren und Verfahren an örtlich unterschiedlichen Gerichtsständen angehäuft. Der Vorstand des Unternehmens erwägt nun die Möglichkeit, durch den Abschluss eines Generalvergleichs alle laufenden Verfahren endgültig beizulegen und sich durch entsprechende bilaterale Vereinbarungen auf eine Vergleichssumme zu einigen.

Aufgabenstellung des Vorstands und Aufsichtsrats ist es folglich zu entscheiden, ob sie den Vergleich annehmen oder diesen ablehnen und alle laufenden Rechtsstreitigkeiten fortführen sollten. Um vor dem Hintergrund dieser Ausgangslage eine wertorientierte Entscheidung treffen zu können, ist daher zu analysieren, welche wirtschaftlichen Folgen – im Sinne eines Barwerte der dadurch ausgelösten zukünftigen Zahlungsüberschüsse – sich für das Unternehmen bei Annahme oder Ablehnung des Vergleichs ergeben. Grundlage dieser Entscheidungsfindung sollte eine wahrscheinlichkeitsgewichtete Gegenüberstellung der Barwerte beider Optionen, anhand deren Höhe sich eine Rangfolge der Optionen nach wirtschaftlichen Maßstäben ableiten lässt, sein. In Verbindung mit einer rechtlichen Würdigung sind die laufenden Rechtsstreitigkeiten anhand von Entscheidungsbäumen unter Berücksichtigung gegenseitiger Abhängigkeiten strukturiert sowie den einzelnen Verfahren pfadabhängige Erfolgswahrscheinlichkeiten mit entsprechenden Verteilungsannahmen und pfadabhängigen Streitwerten zuzuordnen.

Auf Basis dieser Analyse kann eine modelltechnische Abbildung beider Optionen nach den Grundsätzen der Entscheidungstheorie und unter Anwendung eines kapitalwertorientierten Bewertungsverfahrens (Discounted Cashflow-Verfahren) erfolgen. Durch eine Simulations und Szenario-Betrachtung werden für beide Optionen die maßgeblichen Werttreiber identifiziert und darauf aufbauend rechtliche Absicherungsmaßnahmen entwickelt. Als Ergebnis liegt dem Vorstand und Aufsichtsrat eine nach kommerziellen Maßstäben erstellte, fundierte Entscheidungsgrundlage vor. Erst eine Quantifizierung des Werteinflusses der Handlungsalternativen ermöglicht eine unternehmerische Entscheidung unter Berücksichtigung der damit verbundenen Risiko- und Ertragsauswirkungen.

Anwendung in verschiedenen Rechtsgebieten
Die Anwendbarkeit und der damit verbundene Mehrwert solcher Ansätze bei Rechtsstreitigkeiten ist nicht auf obigen Fall beschränkt. Weitere Anwendungsfälle sind beispielsweise kommerzielle Analysen im Rahmen von Produktqualitätsrisiken. Hierbei werden durch eine modelltechnische Abbildung des Streitsachverhalts die maßgeblichen Werttreiber identifiziert und in eine entscheidungsrelevante Wertkomponente überführt. Erst die Quantifizierung einzelner Wertkomponenten und die damit verbundene modelltechnische Abbildung von Abhängigkeiten ermöglichen eine zielgerichtete Entwicklung von Absicherungsmaßnahmen.

Die nachstehende Abbildung zeigt exemplarisch einen vereinfachten Entscheidungsbaum im Fall eines Rechtstreits bei Produktqualitätsrisiken.

Die Darstellung zeigt einen stark vereinfachten Entscheidungsbaum im Rahmen einer Garantieklage mit anschließenden Berufungsverfahren aus der Perspektive des Beklagten. Einzelnen Zuständen wurden Eintrittswahrscheinlichkeiten und Cashflows zugeordnet. So ergibt sich beispielsweise eine bedingte Wahrscheinlichkeit, die Berufungsklagen nach Ausgang des ersten Verfahrens zu verlieren, in Höhe von 69 % (=70 %*90 % + 30 %*20 %). Die pfadabhängigen bedingten Wahrscheinlichkeiten ergeben insgesamt 100 %. Angaben zur Höhe der Cashflows sind bei Eintritt des jeweiligen Zustandes. Auf eine Berücksichtigung des Eintrittsdatums der einzelnen Zustände und einer entsprechenden Diskontierung wurde vereinfachend verzichtet.

Des Weiteren ist auf diesem Weg eine Quantifizierung der zu erwartenden Höhe von Streitwerten beispielsweise in Korruptions- oder Kartellrechtsverfahren möglich; gleichzeitig liegt eine verlässliche Dokumentation der bilanziellen Erfassung dieser Rechtsrisiken vor. Darüber hinaus lassen sich in Fällen unzulässiger wirtschaftlicher Nutzung von geistigem Eigentum, wie Marken und Patente, durch kommerzielle Analysen des wirtschaftlich zu erwartenden Schadens höhere Erfolgswahrscheinlichkeiten in der Durchsetzung eigener Interessen erzielen.

Im Ergebnis können auf Basis derartig strukturierter wertorientierter Entscheidungsansätze unternehmerische Entscheidungen für eine Vielzahl von Anwendungsfällen im Rahmen von Rechtsstreitigkeiten getroffen werden. Eine oftmals qualitativ geprägte reine Rechtsberatung wird so durch eine belastbare Quantifizierung und damit durch eine Wertorientierung im Sinne der Stakeholder ergänzt.

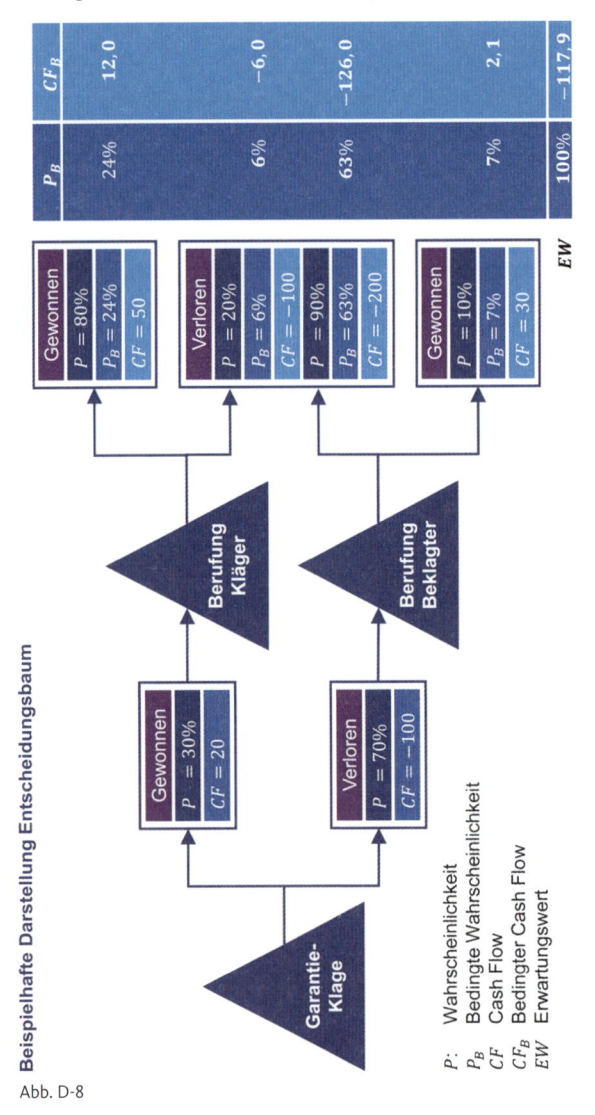

Beispielhafte Darstellung Entscheidungsbaum

	P_B	CF_B
	24%	12,0
	6%	−6,0
	63%	−126,0
	7%	2,1
	100%	−117,9
		EW

Berufung Kläger:
- Gewonnen: $P = 80\%$, $P_B = 24\%$, $CF = 50$
- Verloren: $P = 20\%$, $P_B = 6\%$, $CF = -100$

(von Verloren Garantie-Klage): $P = 90\%$, $P_B = 63\%$, $CF = -200$

Berufung Beklagter:
- Gewonnen: $P = 10\%$, $P_B = 7\%$, $CF = 30$

Garantie-Klage:
- Gewonnen: $P = 30\%$, $CF = 20$
- Verloren: $P = 70\%$, $CF = -100$

P: Wahrscheinlichkeit
P_B: Bedingte Wahrscheinlichkeit
CF: Cash Flow
CF_B: Bedingter Cash Flow
EW: Erwartungswert

Abb. D-8

Kapitel E
BRANCHEN- UND UNTERNEHMENSSPEZIFISCHE BEWERTUNGSFRAGEN

1. Digitale Transformation in der Telekommunikationsindustrie – Konsequenzen für die Beurteilung von wertorientierten Entscheidungen 133
2. Investitionsentscheidungen auf Basis mehrdimensionaler Entscheidungsmodelle – am Beispiel der Consumer Markets & Retail-Branche 138
3. Big Data und Business Analytics Tools im Rahmen der Planungsplausibilisierung – am Beispiel der Automobilindustrie 142
4. Bewertung von Energieversorgungsunternehmen: Kraftwerke, Netze und Kunden – die Anlässe sind zahlreich 146
5. Finanzielle Bewertung von Forschungs- und Entwicklungsprojekten – am Beispiel der Pharmaindustrie 153
6. Bewertung von Immobiliengesellschaften – Führen Bewertungen nach dem Ertragswert- bzw. DCF-Verfahren und dem Net Asset Value-Verfahren zu übereinstimmenden Ergebnissen? 159
7. Bewertung junger Unternehmen – großes Potenzial, hohe Risiken ... 163
8. Unternehmen in der Restrukturierung – Bewertungen zur Beurteilung von Gegenmaßnahmen und deren Auswirkung auf den Unternehmenswert mit Hilfe eines Simulationsansatzes 168
9. Bewertung von Unternehmen in der Restrukturierung – Grundlagen und Besonderheiten 173
10. Bewertung kleiner und mittelgroßer Unternehmen (KMU) – Parallelen und Besonderheiten im Vergleich zu großen Unternehmen 177

1. Digitale Transformation in der Telekommunikationsindustrie – Konsequenzen für die Beurteilung von wertorientierten Entscheidungen

Digitalisierung und Vernetzung bieten insbesondere für Unternehmen in der Telekommunikationsindustrie Wachstumschancen. Dabei gilt es innovative Geschäftsmodelle mit branchenübergreifenden Lösungen zu entwickeln, die klassische Wertschöpfungsketten aufbrechen und über die Kooperation mit branchenfremden Wettbewerbern oder strategischen Partnern neue Märkte erschließen. Eine solche Veränderung von Wertschöpfungsketten hat jedoch auch Auswirkungen auf das Risikoprofil von Unternehmen in der Telekommunikationsbranche. Insofern ist die finanzielle Bewertung von Wachstumschancen aus der digitalen Transformation unmittelbar mit Fragen eines geänderten Risikoprofils von Telekommunikationsunternehmen verknüpft. Bei der Entscheidung für die Umsetzung eines neuen digitalen Geschäftsmodells stehen die Unternehmen regelmäßig vor der Frage: Welches Geschäftsmodell und welcher strategische Partner lässt die größte Wertsteigerung unter Berücksichtigung von Performance- und Risikoaspekten erwarten? Die Beurteilung einer solchen wertorientierten Fragestellung bei der Beurteilung von innovativen digitalen Geschäftsmodellen aus branchenübergreifenden Kooperationen führt zu neuartigen Fragestellungen für Telekommunikationsunternehmen.

Charakteristika der digitalen Transformation in der Telekommunikationsindustrie

Durch Digitalisierung und Vernetzung verschwimmen bisherige Branchengrenzen. Für die Unternehmen in der Telekommunikationsindustrie bedeutet dies, dass neue Wettbewerber auftreten und sich gleichzeitig neue Wachstumschancen eröffnen. Die Wachstumschancen bestehen insbesondere in der Etablierung innovativer digitaler Geschäftsmodelle. Die Besonderheit besteht darin, dass die Entwicklung und Umsetzung eines neuen Geschäftsmodells oft nicht durch das Telekommunikationsunternehmen allein erfolgt. Vielmehr sind es branchenübergreifende Kooperationen, die zur Generierung von Umsatz- und Ergebnisbeiträgen aus der wechselseitigen Verknüpfung von Kernkompetenzen über Sektorgrenzen hinweg führen sollen, zum Beispiel von Telekommunikationsunternehmen mit dem Automobil-, Energie-, oder Gesundheitssektor. Auf diesem Weg sollen neue Geschäftsmodelle und Märkte durch das Internet der Dinge und die Industrie 4.0 erschlossen werden. Das innovative Geschäftsmodell beruht auf der Kombination von strategischen Assets der jeweiligen Partner, die mit oder ohne Kapitalverflechtungen einhergehen können. Bei der Entscheidung für die Umsetzung eines neuen digitalen Geschäftsmodells sind vom Telekommunikationsunternehmen alternative strategische Partner zu validieren. Gleichzeitig hat das innovative Geschäftsmodell selbst durch die neuartige Wertschöpfungskette aus der Kooperationsbeziehung eher den Charakter eines Start-up-Unternehmens. Durch die strukturelle Veränderung der Wertschöpfungskette findet mit jeder Entscheidung für eine Kooperationsbeziehung auch eine Transformation des Risikoprofils des Telekommunikationsunternehmens statt. Neben den Performance-Aspekten einer Kooperation muss auch die hiermit einhergehende Veränderung des Risikoprofils und damit verbundene Renditeforderung (Kapitalkosten) in die Beurteilung der Entscheidung eingehen. Dadurch nehmen für Telekommunikationsunternehmen die Art und der Umfang der Validierung strategischer Handlungsoptionen und deren Komplexität unter wertorientierten Fragestellungen zu.

Abb. E-1

Charakteristika der finanziellen Bewertung von innovativen digitalen Geschäftsmodellen aus branchenübergreifenden Kooperationen

Für die Beurteilung der Kooperationslösung aus finanzieller Sicht ist die Performance-/Risiko-Analyse von zentraler Relevanz. Grundlage für eine finanzielle Bewertung des digitalen Geschäftsmodells mit dem strategischen Partner ist ihr jeweiliger Nettokapitalwert.

Im Hinblick auf die Beurteilung des mit der Kooperationslösung verbundenen operativen Risikos scheiden aufgrund der Besonderheiten bisherige, in der Praxis weit verbreitete Lösungsansätze aus. Die Bestimmung von Kapitalkosten für das neue Geschäftsmodell auf Basis von beobachtbaren Risikomaßen (Betafaktoren) für Telekommunikationsunternehmen selbst oder für die potenziellen Kooperationspartner (zum Beispiel im Automobil- oder Energiesektor) ist nur begrenzt möglich, weil es sich bei den Unternehmen in den jeweiligen Sektoren um etablierte Geschäftsmodelle handelt und aus der Kombination von Geschäftsaktivitäten gerade ein neuartiges Geschäftsmodell resultiert.

Das neuartige digitale Geschäftsmodell kann vom Charakter her einerseits als Start-up-Unternehmen beschrieben werden. Andererseits sind diese Geschäftsmodelle mit dem bestehenden Geschäftsmodell der Telekommunikationsunternehmen und der potenziellen Kooperationspartner (zum Beispiel im Automobil- oder Energiesektor) verknüpft, was ebenfalls Einfluss auf die Bestimmung des Risikomaßes hat. Konzepte aus der Bewertung von Start-up-Investments haben daher ebenso nur eine begrenzte Aussagekraft.

Während den herkömmlichen Nettokapitalwertkalkulationen häufig der Stand-alone-Charakter des Geschäftsmodells zugrunde liegt, bildet sich bei den innovativen digitalen Geschäftsmodellen in Kooperationsbeziehungen ein weiterer wertbestimmender Faktor ab: So kann es zum Hedging des Bestandsgeschäfts für das Telekommunikationsunternehmen kommen. Dieser Wertbeitrag resultiert aus dem Portfolioaspekt der Etablierung des neuen Geschäftsmodells: Stand-alone würde sich möglicherweise aus der Kooperation keine lohnende Investition realisieren lassen, erst durch die Kombination mit dem Bestandsgeschäft ergibt sich aus erwarteten Markt- und technologischen Entwicklungen eine ökonomische Vorteilhaftigkeit.

Wertorientierte Beurteilung als Entscheidungshilfe

Vor dem Hintergrund der Charakteristika in der finanziellen Bewertung der Geschäftsmodelle ist der Lösungsweg in mehrwertigen Simulationsanalysen zu sehen, die es erlauben, gleichzeitig Performance- und Risikotreiber zu identifizieren, zu analysieren und konsistent im Bewertungskalkül zu berücksichtigen. Solche Analysen erlaubt moderne Lösungsansätze zur Entscheidungsunterstützung wie zum Beispiel Corporate Economic Decision Assessment (CEDA).

Zunächst sind zentrale Performancetreiber der Geschäftsmodelle, das heißt, die operativen Treiber entlang des Wertschöpfungsmodells, zu identifizieren und in Planungen (Business Cases) zu verarbeiten. Hier kann als Orientierung auf die strategischen Analysen der Machbarkeitsstudien für die Beurteilung digitaler innovativer Geschäftsmodelle aus Kooperationslösungen zurückgegriffen werden. Häufig sind es eher qualitative Machbarkeitsstudien, die die erwarteten Markt- und technologischen Entwicklungen umfassen. Besondere Relevanz haben sowohl die erwartete Adaption des Geschäftsmodells durch die Kunden und die Time-to-Market-Strategie. Hier liegen gleichzeitig große Chancen wie auch Risiken. Aus diesem Grund werden in diesem ersten Analyseschritt die möglichen Ausprägungen der operativen Werttreiber als Bandbreiten erfasst.

Im zweiten Schritt ist eine finanzielle Bewertung vorzunehmen. Die Analyse stellt dabei auf die Performancetreiber des innovativen digitalen Geschäftsmodells ab und ermittelt das korrespondierende operative Risiko des Geschäftsmodells auf der Grundlage der Bandbreiten der operativen Treiber, welches als geschäftsmodellspezifische Kapitalkosten oder Renditeforderung aus „stand-alone" Sicht in die Ermittlung des Nettokapitalwerts des neuen Geschäftsmodells einfließt. Mittels der Analyse der gegenseitigen Abhängigkeiten des neuen Geschäftsmodell mit dem Telekommunikationsunternehmen in Gänze können darüber hinaus mögliche Diversifikationseffekte gegenüber den operativen Einzelrisiken abgeleitet und bei der finanziellen Bewertung einbezogen werden.

Auf diese Weise findet ein Vergleich des Performance- und Risikoprofils der einzelnen Geschäftsmodelle mit dem bestehenden Geschäft des Telekommunikationsunternehmens statt. Der zukünftige relative Ergebnisbeitrag von alternativen Geschäftsmodellen kann in eine Performance-/Risiko-Matrix eingeordnet und mit dem Status quo des Telekommunikationsunternehmens verglichen werden. Kooperationslösungen, die eine hohe Wachstumschance bei hohem Risiko versprechen, können mit Alternativlösungen verglichen werden. Bei der Beurteilung fließen Performance, operatives Geschäftsrisiko und Diversifikation als jeweilige Wertbeiträge ein.

Einordnung des Ergebnisbeitrags alternativer digitaler Geschäftsmodelle unter Performance- und Risikoaspekten

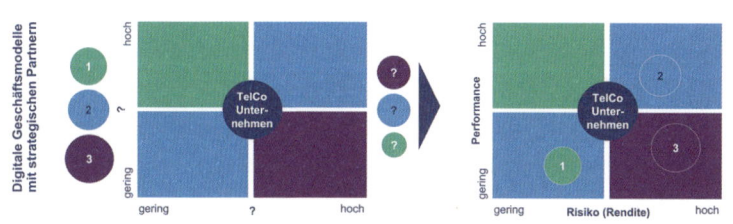

Abb. E-2

In Abhängigkeit von der jeweiligen Risikoeinschätzung können geschäftsmodellspezifische Kapitalkosten und hierauf basierend der Nettokapitalwert jedes Geschäftsmodells bestimmt und die Investitionsentscheidung transparent auf Basis einer quantitativen Analyse getroffen werden. Die Anwendung eines lösungsorientierten Entscheidungsansatzes, dient somit der Transparenz in der Entscheidungsfindung für die Entwicklung und Umsetzung innovativer digitaler Geschäftsmodelle von Telekommunikationsunternehmen mit strategischen Partnern unter der wertorientierten Optimierung des Performance-/Risikoverhältnisses.

2. Investitionsentscheidungen auf Basis mehrdimensionaler Entscheidungsmodelle – am Beispiel der Consumer Markets & Retail-Branche

Die Unternehmen der Konsumgüterindustrie und des Handels müssen seit einigen Jahren durch zielgerichtete und vorausschauende Investitionen auf die unverändert hohe Branchendynamik reagieren, um erfolgreich wachsen zu können. Neue Themen wie die optimale Kombination und Vernetzung von On- und Offline oder die umsatz- oder ergebnissteigernde Nutzung der Kundendaten, aber auch klassische Themen wie vertikale Integration, Internationalisierung und Markenmanagement beherrschen die operative und strategische Ausrichtung der Unternehmen in der Consumer Markets & Retail-Branche. Durch die Vielfältigkeit der einzelnen Themenstellungen und deren Verbundenheit untereinander ergibt sich eine Mehrdimensionalität der zu treffenden Investitionsentscheidungen, die nur durch komplexe, zukunftsgerichtete Modelle abgebildet werden kann. Neben den individuellen Performance- und Risikoparametern der einzelnen Handlungsalternativen müssen zudem exogene Faktoren – wie die demografische Entwicklung, der deutliche Anstieg der Immobilienpreise oder das Finanzierungsumfeld – punktgenau abgebildet werden, um eine optimale Entscheidung treffen zu können.

Der Margendruck im deutschen Einzelhandel – und insbesondere im Lebensmitteleinzelhandel – besteht unverändert fort. Bei der Suche nach Kostensenkungspotenzialen durch eine Vertiefung der Wertschöpfung haben die Handelsunternehmen einen „alten Bekannten" wiederentdeckt: Die vertikale Integration. Während sich die erste Welle der Akquisitionen vor rund zehn Jahren vorrangig auf Logistiker, Einkaufsgesellschaften und Produzenten, wie Bäckereien, Brunnen und fleischverarbeitende Unternehmen, gerichtet hatte, stehen nun auch Dienstleister aus Nachbarsegmenten des Handels im Fokus. Interesse an Akquisitionen oder Joint Ventures besteht vor allem bei Unternehmen, die dem Handel Technologien, darunter WiFi-Sensoren, Beacons, Kamera-, Kassen- und CRM-Systeme, zur Verfügung stellen. Diese Technologien bilden die Grundlage für eine möglichst individuelle Auswertung und Nutzung von Kundendaten, welche in den nächsten Jahren ein entscheidender Erfolgsfaktor für Produzenten und Händler gleichermaßen sein wird.

Mit der demografischen Entwicklung und zunehmenden Individualisierungstendenzen der Konsumenten ist auch eine Veränderung der bisherigen Kundenstrukturen verbunden. Bisher gängige Segmentierungen nach Altersgruppen (Babyboomer, Generation X, Y, Z) oder nach Lebensstil, wie LOHAs (Live of health and sustainabilty), DINKs (Double income, no kids) und Yollies (Young old leisure living people), auf die das Marken-Management bisher ausgerichtet ist, werden künftig allein nicht mehr greifen. Entscheidend für die Kundenclusterung wird vielmehr eine Klassifizierung nach grundlegenden Wertvorstellungen der Konsumenten und nach Technologie-Akzeptanz sein. Dies wird einen Effekt auf die Bedeutung von Marken, die einzelne Produktsegmente repräsentieren, haben. Bisher waren zum Beispiel im Lebensmitteleinzelhandel ein breiter Preiseinstiegsbereich, ein Standardbereich in der Mitte und ein kleiner Premiumbereich zu beobachten. Derzeit arbeiten Handelsunternehmen daran, das noch weitgehend von den Top-Markenprodukten dominierte Premiumsegment durch Luxus-Eigenmarken auszubauen. Hierbei wird es wesentlich für den Erfolg einer solchen Marke sein, dass sie nicht nur als „Premium" von der Masse der Konsumenten akzeptiert wird, sondern zusätzlich für die spezielle Identität des einzelnen Kunden steht – hierfür ist eine individuelle Ansprache der Kunden erforderlich, die nicht über massenkompatible Technologien erfolgen kann, sondern die persönlichen Wertvorstellungen und Einkaufsgewohnheiten des einzelnen Kunden berücksichtigen muss. Der Standard-Bereich in der Mitte wird dadurch zusätzlich unter Druck geraten, dass sich die Masse der Konsumenten im Preiseinstiegsbereich einfinden wird, in dem hauptsächlich das Preis-Leistungs-Verhältnis von Bedeutung ist. Letztlich werden Herstellermarken nur noch im Premiumsegment und in eingeschränktem Umfang im Standardbereich eine wesentliche Rolle spielen. Im Preiseinstiegsbereich und insbesondere für technologieaffine Konsumenten werden hingegen Marken von Dienstleistern, die den Kunden on- und offline mit der Ware vernetzen oder Produkte finden, prüfen und empfehlen, entscheidend sein. Denn der Einkauf dieser Käuferschicht basiert eher auf dem Vertrauen in die Marke des Dienstleisters oder Händlers – aber nicht auf der Marke des Produktes selbst. Die DNA dieser Dienstleister und Handelsplattformen ist fest mit der rasanten Entwicklung, die Smartphone, Multimedia & Co. in den vergangenen Jahren gemacht haben, verbunden.

Die Herausforderung für die Optimierung des Vertriebsnetzes der Produzenten und Händler besteht nun darin, nicht einfach beide Vertriebswege parallel zu nutzen, sondern bestmöglich zu kombinieren. Um dieses Ziel zu erreichen, ist es jedoch erforderlich, sich mit dem Kern des eigenen Geschäftsmodells auseinanderzusetzen und den optimalen Kundennutzen für das spezifische Produkt unter Berücksichtigung der individuellen Kundenbasis zu erreichen. Bei der Ausrichtung des Zusammenwirkens von On- und Offline ist die Frage letztlich „Wer dient wem?". Gingen in den vergangen Jahren zunächst Stationärhändler und auch Hersteller – insbesondere Modelabels – zusätzlich zu ihren Dependancen online, kann man derzeit einen „Gegentrend" beobachten: Bisher reine Onlinehändler, wie zum Beispiel mymuesli.de, haben Ladengeschäfte eröffnet und damit den Stationärhandel zu einem festen Bestandteil ihrer Vertriebsstrategie gemacht. Sie nutzen die Läden häufig dazu, Produkte zu testen, Kunden zu gewinnen, die allein online nicht erreicht werden könnten, und die Markenpräsenz in frequenzstarken Lagen zu stärken. Denkbar ist sogar, dass ein Ladengeschäft primär der Online-Wertschöpfung dienen soll. So ist beispielsweise das „Showroom-Konzept" ein denkbares Modell für die Online-Möbelbranche – ohne direkten Verkauf, aber mit umfassender Beratung und Online-Bestellterminals. Für viele dieser „Onliner" hat sich gezeigt, dass im Umkreis von Ladengeschäften auch der Online-Umsatz gestiegen ist. In der Modebranche, dem Marktsegment mit der höchsten Onlineakzeptanz, sind auch die Kombinationsmöglichkeiten der Verflechtung nahezu unbegrenzt: Bestellung online von zuhause, per Smartphone von unterwegs oder über ein Terminal im Laden bestellen – abholen im Laden oder der Paketstation, nach Hause liefern lassen, anprobieren zu Hause oder in der Paketstation – Retouren zurücksenden oder bei der nächsten Shoppingtour zurückgeben.

Das Internet bietet zudem auch neue Möglichkeiten ein Wachstum durch Internationalisierung zu realisieren, das im reinen Stationärhandel aufgrund des intensiven Verdrängungswettbewerbs und der abnehmenden Flächeneffizienz begrenzt war. Die fünf stärksten E-Commerce-Länder Europas sind – neben Deutschland – Großbritannien, Frankreich, Schweden, die Niederlande und Polen. Daher versprechen sich viele Unternehmen durch eine Internationalisierung ihrer Online-Handelsgeschäfte zusätzliche Wachstumschancen. Mit der Expansion der Händler ist zudem eine parallel verlaufende Internationalisierung der Dienstleister verbunden. Die Erarbeitung und Umsetzung einer internationalen Strategie ist aber auch im Onlinehandel mit einer Reihe von Herausforderungen verbunden, mit denen sich die Stationärhändler in den vergangenen Jahrzehnten bereits auseinandersetzen mussten: Rechtliche Fragestellungen, kulturelle Unterschiede und transportlogistische Themen müssen landesspezifisch berücksichtigt werden, um eine erfolgreiche Geschäftsausweitung zu erreichen. Hinzu kommen geopolitische Risiken und Währungsthematiken, die vor Investitionen in die einzelnen Länder ebenfalls berücksichtigt und in das Entscheidungskalkül einbezogen werden müssen.

Zusammengefasst stehen die Unternehmen der Consumer Markets & Retail-Branche vor einer Vielzahl von Themenstellungen, die sie bei ihrer strategischen Ausrichtung berücksichtigen müssen. Veränderte Kundenwünsche sowie neue Player aus dem Online-Segment in einem zunehmend wettbewerbsintensiven Markt erfordern Investitionen in die Markenstrategie, die Optimierung des Vertriebsnetzes, neue Technologien des Daten-, Logistik-, Order-, Category- und Bezahlmanagements und gegebenenfalls Akquisition zur vertikalen und/oder internationalen Expansion. Aufgrund der Fülle der Handlungsalternativen ergibt sich eine Mehrdimensionalität zum „Ob" und „Wann" einer Investitionsentscheidung. Dies kann nur durch mehrdimensionale, zukunftsgerichtete Planungs- und Bewertungsmodelle abgebildet werden, die nicht nur den potenziellen künftigen Zahlungsstrom aus der Investition, sondern auch das hiermit verbundene individuelle Risiko berücksichtigen. Modelle dieser Art, wie zum Beispiel Corporate Economic Decision Assessment (CEDA), sind in der Lage, sowohl exogene Faktoren (Entwicklungsprognose der Demografie, Konjunktur und Kaufkraft; Finanzierungsumfeld) als auch endogene Parameter (Umsatz je qm, Personal- und Gebäudekosten) im Rahmen einer Simulationsanalyse so miteinander zu verknüpfen, dass wertorientierte Investitionsentscheidungen nachvollziehbar und belastbar getroffen werden können – Entscheidungen, die eben nicht nur „Make or buy" sondern auch „Neues Bezahlsystem oder Markteintritt China" sein können.

3. Big Data und Business Analytics Tools im Rahmen der Planungsplausibilisierung – am Beispiel der Automobilindustrie

Daten – wohin man auch blickt, sie sind ein beherrschendes Thema in nahezu jeder Branche. Auch die Automobilindustrie setzt sich intensiv mit diesem Thema auseinander. Denn Daten werden in Zukunft der wohl wichtigste Rohstoff sein, mit dessen Nutzung alle Unternehmen das gleiche Ziel verfolgen: Den Kunden branchenübergreifend über seinen gesamten Lebenszyklus zu begleiten. Insbesondere in der Automobilindustrie spielen detaillierte Markt- und Nutzerdaten für die Beurteilung einer Strategie oder die Bewertung eines Unternehmens oder eines Geschäftsbereiches eine wesentliche Rolle. Denn nur durch eine intensive Analyse sämtlicher Umwelt- beziehungsweise Marktfaktoren lassen sich Potenziale und Risiken einer Strategie, einer Investition oder Transaktion evaluieren. Ausgereifte Big Data & Business Analytics Tools nehmen daher künftig einen wichtigen Platz bei der Planungsplausibilisierung und der Unternehmensbewertung ein.

Neue Geschäftsmodelle in der Automobilindustrie

Die Automobilbranche als eine der deutschen Schlüsselindustrien ist auf ihre herausragende Ingenieursleistung und die starke Wirtschaftskraft stolz und kann auf jahrzehntelange erfolgreiche Forschungs- & Entwicklungserfahrung zurückblicken. Insbesondere für die Automobilhersteller (OEMs) sind die aktuellen Entwicklungen in der Automobilindustrie jedoch alles andere als beruhigend. Nicht nur fordern sie globale Trends wie neue Antriebstechnologien und die noch stärkere Verschiebung der Wachstumsschwerpunkte in Richtung Asien heraus, vielmehr dringt auch die Digitalisierung als Megatrend immer weiter in ihr Spielfeld ein. Die zunehmende Vernetzung von Fahrzeugen wird unweigerlich eine neue Mobilitätskultur mit einer Reihe von neuen Kundenanforderungen mit sich bringen. Automobilhersteller müssen sich daher heute schon die Frage stellen, ob sie ausreichend auf diese Veränderungen eingestellt sind und ob den neuen Kundenanforderungen mit den heutigen Geschäftsmodellen entsprochen werden kann. Sie können sich daher nicht mehr ausschließlich auf ihre technischen Fähigkeiten berufen, denn der Konsument von Morgen erwartet innovative Dienstleistungen und Applikationen für die der OEM im Zweifelsfall nicht mehr der alleinige

Innovationstreiber ist. Branchenneulinge wie zum Beispiel Tesla, Apple und Google drängen auf den Automobilmarkt und zeigen mit Innovationen, was technisch und digital möglich ist, während sie dabei austesten, was ihre künftige Kernkompetenz und Marktposition sein kann. Für den klassischen OEM bedeutet dies nicht nur einen hohen Bedarf an Investitionen in Forschung & Entwicklung, vielmehr muss er sich entlang der gesamten Wertschöpfungskette über strategische Ergänzungen des aktuellen Geschäftsmodells und damit einhergehenden Kooperationen Gedanken machen, um die wertvollen Kundenbeziehungen nicht aus der Hand zu geben.

Diese tiefgreifenden Veränderungen in der Automobilbranche bringen zusätzliche Unsicherheiten, die unabhängig vom Bewertungsanlass jeden Unternehmensbewerter bei der Analyse und Beurteilung von Geschäftsmodellen vor zusätzliche Anforderungen stellen. Insbesondere bei der Plausibilisierung von Planungs-rechnungen sind daher mehr denn je intelligente Analysen gefragt. Bei den Analysen ist der Bewerter insbesondere auf Markt- und Wettbewerbsdaten angewiesen, die für (Benchmarking-) Vergleiche herangezogen werden. Aufgrund der Stellung, die die Automobilindustrie in der heutigen Gesellschaft einnimmt, steht weltweit eine Vielzahl von Datensätzen und Informationen für nahezu alle Bereiche der Branche zur Verfügung. Beschäftigt man sich beispielsweise mit der erwarteten Entwicklung von Wachstumsschwerpunkten im Premiumsegment, ist es hilfreich, wenn man quasi auf „Knopfdruck" eine Übersicht über die Verschiebung der Wachstumsschwerpunkte für Premiumfahrzeuge von Westeuropa Richtung China erhalten könnte. Genau bei dieser Art von Analysen unterstützen Business Analystic Tools.

Einfluss von Big Data & Business Analytics Tools auf die Planungsplausibilisierung
Für die Beurteilung von Planungen bzw. Geschäftsmodellen spielen die Analysen von Massendaten demzufolge eine wesentliche Rolle. Insbesondere Analysen im Hinblick auf marktbezogene Entwicklungen anhand umfangreicher Markt- und Makrodaten bilden eine wesentliche Grundlage für die Plausibilisierung der Unternehmensplanung. Denn nur durch eine umfängliche Betrachtung von Umwelt- beziehungsweise Marktfaktoren lassen sich Potenziale und Risiken evaluieren. Am Beispiel für den erwarteten weltweiten Fahrzeugabsatz für Premiumfahrzeuge lässt sich erkennen, dass man bei der Analyse dieser Daten ohne Data Analytics Tools aufgrund der hohen Komplexität der Datenstrukturen zwangsläufig an Grenzen der Analysefähigkeit stößt:

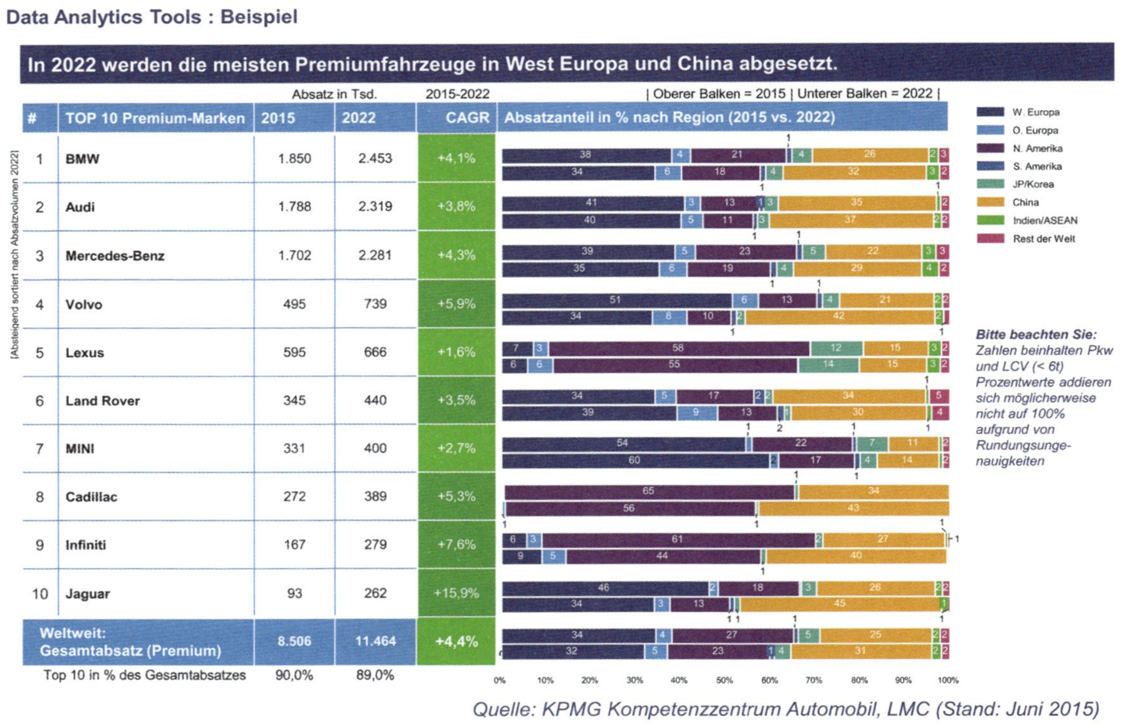

Data Analytics Tools : Beispiel

In 2022 werden die meisten Premiumfahrzeuge in West Europa und China abgesetzt.

[Absteigend sortiert nach Absatzvolumen 2022]

#	TOP 10 Premium-Marken	Absatz in Tsd. 2015	Absatz in Tsd. 2022	CAGR 2015-2022
1	BMW	1.850	2.453	+4,1%
2	Audi	1.788	2.319	+3,8%
3	Mercedes-Benz	1.702	2.281	+4,3%
4	Volvo	495	739	+5,9%
5	Lexus	595	666	+1,6%
6	Land Rover	345	440	+3,5%
7	MINI	331	400	+2,7%
8	Cadillac	272	389	+5,3%
9	Infiniti	167	279	+7,6%
10	Jaguar	93	262	+15,9%
	Weltweit: Gesamtabsatz (Premium)	8.506	11.464	+4,4%
	Top 10 in % des Gesamtabsatzes	90,0%	89,0%	

Absatzanteil in % nach Region (2015 vs. 2022)
| Oberer Balken = 2015 | Unterer Balken = 2022 |

Legende: W. Europa, O. Europa, N. Amerika, S. Amerika, JP/Korea, China, Indien/ASEAN, Rest der Welt

Bitte beachten Sie: Zahlen beinhalten Pkw und LCV (< 6t) Prozentwerte addieren sich möglicherweise nicht auf 100% aufgrund von Rundungsungenauigkeiten

Abb. E-3

Quelle: KPMG Kompetenzzentrum Automobil, LMC (Stand: Juni 2015)

Ausgereifte Business Analytics Tools werden daher künftig einen zunehmend wichtigeren Platz im Rahmen der Planungsplausibilisierung und somit der Unternehmensbewertung einnehmen. Sie unterstützen durch anschauliche und verständliche Visualisierung komplexe Datenstrukturen und ermöglichen dadurch eine effiziente Nutzung der immer schneller steigenden Datenverfügbarkeit. Dies wiederum ermöglicht es Bewertern, fundierte Einblicke in Marktstrukturen in einem engeren Zeitrahmen zu erhalten und somit Planungen zu plausibilisieren. KPMG setzt daher seit mehreren Jahren sowohl für Branchenstudien als auch für Planungsanalysen im Rahmen von Unternehmensbewertungen oder für andere Zwecke Business Analytics Tools ein, um einerseits betriebswirtschaftliche Analysen zu beschleunigen, andererseits um Mandanten auch bei strategischen Entscheidungen optimal unterstützen zu können.

Immer kürzer werdende Entwicklungszyklen und disruptive Entwicklungen innerhalb einer Branche führen dazu, dass klassische Methoden zur Planungsanalyse wie beispielsweise Vergangenheits- oder breite Wettbewerbsanalysen an Bedeutung verlieren. Im Rahmen von modernen entscheidungsorientierten Ansätzen wie Corporate Economic Decision Assessment (CEDA) ermöglicht die Nutzung von Business Analytics Tools die Analyse einer Vielzahl von Marktanalysen, erhöht somit die Qualität beziehungsweise unterstützt bei der Risikoeinschätzung von wesentlichen Planungsannahmen. Diese können im Hinblick auf ihre finanziellen Auswirkungen besser analysiert und visualisiert werden. Ausgereifte Business Analytics Tools können daher auch bei der Beurteilung der Zukunftsfähigkeit von Geschäftsmodellen oder beispielsweise bei der Planung einer Internationalisierungsstrategie unterstützen. Die Nutzung dieser Tools wird daher in Zukunft so normal sein, wie beispielsweise die Nutzung einer Google-Websuche.

4. Bewertung von Energieversorgungsunternehmen: Kraftwerke, Netze und Kunden – die Anlässe sind zahlreich

Bewertungen von Energieversorgungsunternehmen und deren Vermögenswerten sind derzeit besonders anspruchsvoll. Die Energiewirtschaft leidet seit einiger Zeit unter einem strukturellen Problem. So stellen integrierte Energieversorger ihre Erzeugungsparks auf regenerative Energien um; die entsprechenden Investitionen können jedoch nicht ohne weiteres über höhere Strompreise auf die Kunden abgewälzt werden. Gleichzeitig ändern Energieversorger ihre Unternehmensstruktur, spalten sich auf oder trennen sich von Nicht-Kerngeschäften, um sich auf definierte Zielmärkte zu konzentrieren. Neue Wettbewerber wie Automobilunternehmen oder IT-Dienstleister treten in traditionelle Energiemärkte ein. Die Zukunftsaussichten und somit auch der Wert eines Energieversorgungsunternehmens hängen dabei im Wesentlichen vom politisch-regulatorischen Rahmen, vom Fokus auf die Wertschöpfungskette, von der Vermögensstruktur, von Innovationen und vom Wettbewerb ab.

Anlässe für Bewertungen
In einer Branche wie der Energiewirtschaft gibt es zahlreiche Anlässe für Bewertungen: Unternehmenserwerbe und -verkäufe, Spaltungen, Wirtschaftlichkeitsanalysen, Controlling, Rechnungslegung/Berichterstattung, Kapitalstrukturüberlegungen, Cashflow-Prognosen oder Insolvenzrisiken. Ein weiterer bedeutender Anlass ist jüngst hinzugekommen: Kapitalallokation unter Performance-/Risikogesichtspunkten. Die Knappheit an freien Investitionsmitteln führt zu einer Kapitalrationierung und somit zu einer notwendigen Auswahl von Projekten innerhalb mehrerer Investitionsalternativen.

In Europa und speziell in Deutschland befindet sich die Energiebranche in einem existenziellen Umbruch. Über die gesamte energiewirtschaftliche Wertschöpfungskette hinweg ändern sich gesetzliche Rahmenbedingungen, das regulatorische Umfeld, der Wettbewerb und als Folge daraus die Geschäftsmodelle. Dieser Transformationsprozess wird sich voraussichtlich noch über Jahrzehnte hinziehen – bis die Klimaschutzziele der Regierungen erreicht sind und die Märkte sich neu geordnet haben. Fortschritte durch neue Technologien und die Digitalisierung überholen derzeit die etablierten Geschäftsmodelle: Batteriespeicher, dezentrale Erzeugung, Smart Homes, Smart-Grids, virtuelle Kraftwerke, Blockchain-Technologien – um nur einige zu nennen.

In Deutschland besteht das spezielle Problem des Ausstiegs aus der Kernenergie bis zum Jahr 2022. Die Rücknahme der Laufzeitverlängerung der Kernkraftwerke und der Ausstieg an sich stellen einen existenziellen Einschnitt in das kapitalintensive Geschäft der Versorger dar. Der schon seit Jahrzehnten bevorstehende Kernenergieausstieg ist jedoch nicht die Ursache für Marktverzerrungen. Vielmehr wurde die Menge an Stromerzeugung aus Erneuerbaren Energien nicht in diesem Volumen erwartet. Die Infrastruktur (insbesondere Transport- und Verteilnetze) sowie die Regulierung müssen dafür Sorge tragen, dass ein stabiles System aus konventioneller Backup-Erzeugung sowie Regelenergie aus Erneuerbaren Energien entsteht. Ergänzend kommen steigende Volumina aus dezentraler Energieerzeugung hinzu, die einen weiteren Netzausbau erforderlich machen. Konventionelle Erzeugungsanlagen konkurrieren nun um Einsatzzeiten mit sehr viel volatileren Erzeugungstechnologien.

Die Ertragslage der Energieerzeuger litt zunächst unter den Ineffizienzen der Subventionsmechanismen für Erneuerbare Energien. Mit Einspeisevorrang ausgestatteter grüner Strom drängte die konventionellen Kraftwerke aus dem Markt – mit der Folge, dass den Unternehmen eine sehr profitable Geschäftsgrundlage genommen wurde. Neubauprojekte für diese Kraftwerke rechnen sich derzeit nicht und werden auch kaum mehr finanziert. Die Diskussion um einen vorgezogenen Kohleausstieg lassen derzeit jedoch die Erwartungen an wieder profitable Gaskraftwerke steigen, welche abgeschaltete Kernenergieanlagen ersetzen werden.

Die Unternehmen reagieren mit konsequenten Sparprogrammen und der Neuausrichtung ihrer Strategie weg von sachanlagenintensiven, kapitalbindenden Geschäften hin zu hocheffizienten Energiedienstleistern mit einem ausgewogenen Erzeugungsportfolio und einer auf Kundenbedürfnisse zugeschnittenen Vertriebsstrategie. Dies führt jedoch dazu, dass mit zunehmender Beratung von Energieeffizienz- und Contracting-Lösungen Energiedienstleister ihre eigenen Margen aus der Erzeugung und dem Vertrieb von Energie mindern und kompensieren müssen, während es gleichzeitig kaum Möglichkeiten gibt, Investitionen über steigende Strompreise an Endkonsumenten weiterzugeben. Folglich sind Innovationen in Hinblick auf Kundenservice notwendig.

Die Relevanz des Themas Wertmanagement zeigt sich an den Wertkorrekturen, die die Branche erlitten hat: Seit 2009 verlor die Branche europaweit rund 500 Milliarden Euro Börsenwert. Die Unternehmen haben die Wertansätze, insbesondere der Erzeugungsanlagen sowie der Geschäfts- und Firmenwerte in ihren Bilanzen um Milliardenbeträge signifikant korrigiert. Die Erwartungen an die Profitabilität ihrer Geschäfte wurden in vielen Bereichen nicht erfüllt. Freiwerdende Investitionsmittel konkurrieren um Reservenbildung, Ersatzinvestitionen, Innovationen, Erzeugungsanlagen, IT-Infrastruktur und Dividenden für die Anteilseigner.

Grundsätzlicher Bewertungsansatz
Methodisch ergeben sich keine grundlegenden Neuerungen. Der Wert eines Energieerzeugers und/oder -dienstleisters hängt unverändert von den Zukunftserwartungen ab. Die Vergangenheit ist in diesen Umbruchszeiten nicht mehr als repräsentativ zu erachten. Auf zwei Besonderheiten ist jedoch hinzuweisen:

Mit einer zunehmenden Fokussierung auf strategisch-definierte Geschäftsfelder werden integrierte Energieversorger zu Spezialdienstleistern. Auf der einen Seite entstehen Erneuerbare Energien-Erzeugungs-unternehmen mit einem regulierten Netzgeschäft sowie Vertriebseinheiten. Andererseits bilden sich Energieerzeuger aus konventionellen Technologien mit einem europa- oder weltweiten Handelsgeschäft heraus. Diese Entwicklung ist insbesondere in Deutschland zu beobachten. In anderen Ländern bleiben integrierte Versorger, die die gesamte Wertschöpfungskette abbilden, noch im Markt. Ein Vergleich dieser Unternehmen untereinander wird deutlich erschwert, so dass Marktmultiplikatoren oder Peer Group-Vergleiche in den Hintergrund rücken.

Die in der Vergangenheit teilweiße große Schere zwischen Wert und Preis schließt sich je näher der Zeitpunkt des kompletten Abschaltens der Kernenergieblöcke kommt. Die Investitions- und Nutzungsdauerzyklen im Energiebereich sind sehr lang und betragen mitunter Jahrzehnte. Für eine Bewertung sind daher Annahmen über die künftige Erlössituation aus Mengen- und Strompreisen notwendig. Am Kapital- und Transaktionsmarkt war zu beobachten, dass langfristige Erlöschancen teilweise nicht in der Preisbildung berücksichtigt wurden. Diese Einschätzungen werden nunmehr revidiert. Die Kurse der konventionellen Anbieter steigen wieder deutlich, da davon ausgegangen wird, dass Energie- und Wärmeerzeugung aus fossilen Brennstoffen noch über Jahre gebraucht wird.

Kernwertbildende Faktoren

Die grundlegenden kernwertbildenden Faktoren im Erzeugungsbereich, unbeachtlich der Erzeugungsart, sind Einsatzzeiten und Strompreise. Die Kombination aus Rohstoffpreisen für konventionelle Erzeugung als Teil der Grenzkosten sowie weitere Kostenpositionen und die Nachfrageseite ergeben für den Strommarkt ein Angebots- und Nachfragemodell, das die Simulation einer Merit-Order (Einsatzzeiten) und von Strompreisen erlaubt. Die Einschätzung einer solchen Erlöskurve über die Restnutzungsdauer der jeweiligen Anlagen ist für die Bewertung entscheidend. Instandhaltungsmaßnahmen, Personal- oder Finanzierungsaufwendungen sind wichtig, aber letztlich weniger kernwertbildend. Strompreise werden aber auch von den politischen Rahmenbedingungen geprägt. Die Diskussion um das Strompreisniveau im internationalen Vergleich bei gleichzeitiger Versorgungssicherheit spielt eine ebenso wichtige Rolle.

Im Netzbereich ist die von den Regulierungsbehörden eingeräumte Eigenkapitalrendite von entscheidender Bedeutung. Hier sind Prämissen über weitere Regulierungsperioden und Investitionsmaßnahmen erforderlich.

Im B2C-Kundenbereich konnten in Deutschland in der jüngeren Vergangenheit hohe Margen erzielt werden. Dies wird sich entscheidend verändern. Mit weiteren technologischen Entwicklungen werden Endkunden in der Lage sein, ihren Energieverbrauch zu optimieren, Gebäudesanierungen werden zu verringertem Wärmeeinsatz führen, Smart Home-Technologien lassen Branchengrenzen aufbrechen und der Markt für Elektromobilität hat sich noch nicht herausgebildet. Die Vergangenheit ist kein geeigneter Maßstab mehr.

Im B2B-Bereich stellt sich die Situation differenziert dar. Zwar haben Unternehmen unlängst begonnen, Kostensenkungsprogramme durchzuführen, jedoch gelingt es Energieversorgern nicht automatisch zu Energieservicepartnern zu werden, um intelligente Energiekonzepte als Dienstleister anzubieten. Die Preissensitivität ist zu hoch, Unternehmen übernehmen solche Funktionen teilweise selbst und einige Versorger haben ihr Großkundengeschäft einstellen müssen.

Prognoseunsicherheit und Risikoäquivalenz

Bei allen Anlässen stellt sich die Frage nach der Prognosesicherheit oder vielmehr -unsicherheit und wie damit umgegangen werden kann. So können langfristig relevante Werttreiber nur über Annahmen hinsichtlich des künftigen regulatorischen Regimes und der politischen Rahmenbedingungen getroffen werden, wie zum Beispiel für den Strommarkt:

◊ Für den konventionellen Erzeugungspark sind Einsatzzeiten auf Basis von Grenz- oder Vollkostenrechnungen zu simulieren. Hierbei ist entscheidend, inwieweit das Vorhalten von Erzeugungskapazitäten durch einen sogenannten Kapazitätsmarktmechanismus oder ähnliche Missing-Money-Marktregeln abgegolten werden kann. Viele Energieversorger rechnen mit einer gewissen Wahrscheinlichkeit mit einem solchen Szenario und der Prämisse, dass ein Kraftwerkseinsatz künftig nur dann sinnvoll ist, wenn zumindest die Kapitalkosten verdient werden können.
◊ Für die Erneuerbaren Energien wurden Ausbauziele und Ausschreibungsverfahren gesetzlich eingeführt. In wenigen Jahren wird die Pflicht zur Selbstvermarktung gelten, die keine Einspeisevergütungsgarantie mehr ermöglicht. Die Novelle des Erneuerbare-Energien-Gesetzes hat in diesem Bereich hinreichend Sicherheit geschaffen.
◊ Unsicherheit besteht über die Menge von dezentral erzeugtem Strom. Hier sind Annahmen über die künftigen Erzeugungsmengen zu treffen, die nicht von Energieerzeugern produziert werden, sondern von Anlagen, die im Bundesgebiet in das Stromnetz einspeisen können.
◊ Die Kombination dieser Überlegungen führt zu Annahmen über einen mittel- bis langfristigen Energiemix, aus dem sich unter anderem Strompreise, Grenzkosten pro Erzeugungsart sowie Einsatzzeiten ableiten lassen. Diese Prämissen fließen als Input wieder in sog. fundamentale Marktmodelle ein, die den Gesamtstrom- und Gasmarkt simulieren.

Im Hinblick auf die Risikoäquivalenz und die anzulegenden Kapitalkosten sind valide Vergleiche gefragt. Während integrierte Energieversorger von gewisser Größe börsennotiert sind und Risikoparameter – wie etwa Betafaktoren – historisch beobachten lassen, ist dies bei kleineren Regionalversorgern oder Stadtwerken nur eingeschränkt möglich. Mit der jüngsten Aufspaltung der großen deutschen Energieversorger sind nunmehr einerseits konventionelle Erzeuger mit globalen Handelsaktivitäten und andererseits Erneuerbare Energien-Entwickler und -Betreiber, kombiniert mit einem bedeutsamen Netz- und Vertriebsgeschäft, am Kapitalmarkt gelistet. Die Auswahl der Gruppe von Vergleichsunternehmen wird dennoch zukünftig eher schwerer, da beide Gruppen von Unternehmen ein deutlich unterschiedliches Risikoprofil haben.

Versorger wie Stadtwerke haben zudem in der Regel keine eigenen Erzeugungskapazitäten, sondern beschaffen Strom und Gas über langfristige Verträge. Auch ist die Eigentümerstruktur und Verschuldungskapazität verglichen zu großen Energiewirtschaftsunternehmen unterschiedlich. In der Bewertungspraxis sind in vielen Fällen regulatorische Kapitalkosten ein hilfreicher Ankerpunkt, die dann über entsprechende Gewichtung oder Scoring-Überlegungen das Risikoprofil der gesamten Zahlungsströme äquivalent abbilden lassen.

Reine Erzeugungs- oder Vertriebsgesellschaften sind nicht am Kapitalmarkt gelistet. In der Vergangenheit wurden Scoring-Modelle angewendet, um Risikomaße integrierter Versorger im Hinblick auf beispielsweise regulatorische oder politische Risiken anzupassen.

Ein weiterer Gesichtspunkt bezüglich der Risikoäquivalenz sind unter anderem Kapitalkosten im Bereich der Erneuerbaren Energien, insbesondere bei Neubauprojekten. In den einzelnen Phasen solcher Projekte ist ein reger M&A-Markt zu verzeichnen, da Errichtung, Finanzierung und Betrieb in vielen Fällen getrennt werden. In diesen Phasen geht es neben operativen Risiken um die Berücksichtigung von Genehmigungsunsicherheiten, zeitlichen Verzögerungen sowie Bau- oder finanzielle Risiken. Ein transparenter Markt fehlt hierbei und somit stellt sich erneut die Frage nach einer validen Vergleichsmöglichkeit vor dem Hintergrund der subjektiven Risikoneigung und -einschätzung. Auch hier sind Scoring-Modelle ein hinreichendes Mittel, um Risiken zu messen und zu gewichten und sie in die Berechnung des Projektwertes eingehen zu lassen. Dies kann zum Beispiel auf Basis vergleichbarer Projekte – etwa der Beobachtung von Projektverzögerungen – erfolgen. Ausgangspunkt wären Kapitalkosten einer operativen Anlage.

Im Zusammenhang mit der Frage der Kapitalallokation beschäftigen sich Energieversorger umfassend mit dem Thema Kapitalkosten. So ist die für einen hinreichenden Cashflow notwendige Rentabilität unter gleichzeitiger Vermeidung von Wertberichtigungen zu erwirtschaften.

Ausblick

Die regulatorischen, politischen und vermögenswertspezifischen Risikoprofile von Energieversorgern ändern sich in einem sich im Wandel befindlichen Markt kontinuierlich. Die Frage nach der sachgerechten Bewertung stellt sich insbesondere vor dem Hintergrund der Vergleichbarkeit im Allgemeinen, der Unsicherheiten von Cashflow-Planungen sowie der Ableitung von geeigneten Risikomaßen.

Energieversorger müssen geschickt investieren, um ihre Geschäftsgrundlage zu transformieren, sich an Kundenbedürfnissen anzupassen und Technologien zu entwickeln sowie nutzbar zu machen. Dabei konkurrieren frei werdende Cashflows um Ausschüttungen und Investitionen.

Eine effektive Kapitalallokation für das unternehmensindividuelle Portfolio an Geschäftsbereichen und Investitionsgelegenheiten ist erforderlich, um eine Gesamtoptimierung der Ziele zu erreichen, insbesondere die aufeinander abgestimmte Performancesteigerung und Risikoverminderung für die Steigerung des Unternehmenswertes. Hierfür werden sowohl ein Planung auf Basis der kernwertbildenden Faktoren als auch spezifische Risikomaße benötigt. Moderne Steuerungskonzepte, wie zum Beispiel Corporate Economic Decision Assessment (CEDA), können auf Basis des Konzeptes impliziter Kapitalkosten das Problem der immer schwieriger werdenden Vergleichbarkeit mit Peer Groups und die Berücksichtigung individueller Risikoprofile lösen. Diese Konzepte berücksichtigen gleichzeitig die Kapitalmarktsicht, verdeutlichen Unterschiede von Wert und Preis und liefern nachvollziehbare Argumentationen. Sie vereinen als integriertes Konzept Bewertungsanlässe wie Kauf- und Verkaufstransaktionen, Impairment Tests, Kapitalallokation und Investitionsmonitoring.

5. Finanzielle Bewertung von Forschungs- und Entwicklungsprojekten – am Beispiel der Pharmaindustrie

Die finanzielle Bewertung von F&E Projekten unter der Einbeziehung von Unsicherheiten ist für Pharmaunternehmen eine wichtige Grundlage für die Entscheidung, ob weitere Investitionen in die Entwicklung des Wirkstoffkandidaten getätigt werden sollen, bzw. Alternativen in Form von strategischen Allianzen oder sogar Abbruchentscheidungen gewählt werden. Darüber hinaus ist die finanzielle Analyse ein wichtiges Instrumentarium, um den Projektwert bzw. erwartete Wertsteigerungen bei erfolgreichem Passieren wichtiger Meilensteine gegenüber Investoren kommunizieren zu können. Aus diesen Gründen ist eine regelmäßige, sachgerechte und dokumentierte Bewertung von F&E Projekten unerlässlich.

Charakteristik des F&E Prozesses

Der F&E Prozess von Arzneimitteln von der Findung geeigneter Molekülstrukturen über die präklinische und klinische Entwicklung bis zur Zulassung und Markteinführung erstreckt sich bei Pharmaprojekten häufig über einen Zeitraum von zehn bis zwölf Jahren. Davon nimmt die präklinische und klinische Entwicklung normalerweise sieben Jahre in Anspruch. Der gesamte Prozess ist mit einem sehr hohen personellen, zeitlichen und finanziellen Aufwand verbunden. Für die Entwicklung der Darreichungsform, als wichtiger Bestandteil des Entwicklungsprozesses, stellen sich ferner entsprechende Anforderungen an die Investitionen in die Produktionsanlagen und an die notwendigen Entwicklungszeiten für deren Umsetzung. Am Ende des F&E Prozesses ist es das Ziel, die Wirksamkeit des Wirkstoffes, die Unbedenklichkeit und die Qualität entsprechend den Anforderungen der jeweiligen Zulassungsbehörden dokumentieren zu können, um die Zulassung des neuen Medikamentes zu erhalten. In der Realität erreicht allerdings nur ein ganz geringer Anteil der Wirkstoffkandidaten dieses Ziel. Die meisten Projekte werden im Laufe der Entwicklungszeit aufgrund technischer oder wirtschaftlicher Ursachen abgebrochen. Schließlich gelingt es nur zirka zehn Prozent der zugelassenen Medikamente, den Status eines „Blockbuster" zu erreichen und durch ihren ökonomischen Erfolg die Aufwendungen für die Forschung und Entwicklung neuer Wirkstoffe zu finanzieren.

Finanzielle Bewertung als Überwachungsinstrument und Entscheidungshilfe

Der finanzielle Verlust im Falle eines Scheiterns eines Wirkstoffkandidaten ist meist erheblich und kann bei Wirkstoffen, deren Entwicklung bereits sehr weit fortgeschritten ist, bis zu einer Milliarde Euro betragen. Daher ist in regelmäßigen Abständen und in Abhängigkeit des Entwicklungsstandes neu zu beurteilen, ob die Finanzierung und die Entwicklung des Wirkstoffkandidaten fortgeführt werden soll. Ausgangspunkt für die finanzielle Beurteilung ist die Bewertung des F&E Projektes im aktuellen Entwicklungszustand. Die Bewertung erfolgt in Form der Ermittlung eines Nettokapitalwertes, wobei die Unsicherheiten eines erfolgreichen Entwicklungsprozesses in Form von wahrscheinlichkeitsgewichteten zukünftigen Zahlungsströmen berücksichtigt werden. Zusätzlich werden weitere für das Pharmaunternehmen zentrale Werttreiber ermittelt. Von hoher Aussagekraft ist die Risiko-/Rendite Analyse, also die Beantwortung der Frage, mit welchem Risiko ein bestimmtes Renditeniveau überhaupt für das Pharmaunternehmen erzielbar erscheint. Die Ergebnisse bilden neben der qualitativen Würdigung die Grundlage für die unternehmerische Entscheidung, ob weitere Investitionen in den Wirkstoffkandidaten getätigt werden sollen.

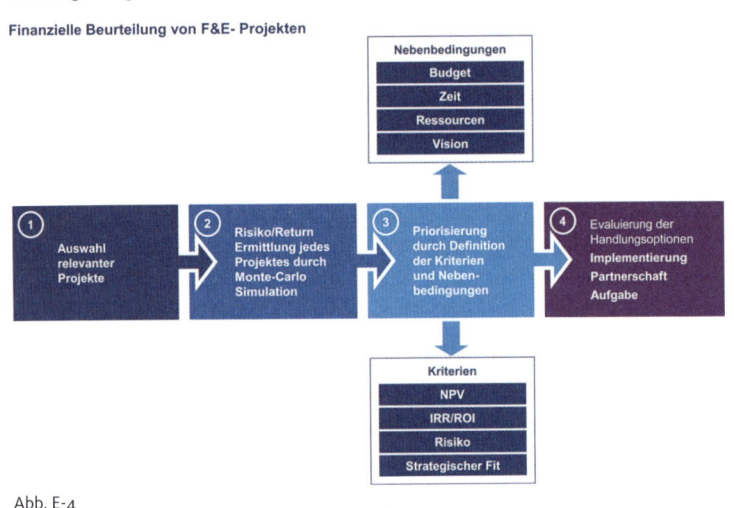

Finanzielle Beurteilung von F&E- Projekten

Nebenbedingungen:
- Budget
- Zeit
- Ressourcen
- Vision

1. Auswahl relevanter Projekte
2. Risiko/Return Ermittlung jedes Projektes durch Monte-Carlo Simulation
3. Priorisierung durch Definition der Kriterien und Nebenbedingungen
4. Evaluierung der Handlungsoptionen Implementierung Partnerschaft Aufgabe

Kriterien:
- NPV
- IRR/ROI
- Risiko
- Strategischer Fit

Abb. E-4

Vor dem Hintergrund der finanziellen Risiken für das Pharmaunternehmen werden im Rahmen der Fortführungsentscheidung immer häufiger strategische Allianzen in Form von Forschungs- bzw. Vertriebsallianzen, Ein- und Auslizensierungen bzw. geeignete Kombinationsformen angestrebt. In einer strategischen Allianz werden die Renditeerwartungen des Wirkstoffkandidaten zwar geteilt, finanzielle Risiken dafür aber erheblich reduziert. Darüber hinaus erhöht sich regelmäßig die Erfolgswahrscheinlichkeit der Marktzulassung durch die Bündelung von Forschungskompetenzen mit dem strategischen Partner bzw. es öffnen sich mögliche Synergiepotenziale aus dem Zusammenlegen von Distributionsnetzwerken.

Ausgangspunkt für die Beurteilung der wirtschaftlichen Attraktivität einer Allianz ist die Ableitung des Nettokapitalwertes des F&E Projektes, auf dessen Basis ein Vergleich des Wertbeitrages des Hingegebenen mit dem Wertbeitrag der erhaltenen Gegenleistung vorgenommen wird. Regelmäßig stehen in diesem Zusammenhang der Barwert von Vorab- und Meilenstein Zahlungen (upfront and milestone payments) des Allianzpartners im Vergleich zu dem Barwert der erwarteten Cashflows, welche dem Allianzpartner zukünftig zustehen.

Der hohe Innovationsdruck für die Entwicklung neuer Wirkstoffe führt ferner zunehmend zu Kaufentscheidungen von F&E-Projekten, entweder als Asset Deal (zum Beispiel durch den Kauf eines Wirkstoffkandidaten) oder im Rahmen des Erwerbs ganzer Unternehmen. Auch zu diesem Zweck ist die finanzielle Beurteilung neben der qualitativen Würdigung eine zentrale Grundlage für die strategische Entscheidungsfindung und für die anschließende bilanzielle Abbildung im Rahmen des Einzel- bzw. Konzernabschlusses.

Charakteristika der finanziellen Bewertung von Wirkstoffkandidaten
Die in der Bewertungspraxis vorherrschende Bewertungsmethodik für F&E Projekte basiert auf der Discounted Cashflow-Methode und berücksichtigt grundsätzlich die Ein- und Auszahlungen über den gesamten Lebenszyklus des Wirkstoffkandidaten, somit bis zum Patentablauf beziehungsweise einer sich anschließenden generischen Phase. Zur Ableitung des Nettokapitalwertes werden die periodischen Überschüsse bzw. Verluste mit risikoäquivalenten Kapitalkosten auf den Bewertungsstichtag diskontiert.

Bei der Entwicklung neuer Wirkstoffkandidaten ist dabei das Risiko von negativen Entwicklungsergebnissen, verknüpft mit den weiter zu tätigenden Investitionen, von großer Bedeutung. Die Unsicherheiten der Ergebnisse der präklinischen und klinischen Studien sind in den Bewertungsmodellen unbedingt zu berücksichtigen. Für diesen Zweck werden die einzelnen Entwicklungsphasen bis zur Marktzulassung methodisch regelmäßig mit Hilfe von Entscheidungsbäumen geplant und berücksichtigen Entscheidungszeitpunkte bzw. Meilensteine, in denen neue wesentliche medizinisch-technische Ergebnisse, wie zum Beispiel Studienergebnisse erwartet und anschließende Investitionsentscheidungen verknüpft werden. Dem erfolgreichen bzw. nicht erfolgreichen Passieren der geplanten Meilensteine werden jeweils entsprechende Wahrscheinlichkeiten zugrunde gelegt, sodass die geplanten zukünftigen Zahlungsströme probabilistisch in der finanziellen Bewertung berücksichtigt werden. Aufgrund der Individualität des jeweiligen Wirkstoffkandidaten liegt die zentrale Herausforderung regelmäßig in der Prognose der erwarteten Wahrscheinlichkeiten, die entsprechend des spezifischen Indikationsgebietes sehr unterschiedlich sein können. Unternehmensspezifische Erfahrungswerte und öffentliche Daten, insbesondere aber die Einschätzung der projektverantwortlichen Experten bilden hierbei eher die Grundlage für eine Bandbreite an Eintrittswahrscheinlichkeiten als einen exakten Punktwert.

Mit der Marktzulassung sind Prognosen für den kommerziellen Verlauf des Wirkstoffes zu treffen. Hierzu sind für die jeweiligen Zulassungsterritorien die Umsätze und Kostenverläufe zu planen. Im Vergleich zu sehr frühen F&E Projekten nimmt die Unsicherheit der Planung hierbei mit fortschreitendem Entwicklungsstadium ab, da sich die Eigenschaften des Wirkstoffkandidaten zunehmend konkretisieren und der medizinische Bedarf bzw. die Patientenanzahl, Wettbewerbsverhältnisse sowie das gesundheitspolitische Umfeld und somit die Preismodalitäten in den Zielländern konkreter zu prognostizieren sind. Dennoch ergeben sich hieraus für die Kommerzialisierungsphase Prognosebandbreiten für die zentralen Werttreiber, wie Patientenpenetration, Marktanteil und Preisentwicklung. Bei der Planung der Kostenverläufe stehen im Wesentlichen Studienkosten, Marketingaufwendungen und Produktionskosten im Blickpunkt. Während die Studienkosten stark abhängig von dem Indikationsgebiet und der Behandlung der Probanden sind, ist die Einbeziehung des eigenen Vertriebsnetzes oder die notwendige Inanspruchnahme eines Vertriebspartners eine wichtige Planprämisse.

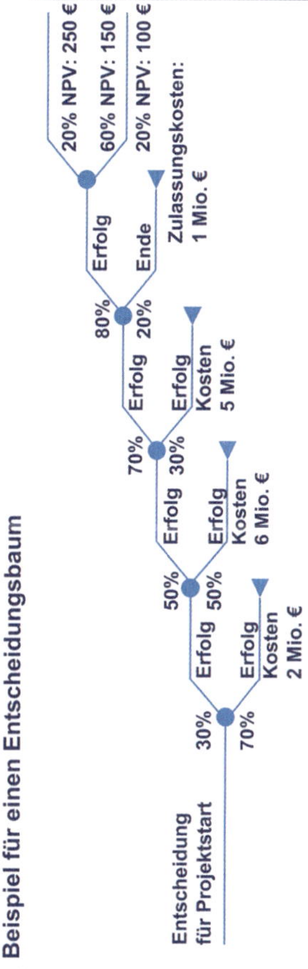

Branchen- und unternehmensspezifische Bewertungsfragen 157

Projektbewertung

Szenario	E(X)	Ermittlung
High	4,2 €	250 € x 0,3 x 0,6 x 0,7 x 0,8 x **0,2**
Medium	7,6 €	150 € x 0,3 x 0,5 x 0,7 x 0,8 x **0,6**
Low	1,7 €	100 € x 0,3 x 0,8 x 0,7 x 0,8 x **0,2**
Summe	**13,4 €**	
Kosten		
Zulassung	0,1 €	1 € x 0,3 x 0,5 x 0,7
Phase III	0,8 €	5 € x 0,3 x 0,5
Phase II	1,8 €	6 € x 0,3
Phase I	2,0 €	2 €
Summe	**4,7 €**	
E(X)	**8,8 €**	

Beispiel für einen Entscheidungsbaum

Entscheidung für Projektstart
- 30% Erfolg
  - Kosten 2 Mio. €
  - 70% Erfolg
    - Kosten 6 Mio. €
    - 50% Erfolg / 50%
      - Kosten 5 Mio. €
      - 70% Erfolg / 30%
        - Zulassungskosten: 1 Mio. €
        - 80% Erfolg / 20% Ende
          - 20% NPV: 250 €
          - 60% NPV: 150 €
          - 20% NPV: 100 €

Abb. E-5

Die Berücksichtigung von ausgewählten Szenarien mit Hilfe von Entscheidungsbäumen verdeutlicht dem Unternehmen eine mögliche Wertbandbreite in Form von einzelnen Bewertungsergebnissen für das F&E Projekt. Aufgrund der hohen Sensitivität und Unsicherheit der wesentlichen Planprämissen bietet sich weiter eine Verknüpfung des Bewertungsmodells mit einer Monte-Carlo-Simulation an. Hierzu sind für die zentralen Planprämissen für die einzelnen Werttreiber und für die Simulation der Kombinationsmöglichkeiten geeignete Schätzbandbreiten und Wahrscheinlichkeitsverteilungen (beispielsweise Triangulär-, PERT-Verteilung) festzulegen. Im Ergebnis bildet die Monte Carlo Simulation dann die Auswirkungen aller definierten Unsicherheiten ab und beantwortet die Frage, mit welcher Wahrscheinlichkeit und unter welchen Prämissen welches Bewertungsergebnis erzielbar ist. Mit der Ermittlung von Minimum-, Mean- und Maximalwerten über die Bandbreite an Simulationen bietet die Analyse weitere wichtige Orientierungspunkte für die Wertbandbreite des F&E Projektes. Darüber hinaus lassen sich Erkenntnisse ableiten, welche Planprämissen bei einer Sensitivierung einen wesentlichen Einfluss auf das Bewertungsergebnis ausüben und welche eine eher unwesentliche Auswirkung haben.

In Verbindung mit der qualitativen Würdigung des Entwicklungsprojektes liefert die finanzielle Bewertung schließlich mit der Ableitung aussagekräftiger Wertbandbreiten und finanzieller Kennziffern eine fundamentale Grundlage für zukünftige Investitions- bzw. Alternativentscheidungen sowie zu der Wertentwicklung des Portfolios. Dies ist nicht nur für das Management von strategischer Bedeutung, sondern auch für eine zielgerichtete Kommunikation an Investoren bzw. den Kapitalmarkt.

6. Bewertung von Immobiliengesellschaften – Führen Bewertungen nach dem Ertragswert- bzw. DCF-Verfahren und dem Net Asset Value-Verfahren zu übereinstimmenden Ergebnissen?

Der deutsche Immobilienmarkt erfreut sich nach Ende der Immobilienkrise nicht zuletzt bei ausländischen Investoren wieder großer Beliebtheit. Vor dem Hintergrund geplanter Transaktionen und Börsengänge von Immobiliengesellschaften stellt sich die Frage nach dem „fairen" Wert des Immobilienunternehmens. Die in der Praxis beobachtbaren Preis- oder Wertvorstellungen der Parteien basieren regelmäßig auf unterschiedlichen Bewertungsverfahren. Die Bewertung einer Immobiliengesellschaft sollte daher immer nach dem Ertragswert- oder Discounted Cashflow (DCF)-Verfahren auf der einen Seite und dem Net Asset Value (NAV)-Verfahren auf der anderen Seite erfolgen. Auftretende Wertunterschiede sollten analysiert und vor dem Hintergrund des Bewertungsanlasses gewürdigt werden.

Die in Deutschland börsennotierten Immobilienaktiengesellschaften weisen Börsenkapitalisierungen auf, die sich zwischen 70 Prozent und 130 Prozent ihres NAV bewegen. Ähnliche Differenzen sind auch im Rahmen einer Unternehmensbewertung bei der Gegenüberstellung des nach den Grundsätzen des IDW S 1 ermittelten Ertrags-/DCF-Werts und dem NAV nicht selten.

Unternehmenswerte nach dem IDW S 1 können nach unterschiedlichen Bewertungsansätzen ermittelt werden. In der Bewertungspraxis sind gerade im Transaktionsbereich in Deutschland die DCF-Verfahren sehr verbreitet. Bei gesetzlichen Bewertungsanlässen ist entsprechend der Rechtsprechung das Ertragswertverfahren üblich. Bei konsistenter Anwendung führen beide Bewertungsverfahren zum gleichen Ergebnis.

Unternehmensbewertungen nach dem Ertragswert- oder dem DCF-Verfahren erfolgen zukunftsorientiert. Dies setzt das Vorhandensein von aussagefähigen Planungsrechnungen sowie einen geeigneten Kapitalisierungszinssatz voraus, mit dem die für die Unternehmenseigner verfügbaren Überschüsse auf den Bewertungsstichtag zu diskontieren sind. Zur Ableitung nachvollziehbarer Kapitalisierungszinssätze wird üblicherweise das sogenannte Capital Asset Pricing Model (CAPM) herangezogen. Dies erfordert zur Festlegung des Risikozuschlags im Kapitalisierungszinssatz den mit der Marktrisikoprämie zu gewichtenden unternehmensspezifischen Betafaktor. Da in vielen Bewertungsfällen das zu bewertende Unternehmen nicht börsennotiert ist (zum Beispiel Ein-Objekt-Gesellschaften, kommunale Wohnungsunternehmen) und damit die für das CAPM erforderlichen Betafaktoren (unternehmens- und branchenbezogenes Risiko) nicht direkt verfügbar sind, wird der der Betafaktor traditionell auf Basis von börsennotierten Vergleichsunternehmen (sogenannte „Peer Group") abgeleitet. Alternativ sind auch neuere Ansätze, wie die Ableitung von Betafaktoren aus einer Simulation der erwarteten Überschüsse, möglich.

Diese Anforderungen aus der Unternehmensbewertung verbunden mit einer teilweise bestehenden unzureichenden Informationslage zum Bewertungsobjekt führen in der Praxis oft dazu, den Wert eines Immobilienunternehmens (vereinfacht) über das NAV-Verfahren ermitteln zu wollen. Daher stellt sich die Frage, ob die Bewertung mit einem NAV-Verfahren eine Unternehmensbewertung nach den vorgenannten Grundsätzen ersetzen kann.

Gemäß Empfehlung der European Public Estate Association (EPRA) basiert die Ermittlung des NAV eines Immobilienunternehmens auf einem mehrstufigen Konzept, das drei verschiedene NAV-Kennzahlen vorsieht. Vereinfacht dargestellt, entspricht die Ermittlung des NAV dem Marktwert der Immobilien, zuzüglich des Buchwerts sonstiger Vermögenswerte, abzüglich des Buchwerts der Verbindlichkeiten. Die sogenannten Double- bzw. Triple-NAV berücksichtigen darüber hinaus einen Korrekturposten für latente Steuern sowie für den Marktwert der langfristigen Verbindlichkeiten statt dessen Buchwert.

Unter der Annahme, dass sämtliche zukünftigen Zahlungsströme entweder bereits zum Ansatz einer Forderung oder Verbindlichkeit geführt haben oder in der Bewertung der Immobilie berücksichtigt sind, ähnelt diese Bewertungsmethodik dem Konzept des angepassten Barwerts (APV-Ansatz) im Sinne des IDW S 1. Der Marktwert der Immobilie entspricht in dieser Betrachtung dem Wert des unverschuldeten Unternehmens. Nach Addition der sonstigen Vermögenswerte und Subtraktion der Verbindlichkeiten ergibt sich der Marktwert des Eigenkapitals (Unternehmenswert).

Sofern für die Ermittlung des Marktwertes der Immobilien (als Ausgangsgröße für Ableitung des NAV) ebenfalls ein DCF-Verfahren zum Ansatz kommt, ist unmittelbar erkennbar, ob bzw. dass sich die immobilienspezifischen Cashflows auf Unternehmens- und Immobilienebene gleichen. Dennoch ergeben sich – auch bei methodischer Konsistenz – in der Praxis zwischen dem Ertrags-/DCF-Wert nach IDW S 1 und dem NAV häufig materielle Unterschiede. Einige Gründe seien hier beispielhaft genannt:

◊ **Bewertungsperspektive:** Der NAV stellt nicht auf die tatsächlich den Anteilseignern der zu bewertenden Unternehmen zufließenden Nettoeinnahmen ab.
◊ **Bewertungsgegenstand:** Neben der Bestandsverwaltung erbringen Immobilienunternehmen regelmäßig weitere Leistungen wie beispielsweise die Verwaltung von Drittbeständen oder Grundstückshandel, die bei der Ermittlung des NAV möglicherweise unberücksichtigt bleiben.
◊ **Wachstum und Qualität der operativen Geschäftsführung:** Während die Unternehmensplanung diese Effekte (zum Beispiel Kauf und Entwicklung von Immobilien) abbildet, spielen sie bei einer typisierten Bewertung der Immobilien keine Rolle.
◊ **Immobilienwert:** Der Marktwert des Immobilienbestandes basiert unter Umständen (zum Beispiel bei Anwendung des Ertragswertverfahrens nach der Immobilienwertermittlungsverordnung) auf typisierten und damit nicht unternehmensspezifischen Aufwandsquoten. Im Gegensatz dazu fließen in den Marktwert einer Immobilie konkrete Objekt- und Lagemerkmale ein. So kann die Berücksichtigung von (nicht zahlungswirksamen) Rechten und Belastungen oder sonstigen städteplanerischen Aspekten im Rahmen der Ertragswertermittlung nach IDW S 1 schwierig sein.
◊ **Steuern:** Im Gegensatz zu einer Unternehmensbewertung werden bei der Ermittlung des Marktwertes der Immobilien keine Unternehmenssteuern und Steuern auf Ebene des Anteilseigners berücksichtigt.
◊ **Verschuldung:** Während in der Unternehmensbewertung das Risikokalkül, der Verschuldungsgrad und die Zinskosten des spezifischen Unternehmens je Periode Berücksichtigung finden, so abstrahiert die Immobilienbewertung auf marktübliche Größen.
◊ **Kapitalisierungszinssatz:** Der Unternehmensbewertung werden aktuelle, aus dem Kapitalmarkt abgeleitete Kapitalisierungszinssätze zugrunde gelegt. Veränderungen des Zinsniveaus und sonstiger wirtschaftlicher Rahmenbedingungen wirken sich aufgrund der eingeschränkten Weiterbelastung von Zinsänderungen auf den Mieter vor dem Hintergrund mietvertraglicher und gesetzlicher Regelungen nur stark zeitversetzt aus.

Zusammenfassend ist festzuhalten, dass vor dem Hintergrund der vorgenannten Gründe für Wertabweichungen die Bewertung von Immobiliengesellschaften grundsätzlich auf Basis des Ertragswert- oder DCF-Verfahrens gemäß IDW S 1 vorzunehmen ist. Darüber hinaus ist eine Plausibilisierung mittels NAV obligatorisch. Auftretende Wertunterschiede sollten analysiert, hinterfragt und vor dem Hintergrund des Bewertungsanlasses gewürdigt werden. Bei hoher Komplexität des Bewertungsgegenstands (zum Beispiel weitere Geschäftsbereiche neben dem reinen Halten der Immobilien) kann es sich anbieten, zunächst den Bewertungsgegenstand fiktiv aufzuteilen, den Geschäftsbereich Immobilien getrennt von den anderen Geschäftsbereichen zu bewerten und anschließend die Werte zum Unternehmenswert zusammenzufassen (sogenannte „Sum of the parts"-Bewertung). In bestimmten Fällen, wie zum Beispiel für die Bewertung von Ein-Objekt-Gesellschaften, die nur das Halten eines Objektes zum Zweck haben, ist dagegen der NAV eine sinnvolle (vereinfachende) Alternative zur Ermittlung eines Ertrags- oder DCF-Werts, die im Einklang mit den allgemeinen Grundsätzen der Unternehmensbewertung steht.

7. Bewertung junger Unternehmen – großes Potenzial, hohe Risiken

Fragen der Unternehmensbewertung werden neben dem generellen Fokus auf die Steigerung des Unternehmenswerts für Unternehmensgründer spätestens dann relevant, wenn externe Partner zur Finanzierung mit an Bord geholt werden. So bestimmt der Unternehmenswert im Vergleich zu der in Aussicht gestellten Kapitalerhöhung den Anteil am Unternehmen, den der potenzielle Investor als Gegenleistung erhält. Die Bewertung eines Start-ups ist eine Wertableitung unter erheblicher Unsicherheit. Aufgrund der mit hohen Volatilitäten verbundenen Geschäftsmodelle junger Unternehmen und der vielen Annahmen, die zu treffen sind, können die Unternehmenswerte folglich innerhalb besonders großer Bandbreiten liegen. Vor dem Hintergrund der großen wirtschaftlichen Relevanz für den Gründer und die Investoren ist eine nachvollziehbare und belastbare Bewertung des Start-ups unerlässlich.

Bewertungsverfahren in der Praxis

Unabhängig von der gewählten Bewertungsmethodik basiert ein Unternehmenswert auf der Erwartung künftiger unsicherer Zahlungsströme. Diese werden je nach Vorgehen auf unterschiedliche Art und Weise zu einem bestimmten Zeitpunkt (Bewertungsstichtag) in einen Unternehmenswert transformiert. Grundlage jeder Unternehmensbewertung ist ein fundierter Businessplan zur Ableitung der künftig erwarteten Zahlungsströme. Die in der Praxis für Start-ups üblichen Bewertungsverfahren werden nachfolgend kurz skizziert. Anschließend stellen wir ein Konzept zur Berücksichtigung der Besonderheiten von jungen Unternehmen im Rahmen zahlungsstromorientierter Bewertungsverfahren vor.

Multiplikatorenbewertung

Die Unternehmensbewertung bzw. zutreffend ausgedrückt die Unternehmensbepreisung mittels Multiplikatoren ist rein marktorientiert. Durch den Vergleich mit aktuellen Transaktionspreisen für vergleichbare Unternehmen liefert die Methode im Ergebnis einen potentiellen Preis für das zu bewertende Unternehmen. Mit Anwendung der Multiplikatorbewertung wird davon ausgegangen, dass gewisse Ertragszahlen und operative Kennzahlen die maßgeblichen Erklärungsgrößen für die Preisbestimmung sind. Durch die Verwendung beobachtbarer marktorientierter Multiplikatoren auf die Kennzahlen des Unternehmens werden die subjektiven Preisvorstellungen der Beteiligten teilweise durch die Objektivität des Marktes ersetzt. Eine Multiplikatorbewertung kann Zeit und Kosten sparen, zumindest wenn in einem ersten Schritt auf eine (tiefere) Plausibilisierung der maßgeblichen Planungsrechnung des Bewertungsobjekts und eine intensive Analyse hinsichtlich der den Multiplikatoren zugrunde liegenden Vergleichsunternehmen verzichtet wird. So abgeleitete erste überschlägige Preisabschätzungen sind allerdings entsprechend mit hohen Unsicherheiten verbunden. Sie können durch weiterführende Analysen hinsichtlich der Planungsrechnungen und der Vergleichsunternehmen (teilweise) reduziert werden. Beobachtbare Kaufpreise und damit auch die daraus abgeleiteten Multiplikatoren beinhalten jedoch stets auch unternehmensspezifische Komponenten, wie etwa konkrete Risiken der Erlangung der Marktreife sowie Synergien zum Geschäftsmodell des Investors, die auf das zu bewertende Unternehmen regelmäßig nicht übertragen werden dürfen. Für nicht börsennotierte Unternehmen sind außerdem realisierte Kaufpreise als Vergleichsobjekte nur sehr schwer am Markt ermittelbar.

Discounted Cashflow-Bewertung

Die Discounted Cashflow-Bewertung (DCF-Bewertung) baut auf dem finanzmathematischen Konzept der Abzinsung (Discounting) von Zahlungsströmen (Cashflows) zur Ermittlung des Kapitalwerts (Barwerts) künftiger Zahlungsströme auf. Die Summe der diskontierten Zahlungsüberschüsse ergibt den Unternehmenswert. Die Renditeforderungen umfassen hierbei regelmäßig eine Vergütung für die temporäre Überlassung von Kapital (Basiszinssatz) sowie eine Prämie für die Übernahme unternehmerischen Risikos. Diese Risikoprämie ist vor allem für Start-ups sehr hoch. DCF-Bewertungen sind grundsätzlich, unabhängig vom Bewertungsanlass, von der Betriebswirtschaftslehre und der Rechtsprechung anerkannt. Bei der Bewertung von Start-ups nach diesem Verfahren sind jedoch Besonderheiten zu beachten, die nachfolgend dargestellt werden.

Venture-Capital-Bewertung

Die Venture-Capital-Methode ist eine Kombination aus dem DCF- und dem Multiplikator-Verfahren. Sie findet in der Praxis häufig Anwendung, um den Unternehmenswert eines Start-ups vor dem Einstieg eines Venture-Capital-Investors zu ermitteln. In einem ersten Schritt werden künftige Umsatz- und Ergebniszahlen bis zum Ausstieg des Investors durch Verkauf (Exit) anhand einer Unternehmensplanung ermittelt. Auf Basis der erwarteten Umsatz- und Ergebnisgrößen zum angenommenen Verkaufszeitpunkt wird der Exit-Erlös bei Verkauf (oder Börsengang) des

Unternehmens mithilfe eines relevanten Multiplikators ermittelt. Der sich ergebende Exit-Erlös wird mit der vom Investor erwarteten Rendite abgezinst. Auf diese Weise wird der sogenannte Post-Money-Unternehmenswert zum heutigen Tag ermittelt. Nach Abzug des ursprünglichen Kapitaleinsatzes des Investors ergibt sich der den Pre-Money-Wert des Unternehmens.

Vorteile der Venture-Capital-Methode liegen vor allem in der stark vereinfachten Vorgehensweise und der Kombination von Multiplikator- und DCF-Bewertung für erste überschlägige Preisabschätzungen. Allerdings teilt das Verfahren dabei auch die genannten Nachteile insbesondere der Multiplikator-Bewertung. Verlässliche Ergebnisse lassen sich auch hier nur durch detaillierte Analysen sowohl auf Planungs- als auch auf Kapitalkostenebene ermitteln. Folglich kann die Venture-Capital-Methode bei der Preisfindung ebenfalls nur als grobe Orientierung dienen.

Besonderheiten bei der Bewertung eines Start-ups
Start-ups weisen im Vergleich zu etablierten Unternehmen besondere Merkmale auf:

◊ Eingeschränkter Informationsumfang: Naturgemäß liegt keine oder nur eine kurze Unternehmenshistorie zur Beurteilung der „Zukunftsfähigkeit" vor.
◊ Innovationsfähigkeit und Herrschaftswissen: Der Unternehmensgründer selbst bildet meist den wichtigsten Erfolgsfaktor im Hinblick auf die Innovationsfähigkeit. Damit verbunden ist eine hohe Abhängigkeit vom Know-how des Unternehmensgründers.
◊ Große Chancen und Risiken: Zum Zeitpunkt der Bewertung stehen häufig geringe Umsätze bei gegebenenfalls operativen Verlusten und unsicheren Ergebnissen beträchtlichen Potenzialen hinsichtlich der absoluten Höhe und des erwarteten Wachstums gegenüber.
◊ Abhängigkeit von externem Eigenkapital: Zur Deckung des Liquiditätsbedarfs sind Start-ups auf externes Eigenkapital in Form von Wagniskapital (Förderinstitute, Venture Capital, Private Equity) angewiesen. Die Innenfinanzierungspotenziale der Gründer sind oftmals bereits in der Gründungsphase erschöpft. Aufgrund der hohen Risikoaufschläge kommt eine Fremdkapitalfinanzierung selten infrage.

Neben der Insolvenz eines Start-ups aus wirtschaftlichen Gründen, zum Beispiel aufgrund eines nicht erfolgreichen Geschäftsmodells oder einer nicht ausreichenden Finanzierung, lässt sich ein bemerkenswert hoher Anteil von Schließungen junger Unternehmen ohne unmittelbaren wirtschaftlichen Zwang beobachten. Ein Teil der Start-ups beendet ihre Geschäftstätigkeit unter anderem, wenn der Unternehmer keine für sich ausreichende Entlohnung erzielt, zu hohen Stress empfindet, die Unternehmertätigkeit als zu riskant ansieht oder auch eine neue Geschäftsidee hat.

In der Praxis führen diese wirtschaftlichen und nicht wirtschaftlichen Charakteristika in Summe zu einer hohen Ausfallwahrscheinlichkeit von Start-ups. Diese liegt innerhalb der ersten Dekade eines Unternehmens in der Regel deutlich über dem Ausfallrisiko etablierter Unternehmen. Empirisch lässt sich überschlägig feststellen, dass im siebten Jahr nach der Gründung nur noch rund 30 bis 40 Prozent aller Jungunternehmen existieren.

Bewertung eines Start-ups mit der DCF-Methode
Eine Unternehmensbewertung anhand der DCF-Methode für Start-ups ist trotz bzw. gerade wegen hoher Unsicherheiten in der Planungsrechnung sinnvoll, da nur auf diese Weise eine intensive Auseinandersetzung mit den Planungsprämissen und dem Geschäftsmodell erfolgt. Die dabei entwickelte Sicht auf die wesentlichen Performance- und Risikotreiber des Geschäftsmodells ist eine Grundvoraussetzung für Diskussionen zum Beispiel mit potenziellen Investoren.

In Anbetracht der Anlaufphase eines Start-ups empfiehlt sich ein verlängerter Planungshorizont für den Businessplan. Vor allem angesichts der hohen Ausfallwahrscheinlichkeit in den ersten Jahren sollte dieser – abhängig vom zugrunde liegenden Geschäftsmodell – auf etwa zehn Jahre angelegt sein. Doch gerade bei einem Start-up sind verlängerte Planungshorizonte aufgrund der jungen und damit noch sehr unsicheren Geschäftsmodelle deutlich herausfordernder als bei Unternehmen mit einer langjährigen Historie, deren künftig erwartete Zahlungsüberschüsse in der Regel mit höherer Sicherheit prognostiziert werden können. Um die signifikant größeren Unsicherheiten in der Planung eines Start-ups vollständig berücksichtigen zu können, sind zum einen integrierte und flexible Planungsmodelle zur systematischen Erfassung der relevanten Performance- und Risikotreiber heranzuziehen. Zudem sollten mehrwertige strategische Planungsszenarien angewendet werden. So bieten sich zur Plausibilisierung und Analyse mehrwertiger Planungsrechnungen Monte-Carlo-Simulationen sowie weitere, speziell für diese Belange entwickelte Ansätze wie Corporate Economic Decision Assessment (CEDA) zur konsistenten Erfassung und Untersuchung der Performance und der Risiken an.

Mithilfe solcher Modelle werden die maßgeblichen Performance- und Risikotreiber hinsichtlich ihrer Relevanz sowie ihrer möglichen Ausprägungsbandbreite analysiert. Tornado-Diagramme zeigen hierbei die Relevanzreihenfolge, die Verteilungsfunktion, die Volatilität und den Erwartungswert des gesuchten Unternehmenswerts auf. Im Ergebnis lässt sich auf der Basis einer Vielzahl denkbarer Szenarien der Erwartungswert der geplanten Größen explizit quantifizieren. Dieser kann dann mit den Werten einer einwertigen Basisplanung verglichen werden. Auch kann er mit Einschätzungen bezüglich des besonderen Risikoniveaus der Planungsrechnung eines Start-ups unterlegt werden. Die genannten Simulationsrechnungen können zudem helfen, empirisch beobachtbare Ausfallwahrscheinlichkeiten des konkreten Einzelfalls zu plausibilisieren und gegebenenfalls anzupassen.

Um die besonderen Ausfallwahrscheinlichkeiten von Start-ups zu ermitteln, eignen sich zwei Vorgehensweisen. Zum einen können zusätzliche Ausfallrisiken als Zuschlag zum Kapitalisierungszinssatz erfasst werden (siehe Venture-Capital-Bewertung). So erwarten beispielsweise Venture Capital-Gesellschaften pro Jahr von ihren Beteiligungen in der Regel eine hohe Verzinsung bis zum Exit (circa 25 bis 70 Prozent). Diese beruht auf der großen Ausfallwahrscheinlichkeit eines Start-ups. Zum anderen können zur Ermittlung die besonderen Ausfallrisiken durch Abschläge unmittelbar in den erwarteten Zahlungsströmen berücksichtigt werden. Eine mittelbare Berücksichtigung der Ausfallwahrscheinlichkeit von Start-ups in den Zahlungsströmen ist dergestalt möglich, dass die Zahlungsströme mit Eintrittswahrscheinlichkeiten multipliziert und mit Renditeerwartungen börsennotierter Unternehmen (Kapitalkosten aus dem Kapitalmarktmodell CAPM) diskontiert werden.

Durch mehrwertige Planungsanalysen auf Basis der relevanten Performance- und Risikotreiber einerseits und die Berücksichtigung der höheren Ausfallwahrscheinlichkeiten von Start-ups andererseits können nachvollziehbar und belastbare Unternehmenswerte oder -wertbandbreiten für Start-ups ermittelt werden, die sowohl für den Unternehmensgründer als auch für einen Investor eine geeignete Entscheidungsgrundlage zum Beispiel im Fall einer Transaktion darstellen können.

8. Unternehmen in der Restrukturierung – Bewertungen zur Beurteilung von Gegenmaßnahmen und deren Auswirkung auf den Unternehmenswert mit Hilfe eines Simulationsansatzes

Joseph A. Schumpeter wies in seinem Werk „Kapitalismus, Sozialismus und Demokratie" bereits darauf hin, dass der fundamentale Impuls, welcher den evolutorischen Prozess im Kapitalismus am Laufen hält, auf neuen Formen des Konsums, neuen Produktionsformen, neuen Wegen der Kommunikation, der Entstehung neuer Märkte und neuen Formen der industriellen Organisation beruht (vgl. Joseph A. Schumpeter, 1950, „Capitalism, Socialism, and Democracy", 3. A., Harper & Row, Publishers, Inc.). Dieser Prozess der „kreativen Zerstörung" wird insbesondere bei Unternehmen, die sich in Krisensituationen befinden, sichtbar. Zur Krisenbewältigung ist es zunächst entscheidend, die Krisenursachen zu erkennen, um entsprechende Gegenmaßnahmen ableiten zu können. Durch die Nutzung eines geeigneten Bewertungskonzepts ist es möglich zu beurteilen, wie sich diese Maßnahmen auf den Wert des Unternehmens auswirken. Dies schafft Transparenz bei der Evaluierung von Handlungsoptionen zur Neuausrichtung des Unternehmens und beschleunigt den zur Krisenbewältigung erforderlichen Einigungsprozess zwischen Unternehmen und Stakeholdern.

Ursachenforschung als erster Schritt aus der Krise

Wenn ein Unternehmen in Schieflage gerät, kann dies unterschiedliche Ursachen haben. Die „Anforderungen an die Erstellung von Sanierungskonzepten" des Instituts der Wirtschaftsprüfer e.V. (IDW S 6) unterscheiden zwischen unterschiedlichen Arten der Krise: So kennzeichnet sich zum Beispiel eine Stakeholderkrise durch Unklarheiten im Management in Bezug auf das strategische Leitbild des Unternehmens. Eine Produkt- und Absatzkrise entwickelt sich in der Regel infolge einer Strategiekrise. So kann beispielsweise die Nichtbeachtung von Kundenpräferenzen in Bezug auf Produktpositionierungen zu einem Umsatzeinbruch infolge einer unklaren Unternehmensstrategie führen.

In einer andauernden Produkt- und Absatzkrise beginnt das Unternehmen Verluste zu schreiben, was sich zunächst in einer Erfolgskrise und bei anhaltenden Verlusten in einer Liquiditätskrise niederschlagen kann. Im Falle andauernder Zahlungsschwierigkeiten kann eine Liquiditätskrise bis zu einer Insolvenz führen. In der Unternehmenspraxis treten unterschiedliche Arten der Krise oftmals parallel auf und bedingen sich gegenseitig.

Die Krisenursachen zu erkennen, ist entscheidende Voraussetzung, um entsprechende Gegenmaßnahmen zur Krisenbewältigung ableiten zu können. Dies ist Aufgabe eines Sanierungskonzeptes mit dem Ziel, neben der objektiven Ursachenermittlung, die zu der Krise geführt haben, eine Unternehmensplanung mit quantifizierbaren strategischen, operativen und finanziellen Restrukturierungsmaßnahmen zu erarbeiten, einen zeitlichen Umsetzungsplan abzustimmen und personelle Verantwortlichkeiten zur Umsetzung des Sanierungskonzeptes festzulegen.

Bewertung als integraler Bestandteil der Krisenbewältigung
Bei Bewertungen in Restrukturierungsfällen gilt wie generell: „Value is what you get, price is what you pay". Mit Wert ist der subjektive oder intrinsische Unternehmenswert aus Sicht einer bestimmten Interessenspartei, wie zum Beispiel dem Management, den Anteilseignern oder potenzieller Investoren, gemeint. Der Preis hingegen zielt auf den zwischen Vertragsparteien vereinbarten Kaufpreis auf einem Markt ab.

Werte im Sinne subjektiver Wertvorstellungen sowie Preise sind nur in einer idealisierten Welt, in der alle Marktteilnehmer dieselben Erwartungen haben, identisch und weichen dagegen in der realen Welt voneinander ab.

Bei Restrukturierungsfällen ermöglicht erst eine Gegenüberstellung von subjektivem Wert und erzielbarem Preis ein fundiertes Urteil über die Attraktivität und Durchführbarkeit von Restrukturierungsmaßnahmen, Reoder Umfinanzierungen oder Kauf- beziehungsweise Verkaufsentscheidungen. So bietet sich eine Gegenüberstellung von Fortführungswerten des unsanierten und sanierten Unternehmens mit dem Liquidationswert sowie dem langfristig erzielbarem Preispotenzial an. Zusätzlich kann der Werteinfluss bestimmter Restrukturierungsmaßnahmen auf den Unternehmenswert und die Entwicklung des Unternehmenswertes im Zeitablauf zur Beurteilung der Entwicklung des Schuldendeckungspotenzials abgebildet werden. (Anmerkung: Die Darstellung ist illustrativ und verdeutlicht den Mehrwert der Gegenüberstellung von unterschiedlichen Zukunftszuständen bei Unternehmen in Krisensituationen; die Bandbreite des Liquidationswertes basiert auf unterschiedlichen Verwertungsquoten im Liquidationsfall; Fortführungswerte sind Unternehmenswerte; Bandbreiten der Fortführungswerte basieren auf einer simulationsabhängigen Variation der Werttreiber bzw. des Einflusses von Restrukturierungsmaßnahmen auf die Vermögens-, Finanz- und Ertragslage des Unternehmens; das langfristige Preispotenzial wird für den Unternehmenswert anhand des Multiplikatorverfahrens ermittelt und basiert auf einer langfristig simulierten erzielbaren Ergebnisgröße des sanierten Unternehmens und einer risikoäquivalenten Multiplikatorableitung.)

Exemplarische Gegenüberstellung von Liquidationswert, Fortführungswert und langfristigem Preispotential

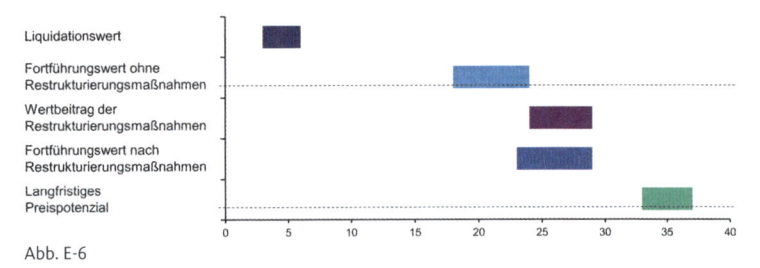

Abb. E-6

Der Einsatz eines geeigneten Bewertungskonzepts kann Transparenz über Wert- und Preisrelationen der einzelnen Gegenmaßnahmen aber auch der Sanierung in Gänze schaffen und somit die Entscheidungsprozesse während der Sanierung und den erforderlichen Einigungsprozess zwischen Unternehmen und Stakeholdern zur Krisenbewältigung beschleunigen.

Abbildung unterschiedlicher Zukunftszustände auf Basis einer Bewertungssimulation
Zur Ableitung von Werten hat sich auch bei Restrukturierungsfällen der Discounted Cashflow-Ansatz (DCF) als Bewertungsmethode etabliert. Der DCF-Ansatz beruht grundsätzlich auf der Fortführungsprämisse, das heißt, dass das zu bewertende Unternehmen unbefristet am Markt agiert. Im Fall einer länger anhaltenden Liquiditätskrise oder im Fall der Insolvenz ist die Fortführungsprämisse jedoch nicht mehr uneingeschränkt gültig, sodass der Bewerter in solchen Fällen (auch) auf einen Liquidationswert mittels Zerschlagungswerten zurückgreift. Zur Ableitung von Preisen bzw. Preispotenzialen bietet sich auch in Restrukturierungsfällen die Anwendung des Multiplikatorverfahrens an – auch zur Plausibilisie-

rung beziehungsweise Verprobung der auf Basis des DCF-Ansatzes ermittelten Wertbandbreiten.

Basis der DCF-Bewertung bildet die im Rahmen des Sanierungskonzeptes erarbeitete Unternehmensplanung. Eine vollständig integrierte Unternehmensplanung – als notwendige Voraussetzung – ermöglicht es, auf Basis finanzieller Prognosen unterschiedliche Zukunftszustände abzubilden und miteinander vergleichen zu können. Eine integrierte Planung sollte in diesem Zusammenhang neben einer Plan-Gewinn- und Verlustrechnung auch eine Plan-Bilanz sowie eine Plan-Cashflow-Rechnung für die kommenden Jahre umfassen. Hierbei ist es unstrittig, dass die wesentliche Herausforderung bei der Bewertung in Restrukturierungsfällen in der adäquaten Berücksichtigung der Unsicherheit im Zusammenhang mit finanziellen Prognosen und den veränderten Finanzierungskonditionen liegt. Neue Ansätze wie zum Beispiel Corporate Economic Decision Assessment (CEDA) stellen auch bei Bewertungen im Restrukturierungsumfeld die Risikoäquivalenz zwischen den finanziellen Prognosewerten und der risikoäquivalenten Verzinsung des eingesetzten Kapitals sicher. Sie quantifizieren auf Basis integrierter Planungsmodelle durch die Simulation der Werttreiber beziehungsweise der Ausprägung einzelner Restrukturierungsmaßnahmen in bestimmten Planszenarien simultan die in den finanziellen Prognosen enthaltenen inhärenten Risiken und macht diese transparent. Finanzielle Prognosen und Kapitalkosten werden konsistent abgeleitet, da diese auf derselben einheitlichen Datenbasis sowohl unternehmensindividueller als auch marktorientierter Risiko- und Ertragstreiber basieren. Somit werden die beiden wesentlichen Einflussgrößen in der Wertfindung auf Basis des DCF-Ansatzes – Zahlungsströme und Kapitalkosten – auf Basis eines simultanen, konsistenten und transparenten Konzeptes abgeleitet und ein Vergleich unterschiedlicher Zukunftszustände in einer konsistenten Ertrags-/ Risiko-Matrix ermöglicht.

Der Nutzen im Fokus: Mehrwert der Bewertung für Unternehmen, Kapitalgeber und Investoren
Im Ergebnis leistet die Bewertung von Unternehmen in Restrukturierungsfällen, insbesondere auf Basis einer Simulation, einen entscheidenden Beitrag zur Krisenbewältigung: Der Nutzen für die betroffenen Unternehmen liegt in der Schaffung einer transparenten Verhandlungsbasis mit Stakeholdern, beschleunigt den Verhandlungs- und Entscheidungsprozess bei den Kapitalgebern und ermöglicht einen Preisfindungsprozess für die Aufnahme von frischem Kapital.

Der Nutzen für Kreditinstitute und andere Kapitalgeber liegt in der Erkenntnis über die Entwicklung und Rentabilität des gesamten eingesetzten Kapitals sowie der Schaffung eines objektiven Indikators für einen Beleihungswert und damit für die unter Umständen notwendige Um- bzw. Entschuldung. Potenzielle Investoren erhalten eine objektive und belastbare Einschätzung zu einem erzielbaren Exit-Multiplikator und eine Orientierungshilfe für die Höhe der tragbaren zusätzlichen Verschuldung im Falle eines Weiterverkaufs.

9. Bewertung von Unternehmen in der Restrukturierung – Grundlagen und Besonderheiten

Für die Bewertung von Unternehmen in der Restrukturierung gelten zahlreiche Besonderheiten – abhängig davon, in welchem Krisenstadium sich das jeweilige Unternehmen befindet. Die unterschiedlichen Stadien einer Unternehmenskrise sind im IDW S 6 geregelt. Eine unabhängige Bewertung der strategischen Handlungsalternativen unterstützt das Management des betroffenen Unternehmens dabei, die unterschiedlichen Sichtweisen zur künftigen Unternehmensausrichtung objektiv zu evaluieren. Auch kann eine solche Unternehmensbewertung zu mehr Transparenz in den Verhandlungen mit dritten Parteien beitragen, etwa den finanzierenden Banken. Eine fundierte Analyse und Gegenüberstellung von Fortführungswerten, Liquidationswerten sowie des Werteinflusses von Restrukturierungsmaßnahmen auf den Gesamtunternehmenswert stärkt die Verhandlungsposition des Managements gegenüber Anteilseignern und Stakeholdern. Im Ergebnis bildet die Bewertung eines Unternehmens, das sich in der Krise befindet, einen integralen Bestandteil bei der angestrebten Insolvenzvermeidung.

In der Bewertungspraxis hat sich der Discounted Cashflow Ansatz (DCF) als Bewertungsmethode von Unternehmen auch in Restrukturierungsfällen etabliert. Die Ergebnisse der DCF-Bewertung werden regelmäßig über eine ergänzende Bewertung anhand von Multiplikatoren plausibilisiert. Im Rahmen der DCF-Methode werden zukünftige Zahlungsströme sowohl für einen Detailplanungszeitraum, der in der Regel drei bis fünf Jahre beträgt, als auch für ein nachhaltiges Jahr in der ewigen Rente, prognostiziert. Der traditionellen DCF-Bewertung liegt somit die Fortführungsprämisse zugrunde. Sie impliziert, dass das zu bewertende Unternehmen unbefristet am Markt agiert. Im Falle einer Unternehmensrestrukturierung ist jedoch – abhängig vom jeweiligen Krisenstadium – diese Fortführungsprämisse nicht mehr uneingeschränkt gültig.

Eine strategische Krise lässt sich in der Regel auf Unklarheiten seitens des Managements bezüglich der zukünftigen Geschäftsausrichtung zurückführen. Das Management sieht sich mit verschiedenen strategischen Handlungsalternativen konfrontiert. Diese Unklarheit über die strategische Ausrichtung kann zum Beispiel durch eine fehlerhafte Einschätzung der aktuellen oder zukünftigen Marktpositionierung, einer radikalen Veränderung der Marktstruktur oder durch das Außerachtlassen industriespezifischer Trends verursacht sein. Das Ergebnis ist eine geringe Verlässlichkeit langfristiger Prognosen, welche insbesondere Einschränkungen in Bezug auf die Ableitung des nachhaltigen Jahres (der ewigen Rente) nach sich zieht. Um der Unsicherheit hinsichtlich der künftigen strategischen Ausrichtung Rechnung zu tragen, sollte in einer solchen Unternehmenssituation die Modellierung von Zahlungsströmen beispielsweise auf Basis von Szenarioanalysen oder mehrwertigen Simulationen erfolgen.

Eine strategische Krise zieht in der Regel eine Produkt- und Absatzkrise nach sich. So kann zum Beispiel die Nichtbeachtung von Konsumentenpräferenzen in Bezug auf Produktpositionierungen infolge einer unklaren Unternehmensstrategie zu einem Umsatzeinbruch führen. In einer länger andauernden Produkt- und Absatzkrise beginnt das Unternehmen schließlich Verluste zu schreiben, die sich negativ auf dessen Eigenkapital auswirken und in der Regel erhöhten Finanzierungsbedarf nach sich ziehen. In der Konsequenz sinkt damit die Kreditwürdigkeit des Unternehmens. Im Ergebnis ist die Prognose der erwarteten Zahlungsströme im Detailplanungszeitraum mit erheblichen Unsicherheiten behaftet. Diese werden in der Unternehmensbewertung dadurch berücksichtigt, dass der Detailplanungszeitraum auf mehr als die üblichen drei bis fünf Jahre ausgedehnt wird. Hierbei muss insbesondere der Abschätzung der Anzahl an Verlustperioden sowie dem Einfluss der Verluste auf die Ausschüttungs- sowie Schuldentilgungsfähigkeit des Unternehmens Rechnung getragen werden. Eine Analyse wesentlicher Finanzkennzahlen als Bestandteil der integrierten Unternehmensplanung ermöglicht es, die Dauer des Verlustzeitraums zu quantifizieren. Zudem kann auf diese Weise der Wertbeitrag von Restrukturierungsmaßnahmen messbar gemacht werden.

Branchen- und unternehmensspezifische Bewertungsfragen

Festlegung des Krisenstadiums

	Art der Krise				
Stakeholder-krise	Strategiekrise	Produkt- und Absatzkrise	Erfolgskrise	Liquiditätskrise	Insolvenz
		Krisenanzeichen			
Konflikte zwischen Stakeholdern (u.a. Management)	Unzureichende Innovationspolitik hinsichtlich Produktportfolio	Nachfragerückgänge nach den Hauptumsatz- und Erfolgsträgern	Renditeverfall	Zahlungsschwierigkeiten	Zahlungsunfähigkeit
Kein eindeutig definiertes strategisches Leitbild	Fehlinvestitionen	Schrumpfende Märkte	Problematische Beschaffung der zur Sanierung erforderlichen Mittel	Absehbare Liquiditätslücke	Drohende Zahlungsunfähigkeit
Blockaden innerhalb der Führungs- und Überwachungsebene	Falsch angelegte Diversifikationen	Hohe Produktvielfalt und -komplexität	Starke Gewinnrückgänge bzw. Verluste bis zum Verzehr des Eigenkapitals	Unzureichende Kapitaldienstfähigkeit	Überschuldung
	Fehler in der Standortwahl	Unterauslastungen	Krisenverschärfende Finanzierungsstruktur	Warenlieferung gegen Vorkasse	Keine Sicherung des Fortbestands
	Strategische Lücken in der Marktbearbeitung	Verlust von Marktanteilen	Unzureichender Fixkostenabbau	Insolvenzrisiko	
	Strukturelle Defizite der Organisation	Steigende Personalkosten		Finanzierungslücke	

Abb. E-7

Erwirtschaftet das Unternehmen über einen gewissen Zeitraum Verluste, kann es schließlich in eine Liquiditätskrise geraten. Kennzeichen einer solchen sind beispielsweise die Ausdehnung von Zahlungszielen, die Einstellung von Tilgungen und Zinszahlungen auf Fremdkapital sowie die Verzögerung oder gar Einstellung von Gehaltszahlungen aufgrund des deutlich reduzierten Zahlungsstroms aus dem operativen Geschäft. Die Folgen sind eine weitere Bonitätsverschlechterung und ein signifikanter Anstieg der Finanzierungskosten, wodurch sich die Liquiditätskrise zusätzlich verschärfen kann. In diesem Krisenstadium sind sämtliche Komponenten des bewertungsrelevanten Zahlungsstroms durch Restrukturierungsmaßnahmen beeinflusst. Für Zwecke der Bewertung muss die Planung zeitlich so lange verlängert werden, bis die definierten strategischen und operativen Restrukturierungsmaßnahmen greifen und schließlich wieder eine realistische Eigen- und Fremdfinanzierung des sanierten Unternehmens möglich ist. Dabei ist vor allem die Verfügbarkeit finanzieller Mittel in jeder Planungsperiode beziehungsweise kurzfristig sogar in jedem Planungsmonat kritisch zu hinterfragen.

Je nach Grad, Dauer und Art der Unternehmenskrise sowie der damit verbundenen grundsätzlichen Beurteilung der Sanierungsfähigkeit muss die Fortführungsprämisse aufgrund des erhöhten Insolvenzrisikos grundsätzlich infrage gestellt werden. Unter Umständen ist alternativ die Bewertung mit dem Liquidationswert der einzelnen weiterveräußerbaren Vermögenswerte in Erwägung zu ziehen.

Die wesentliche Herausforderung bei der Bewertung von Unternehmen in Restrukturierungsfällen besteht darin, die Unsicherheiten und Risiken im Zusammenhang mit finanziellen Prognosen und den veränderten Konditionen finanzieller Restriktionen adäquat zu berücksichtigen. Die Bewertung kann nicht mehr anhand des Geschäftsmodells der Vergangenheit erfolgen. Vielmehr ist sie prospektiv aus dem Leitbild des (zukünftig) sanierten Unternehmens vorzunehmen. Die Risiken dieses Wandels müssen angemessen im Kapitalisierungszins berücksichtigt werden. Zudem müssen im Ergebnis die der Bewertung zugrunde liegenden Parameter kritisch auf ihre Nachhaltigkeit hinterfragt werden.

10. Bewertung kleiner und mittelgroßer Unternehmen (KMU) – Parallelen und Besonderheiten im Vergleich zu großen Unternehmen

Der Hauptfachausschuss des IDW (HFA) hat am 25./26. Februar 2014 den IDW Praxishinweis: „Besonderheiten bei der Ermittlung eines objektivierten Unternehmenswerts kleiner und mittelgroßer Unternehmen" (IDW Praxishinweis 1/2014) nach Verabschiedung durch den Fachausschuss für Unternehmensbewertung und Betriebswirtschaft (FAUB) gebilligt. Da sich bei der Ermittlung des objektivierten Unternehmenswerts von KMU in Anwendung des IDW S 1 regelmäßig Fragen bei der praktischen Umsetzung des Standards ergeben, wurde eine Konkretisierung des IDW S 1 durch einen solchen Praxishinweis für notwendig erachtet. Ein wesentliches Element der Konkretisierung stellt die Abgrenzung der übertragbaren Ertragskraft dar, welche in zahlreichen Fällen zu endlichen Bewertungsmodellen führen kann. Gleichzeitig wird dadurch auch der Zusammenhang zur Bewertung immaterieller Vermögenswerte nach IDW S 5 aufgezeigt. Schließlich werden pauschale Zuschläge zum Kapitalisierungszinssatz aufgrund der Größe oder Struktur von KMU weiterhin als nicht zulässig angesehen.

Die Frage nach den Besonderheiten bei der Bewertung von KMU wird seit Längerem intensiv in der Bewertungstheorie und -praxis diskutiert. Die praktische Bedeutung liegt in der großen Anzahl dieser Gruppe von Unternehmen, die nicht nur für Transaktionszwecke beziehungsweise den Einstieg oder Ausstieg von Gesellschaftern, sondern regelmäßig auch für erbschaft-, schenkung- und ertragsteuerliche Zwecke zu bewerten sind. So ist der gemeine Wert von Anteilen an nicht börsennotierten Kapitalgesellschaften, an Personengesellschaften sowie von Einzelunternehmen nach einer „anerkannten, auch im gewöhnlichen Geschäftsverkehr für nicht steuerliche Zwecke üblichen Methode" (§ 11 Abs. 2 Satz 2 Halbsatz 1 BewG) zu ermitteln. Hierzu wird nach in Theorie und Praxis vorherrschender Auffassung eine Bewertung nach dem Ertragswertverfahren oder nach dem Discounted Cashflow (DCF)-Verfahren als sachgerecht angesehen. Folgerichtig hat sich neben den gesellschaftsrechtlich und durch Transaktionen veranlassten Bewertungen auch in der steuerlichen Praxis der objektivierte Unternehmenswert nach IDW S 1 durchgesetzt. Es ergeben sich jedoch in der Anwendung auf KMU regelmäßig Besonderheiten, die im Standard selbst nicht explizit behandelt werden, sondern in der Vergangenheit in den Fragen und Antworten: Zur praktischen Anwendung der Grundsätze zur Durchführung von Unternehmensbewertungen nach IDW S 1 (F & A zu IDW S 1 i.d.F. 2008) teilweise aufgegriffen wurden. Letztere wurden schließlich in den Praxishinweis integriert, um die Besonderheiten bei der Bewertung von KMU geschlossen darzustellen.

Losgelöst vom Begriff der KMU ergeben sich die Besonderheiten bei der Anwendung unabhängig von der konkreten Größe des Unternehmens. Tatsächlich resultieren die Fragestellungen weniger aus der Größe als aus bestimmten qualitativen Merkmalen. So weisen KMU anders als große Unternehmen häufig kein von den Unternehmenseignern unabhängiges Management auf, sondern die Eigner führen das operative Geschäft selbst und stellen nicht selten sogar einen wesentlichen Erfolgsfaktor aufgrund ihrer eigenen Fähigkeiten oder Beziehungen für das Unternehmen dar. Im Unterschied zu einem kapitalmarktorientierten Unternehmen, bei welchen ein Eigentümerwechsel grundsätzlich keinen Einfluss auf das operative Geschäft des Unternehmens hat, welches durch ein angestelltes Management für den jeweiligen Eigentümer geführt wird, wirkt das Ausscheiden des Eigners bei KMU häufig unmittelbar auf die Geschäftspotentiale und damit auf den Gegenstand der Bewertung selbst zurück. Auch darüber hinaus ist die Sphäre der Unternehmenseigner mit der Sphäre des Unternehmens eng verknüpft. Dies betrifft zum Beispiel die in vielen Fällen zu beobachtenden, nicht notwendigerweise marktgerechten Vergütung operativ tätiger Gesellschafter beziehungsweise deren naher Angehöriger. Ebenso kommt es zu einer betrieblichen Überlassung im Privatbesitz befindlicher Vermögenswerte, die entsprechend nicht beim KMU bilanziert werden, aber dennoch zentrale betriebliche Grundlagen für diese darstellen können. Weit verbreitet ist auch die private Haftung für betriebliche Finanzierungen durch das Stellen von Sicherheiten oder Bürgschaften von den Gesellschaftern, ohne die eine Finanzierung oftmals gar nicht oder zumindest nicht zu den Konditionen möglich wäre. Hier stellt sich unmittelbar die Frage, von welchen Annahmen im Rahmen des Bewertungskalküls für die Ermittlung des objektivierten Unternehmenswerts auszugehen ist, also ob diese Beziehungen einfach unreflektiert übernommen oder typisierend angepasst werden. Eine weitere Gruppe von Merkmalen von KMU betrifft die für jede Bewertung erforderliche Datengrundlage. Im Mittelpunkt steht dabei die mittel- bis langfristige Unternehmensplanung, welche häufig bei KMU entweder nur sehr grob, überhaupt nicht oder zumindest nicht dokumentiert vorliegt. Häufig sind bereits die Vergangenheitsdaten nicht verlässlich, da keine geprüften Jahresabschlüsse vorhanden sind. Schließlich können gerade KMU eine geringere Diversifikation des Unternehmens aufweisen, wobei dies ebenso bei großen Unternehmen der Fall sein kann.

Der Praxishinweis stellt klar, dass die Bestimmung objektivierter Unternehmenswerte von KMU uneingeschränkt den allgemeinen Grundsätzen der Unternehmensbewertung wie sie im IDW S 1 kodifiziert sind folgt. Dies bedeutet unter anderem, dass auch bei KMU der Wert des Eigenkapitals durch den Barwert der mit dem Eigentum an dem Unternehmen verbundenen Nettozuflüsse an die Unternehmenseigner (Zukunftserfolgswert) bestimmt wird. Hierzu kommen alternativ das Ertragswert- oder die DCF-Verfahren in Betracht. Voraussetzung hierfür ist eine integrierte Planungsrechnung, welche aufeinander abgestimmte Plan-Bilanzen, Plan-Gewinn- und Verlustrechnungen sowie Finanzplanungen umfasst. Liegt eine solche zunächst nicht vor, ist diese von dem KMU entweder für den Bewertungsanlass selbst zu erstellen oder mithilfe des mit der Bewertung beauftragten Gutachters zu entwickeln. Die möglicherweise schlechtere Datengrundlage ist folglich keine Rechtfertigung für eine Abkehr von dem theoretischen richtigen Bewertungsansatz.

Ferner erfolgt die Bewertung wie bei großen Unternehmen auf Basis eines kapitalmarkttheoretischen Modells. Hierzu bietet sich auch für KMU insbesondere das Capital Asset Pricing Model (CAPM) oder das Tax-CAPM an. Dies bedeutet eine klare Absage an die in der Praxis teilweise zu beobachtenden Ansätze, pauschale Zuschläge auf den Kapitalisierungszinssatz anzuwenden, um ein vermeintlich höheres Risiko von KMU (so genannte Small-size Premium) oder die geringere Fungibilität der Anteile an KMU abzubilden. Hinter der Ablehnung solcher Zuschläge steht die Überlegung, dass zwei Zahlungsströme, die sich in ihren wesentlichen Merkmalen – nämlich der Höhe, der zeitlichen Struktur sowie dem Risikogehalt – nicht unterscheiden, auch zu demselben Unternehmenswert führen müssen, unabhängig, ob sie von einem großen Unternehmen oder einem KMU stammen. Das operative Risiko von KMU ist per se nicht höher als von großen Unternehmen. Daher bietet eine Ableitung des unternehmensspezifischen Risikos über eine börsennotierte Peer Group einen guten Startpunkt. Sofern das operative Risiko der Peer Group mit dem des KMU nur eingeschränkt vergleichbar ist, können (gutachtliche) Anpassungen in Betracht kommen. Letzteres gilt jedoch für jede Bewertung eines nicht börsennotierten Unternehmens unabhängig von seiner Größe. Dieser Gleichbehandlung von KMU mit großen Unternehmen steht nicht entgegen, dass im Rahmen von Preisverhandlungen bei KMU die unterschiedlichsten Anpassungen beziehungsweise Argumentationen zu beobachten sind. Der objektivierte Unternehmenswert ist ein typisierter Wert des Unternehmens auf einem idealisieten Markt, ähnlich einem Aktienmarkt, bei dem subjektive Elemente der einzelnen Marktakteure sich über die große Zahl neutralisieren. Ein einzelner Preis ist dagegen Ausdruck einer Zahlungsbereitschaft eines Käufers zu einem Zeitpunkt und von vielen Faktoren bestimmt, die mit den Zahlungsströmen des Unternehmens selbst nichts zu tun haben müssen. Daher sind Preise auch keine Erklärungsmodelle, sondern empirische Fakten und kommen damit für Zwecke der Ermittlung eines objektivierten Unternehmenswerts allenfalls für Plausibilisierungsszwecke in Betracht. Diese Typisierung durch den objektivierten Unternehmenswert ist gerade bei steuerlichen Bewertungsanlässen durch die Rechtsprechung vorgegeben, da letztlich gleiche Sachverhalte (hier: gleiche zukünftige Zahlungsströme) auch vor dem Gesetz gleich behandelt (also gleich besteuert) werden sollen und sich Unterschiede auf der subjektiven Ebene des Empfängers des Zahlungsstrom gerade nicht auf die Besteuerung auswirken sollen.

Der zentrale und konzeptionell heraustagende Punkt des Praxishinweises ist die Ermittlung der übertragbaren Ertragskraft. Im Rahmen der „üblichen" Unternehmensbewertung wird meist grundsätzlich ein unendlicher Bewertungszeitraum unterstellt. Das bedeutet, dass im Rahmen einer Übertragung eines Unternehmens angenommen wird, dass die zum Stichtag vorhandene Ertragskraft dem neuen Eigentümer zeitlich unbeschränkt zur Verfügung steht und durch einfache Ersatzinvestitionen auch zukünftig unbefristet aufrecht erhalten werden kann. Bei der Bewertung von KMU kann dies jedoch in vielen Fällen nicht ohne Weiteres angenommen werden. Häufig sind bei KMU zentrale Erfolgsfaktoren unmittelbar mit der Person des bisherigen, operativ mitwirkenden Anteilseigners verbunden, welche zukünftig zum Beispiel im Falle der Veräußerung nicht mehr zur Verfügung stehen. Die vom Kapitalmarktmodell unterstellte vollständige Trennung zwischen dem Eigentum am und dem Management vom Unternehmen trifft bei KMU häufig gerade nicht zu. Dabei ist beispielsweise an den Freiberufler oder Inhaber eines Handwerksbetriebs zu denken, dessen Know-how und Beziehungen zu den Kunden ein wesentlicher Erfolgsfaktor für den Fortbestand des Unternehmens sind. Ein Erwerber kann zwar mit dem Erwerb eines KMU eine verbesserte Ausgangsbasis gegenüber einer Geschäftsneueröffnung erwerben, aber nicht das Wissen und die Beziehungen des Veräußerers selbst. Der Geschäftsbetrieb ist zwar in materieller Hinsicht eingerichtet, das heißt, dass die notwendigen Maschinen, das Grundstück, Vorräte und auch sogar Mitarbeiter vorhanden sind. Das alleine ist aber nicht ausreichend. Der Erwerber muss vielmehr durch seine eigenen Fähigkeiten oder hilfsweise auch durch die hinzugekauften Fähigkeiten eines Dritten die Ertragskraft soweit sie auf immaterielle Vermögenswerte entfällt aufrecht erhalten. Je nach Einzelfall sind Fälle denkbar, in denen außer den vorhandenen materiellen Vermögenswerten überhaupt keine Ertragskraft übertragbar ist, weil niemand außer dem bisherigen Inhaber das Unternehmen in der bisherigen Form fortführen kann. In vielen Fällen wird dagegen eine beschränkt übertragbare Ertragskraft in Form immaterieller Vermögenswerte wie zum Beispiel von Kundenbeziehungen vorliegen, welche über einen bestimmten Zeitraum auf einen Wert von Null abschmelzen werden. Analog zu der Bewertung immaterieller Vermögenswerte gemäß IDW S 5 wären diese einzeln zu bewerten und abzuschmelzen. Dahinter steht die Überlegung, dass der neue Eigentümer von den vom Verkäufer aufgebauten Kundenbeziehungen durchaus profitieren kann, und zwar dergestalt, dass beispielsweise eine Bereitschaft der Kunden vorhanden ist, auch dem neuen Eigentümer einen gewissen Vertrauensvorschuss einzuräumen. Nicht umsonst ist die Abwicklung der Übergabe zwischen Verkäufer und Käufer gegenüber den Kunden der zentrale Erfolgsfaktor bei dem Verkauf von KMU. Mit der Zeit wird sich dann erweisen, ob der neue Eigentümer die Kundenerwartungen erfüllt oder nicht. Entsprechend wird es tatsächlich zu Abwanderungsbewegungen der Kunden kommen oder der neue Eigentümer hat die Kundenbeziehung auf sich selbst übertragen können. Beides rechtfertigt ein typisierendes Abschmelzen des Wert des Kundenbeziehung zum Übertragungsstichtag. Allerdings wird man vielfach aus Vereinfachungsgründen bei KMU auf eine Differenzierung zwischen verschiedenen immateriellen Werteinflussfaktoren verzichten können.

Folglich kommt der Länge des der Bewertung zugrunde liegenden Zeitraums eine zentrale Bedeutung zu. Die Bestimmung muss für den jeweiligen Einzelfall erfolgen und wird sich an Faktoren wie den Vertragslaufzeiten mit Kunden und erwarteten Vertragsverlängerungen, Produktlebenszyklen, voraussichtlichem Verhalten von bestehenden und potenziellen Wettbewerbern, Dauer einer faktischen wirtschaftlichen, rechtlichen oder technischen Abhängigkeit des Kunden sowie der Kundenstruktur orientieren. Eine pauschale Aussage ist nur eingeschränkt möglich, allerdings kann man auf Basis von Erfahrungswerten bei der Bewertung immaterieller Vermögenswerte erwarten, dass die Mehrzahl der Fälle auf einen Zeitraum von drei bis sieben Jahren entfallen wird.

Analog zum Grundsatz der Übertragbarkeit der Ertragskraft ist auch die Finanzierungsstruktur der KMU dahingehend zu untersuchen, inwieweit diese ohne die Stützung durch die (bisherigen) Gesellschafter möglich wäre. Dies betrifft unter anderem den hohen Verschuldungsgrad, da viele KMU eine zu geringe Eigenkapitalausstattung aufweisen, die im Falle einer üblichen Finanzierung über Dritte nicht ausreichend wäre. Entsprechend ist im Rahmen der Bewertung von einer Zuführung von Kapital durch Kapitalerhöhung oder Gewinnthesaurierungen auszugehen, die zu einer im Fremdvergleich angemessenen Eigenkapitalausstattung führen. Ebenso sind beispielsweise private Bürgschaften der Gesellschafter durch die Berücksichtigung angemessener Avalprovisionen zu berücksichtigen.

Bezüglich der Tätigkeitsvergütung operativ mitarbeitender Gesellschafter oder anderer nahestehender Personen ist von den vertraglichen Vereinbarungen zum Stichtag für die Zeit nach dem Bewertungsstichtag auszugehen. Danach sind die vertraglich vereinbarten Vergütungen für die voraussichtliche Dauer der Laufzeit zu übernehmen. Anschließend ist von einer marktgerechten Vergütung auszugehen. Dabei können interne Betriebsvergleiche, statistische Untersuchungen von Branchenverbänden oder Veröffentlichungen in Fachzeitschriften eine Orientierung bieten. Der Ansatz von kalkulatorischen Vergütungen hat selbst dann zu erfolgen, wenn dadurch die finanziellen Überschüsse negativ werden.

Vereinfachte Preisfindungsverfahren, wie sie in einzelnen Bereichen wie zum Beispiel den Freiberuflerpraxen angewendet werden, erfüllen nicht die Anforderungen des IDW S 1 und kommen damit auch für KMU nicht in Betracht. Lediglich zur Plausibilisierung des Bewertungsergebnisses können diese Verwendung finden.

Kapitel F
BEWERTUNG EINZELNER VERMÖGENSWERTE

1. Bewertung von Immobilien – der Klassiker unter den Bewertungen von einzelnen Vermögensgegenständen 185
2. Bewertung von Maschinen und Anlagen – die Herausforderung im Umgang mit einer Vielzahl an Vermögenswerten 188
3. Bewertung von Schiffen – Überlegungen zur Fortentwicklung des LTAV-Ansatzes 192
4. Die Bedeutung des Zusammenwirkens von rechtlicher und ökonomischer Perspektive bei der Bewertung von immateriellen Vermögenswerten – am Beispiel von Markenrechten 197
5. Bewertung von Technologie – ein Dauerbrenner 201
6. Optionen in Verträgen – wirtschaftlicher Wert und Risiko 205
7. Bewertung von Schadensersatzansprüchen – Ihr gutes Recht 209
8. Bewertung von Fondsanteilen – AIFM-Richtlinie und KAGB schließen regulatorische Lücke bei Berichterstattung und Bewertung 213
9. Objektivierte Bewertung von Spielervermögen – nicht nur Tore zählen 216
10. PPA-Studie 2017 – Vermögenswerte und Goodwill im Rahmen von Unternehmenszusammenschlüssen 221

1. Bewertung von Immobilien – der Klassiker unter den Bewertungen von einzelnen Vermögensgegenständen

Transaktionen, Finanzierungen, Bilanzierung, Besteuerung, rechtliche Auseinandersetzungen oder Zwangsversteigerungen erfordern häufig eine detaillierte und belastbare Ermittlung von Immobilienwerten. Die subjektiven Wertvorstellungen von Eigentümern und Investoren, finanzierenden Banken und Leasinggesellschaften, Steuerbehörden, Eigennutzern und Mietern zu den jeweiligen Grundstücken und Gebäuden differieren dabei häufig stark. Eine unabhängige und/oder objektivierte Wertermittlung in Form eines Immobilien-Wertgutachtens kann helfen, unterschiedliche Wertvorstellungen einander anzunähern.

Ein Gutachten zum Wert einer oder mehrerer Immobilie(n) weist in der Regel einen Verkehrswert (Marktwert) gemäß § 194 Baugesetzbuch (BauGB) aus. Dieser orientiert sich frei von subjektiver Betrachtungsweise allein an den tatsächlichen Merkmalen der Immobilie. Der Wertbegriff des BauGB entspricht inhaltlich den Marktwert-Definitionen der internationalen Fachverbände RICS (Red Book), TEGoVA (Blue Book) und IVSC (White Book).

Neben dem BauGB bilden die im Jahr 2010 in Kraft getretene Immobilienwertermittlungsverordnung (ImmoWertV) sowie die weiterführenden Richtlinien (im Wesentlichen Ertragswert-, Vergleichswert- und Sachwertrichtlinie) die rechtliche Grundlage für die Immobilienbewertung in Deutschland. Diese regeln die verschiedenen Wertermittlungsmethoden, die als Standardmethoden der gutachtlichen Wertermittlung in Abhängigkeit von Bewertungsgegenstand und -anlass zur Anwendung kommen.

Das (immobilienwirtschaftliche) Ertragswertverfahren wird für alle üblicherweise ertragsgenerierenden Immobilien empfohlen und ist damit das am häufigsten angewandte Verfahren. Es beruht auf den marktüblichen Einnahmen und Ausgaben des Bewertungsgegenstandes und berücksichtigt damit die zukünftigen Erwartungen des Marktes. Im Gegensatz dazu stellt das Sachwertverfahren auf die Wiederherstellungskosten unter Berücksichtigung einer Alterswertminderung ab. Es ist zum Beispiel für eigengenutzte Objekte, Gebäude der öffentlichen Infrastruktur oder spezifische Produktionsimmobilien sachgerecht. Dem Sachwertverfahren fehlt der unmittelbare Marktbezug, auch wenn der ermittelte Sachwert abschließend eine Marktanpassung erfährt. Diese erfolgt über den sogenannten Sachwertfaktor, welcher von dem zuständigen lokalen Gutachterausschuss für Grundstückswerte aus der Kaufpreissammlung abzuleiten ist und der entscheidenden Einfluss auf den ermittelten Verkehrswert hat. Die dritte Wertermittlungsmethode stellt das Vergleichswertverfahren dar. Es beruht auf Transaktionspreisen, die gegebenenfalls über verschiedene Anpassungen mit dem Bewertungsgegenstand vergleichbar gemacht werden. Hierfür muss eine ausreichende Anzahl an Vergleichstransaktionen vorliegen.

Darüber hinaus gibt es weitere Verfahren, welche nicht in der Immo-WertV normiert, aber durchaus üblich sind. Prominentes Beispiel ist das angelsächsisch geprägte und der Unternehmensbewertung entstammende Discounted Cashflow-Verfahren (DCF). Im Gegensatz zum statischen Immobilien-Ertragswertverfahren gemäß ImmoWertV stellt das dynamische DCF-Verfahren nicht auf marktüblich erzielbare, sondern auf voraussichtliche erwartete Überschüsse ab, die mit einem kapitalmarktorientiert abgeleiteten Zinssatz diskontiert werden. Es erfreut sich insbesondere bei ausländischen Immobilieninvestoren großer Akzeptanz; in Deutschland besteht mit dem IDW S 10 „Grundsätze zur Bewertung von Immobilien" (IDW S 10) ein erster Standard für die Anwendung des DCF-Modells in der Immobilienbewertung.

Immobilien-Wertermittlungen sind – wie alle Bewertungen – stichtagsbezogen. In der Immobilienbewertung wird unterschieden zwischen dem Wertermittlungsstichtag als Zeitpunkt, auf den sich die Wertermittlung hinsichtlich der allgemeinen Verhältnisse auf dem Grundstücksmarkt sowie dem Qualitätsstichtag als Zeitpunkt, auf den sich der für die Wertermittlung maßgebliche Grundstückszustand bezieht. Letzterer weicht vom Wertermittlungsstichtag ab, falls der Zustand des jeweiligen Bewertungsobjektes zu einem anderen Zeitpunkt maßgebend ist, wie bei Erb- oder Entschädigungsfällen.

Die einzelnen Wertparameter, die in die Wertermittlung einfließen, können – beispielhaft anhand des Ertragswertverfahrens – grundsätzlich in zwei Gruppen unterschieden werden: Die allseits bekannten drei wesentlichen Kriterien „Lage, Lage, Lage" spiegeln sich in den objektbezogenen Parametern wider. Diese umfassen neben den Merkmalen der Makro- und Mikrolage zum Beispiel Grundstücksflächen, Mietflächen und Nutzungsarten, Ist-Mieten, baurechtliche Gegebenheiten und besondere objektspezifische Grundstücksmerkmale. Die marktbezogenen Parameter beinhalten unter anderem marktübliche Mieten, Kapitalisierungszinssätze (sogenannte Liegenschaftszinssätze) und Bodenrichtwerte. Die Erhebung der Parameter erfolgt im Rahmen einer intensiven Auseinandersetzung mit dem Objekt und dem regionalen Immobilienmarkt und umfasst beispielsweise eine Inaugenscheinnahme im Rahmen einer Begehung des Bewertungsobjektes und seines Umfeldes, die Einholung von Auskünften beim lokalen Gutachterausschuss sowie einen ausführlichen Markt-Research.

Bei der Anwendung der Verfahren ist sämtlichen wertbeeinflussenden Sachverhalten und objektspezifischen Grundstücksmerkmalen Rechnung zu tragen, jedoch ohne diese in der Wertermittlung mehrfach zu berücksichtigen. Vorhandener Instandhaltungsstau beispielsweise, dessen notwendige Beseitigung über einen Abschlag in der Wertermittlung erfasst wird, darf nicht zusätzlich über eine verringerte Restnutzungsdauer, geringere Marktmiete oder einen Zuschlag im Liegenschaftszinssatz berücksichtigt werden. Alle in die Wertermittlung eingehenden Parameter und Sachverhalte sind frei von individuellen Wertvorstellungen zu erheben. Zudem dürfen der Bewertung nur Daten zugrunde gelegt werden, die nicht durch ungewöhnliche oder persönliche Verhältnisse beeinflusst sind. Daher wird mithilfe marktüblicher Daten (zum Beispiel für Betriebs-, Verwaltungs-, Instandhaltungskosten, Mietausfallwagnis) eine typisierte Entwicklungsprognose für den Bewertungsgegenstand entwickelt, die den individuellen Einfluss eines Eigentümers oder seines Asset Managers nicht berücksichtigt.

Dies stellt einen signifikanten Unterschied zur Bewertung von Immobiliengesellschaften auf Unternehmensebene dar, die unternehmensindividuelle Sachverhalte über die Unternehmensplanung bewusst einbezieht. Zudem werden hierin weitere Erlöse und Kosten des Unternehmens berücksichtigt, wie beispielsweise Kosten aus Unternehmensführung und -steuerung sowie Unternehmenssteuern. Die Immobilienbewertung bleibt hingegen stets auf die Betrachtungsebene „Grundstück(e) und Gebäude" fokussiert.

2. Bewertung von Maschinen und Anlagen – die Herausforderung im Umgang mit einer Vielzahl an Vermögenswerten

Der Bedarf an Maschinen- und Anlagenbewertung ist in den vergangenen Jahren in nahezu allen Branchen signifikant gestiegen. Die Gründe für die Bewertung sind dabei vielseitig. Ob im Rahmen von Unternehmenstransaktionen, für Zwecke der Rechnungslegung, bei steuerlichen Umstrukturierungen oder zu Finanzierungszwecken – in den meisten Fällen ist es unerlässlich eine zuverlässige Wertermittlung der Maschinen und Anlagen vorzunehmen. Die große Herausforderung besteht dabei darin, für die in der Regel große Anzahl an Vermögenswerten einen angemessenen Bewertungsansatz zu finden.

Grundsätzlich existieren für die Bewertung von Maschinen und Anlagen keine einheitlichen Richtlinien oder Grundsätze. Gleichwohl haben das Institut für Sachverständigenwesen (IfS) und die American Society of Appraiser (ASA) wesentliche Grundlagen erarbeitet, an denen sich Bewertungen regelmäßig orientieren. Für die Wertermittlung von Maschinen und Anlagen werden drei Bewertungsmethoden als Standard definiert: das Vergleichswertverfahren, das Ertragswertverfahren und das Sachwertverfahren.

Die Wahl der Bewertungsmethode ist zunächst abhängig vom Anlass der Bewertung. Unmittelbar Einfluss auf die Wertermittlungsmethode hat zudem die Art der Nutzung sowie die Wesentlichkeit der betreffenden Sachanlagen. Aus Kosten-Nutzen-Erwägungen wird in der Praxis oft auf eine detaillierte Bewertung sämtlicher Vermögenswerte des Sachanlagevermögens verzichtet. Stattdessen werden gemäß dem Grundsatz der Wesentlichkeit die wertintensiven Vermögenswerte möglichst detailliert und die eher unwesentlichen Vermögenswerte vereinfacht bewertet. Hierfür werden die Gesellschaften oder Standorte, gemessen an ihrem jeweiligen Anteil am Gesamtanlagevermögen, in sogenannte Cluster eingeteilt. Eine weitere Differenzierung innerhalb dieser Cluster kann nach den wesentlichen Anlagenklassen und -unterklassen erfolgen.

Besonders werthaltige Standorte oder Gesellschaften (Prio 1) werden dabei einer detaillierten Bewertung unterzogen. Weniger werthaltige Standorte oder Gesellschaften (Prio 2) werden überschlägig vom Schreibtisch aus bewertet, wobei Erfahrungen und Erkenntnisse aus Prio 1 einfließen. Alle übrigen, als unwesentlich eingestuften Standorte oder Gesellschaften, werden in Prio 3 zusammengefasst. Für ihre Bewertung bietet sich eine Hochrechnung an, beispielsweise auf Basis einer Regressionsanalyse.

Für die Bewertung der wesentlichen Maschinen und Anlagen der Cluster Prio 1 und Prio 2 wird auf die drei anerkannten Bewertungsverfahren zurückgegriffen. Ein marktpreisorientiertes Verfahren zur Bestimmung des Verkehrswertes des Sachanlagevermögens ist das Vergleichswertverfahren. Es beruht auf Transaktionspreisen, die für vergleichbare Maschinen und Anlagen am Markt tatsächlich bezahlt wurden. Gerade für Spezialmaschinen fehlt es jedoch häufig an einem Markt, auf welchem solche Vermögenswerte regelmäßig gehandelt werden. Da folglich vergleichbare Transaktionsdaten nicht immer vorliegen, ist das Verfahren nur eingeschränkt anwendbar. Das Ertragswertverfahren als kapitalwertorientiertes Verfahren basiert hingegen auf der Diskontierung zukünftiger Erträge oder Zahlungsüberschüsse, die ein Vermögenswert über seine verbleibende Restnutzungsdauer generiert.

In der Praxis stellt sich hier die Herausforderung, die regelmäßig auf ein größeres Bündel von Vermögenswerten (z.B. eine Gesellschaft, ein Segment, ein Werk oder ein Maschinenpark) entfallenden Erträge oder Zahlungen auf einzelne Maschinen zu allokieren. Daher wird dieses Verfahren für die Zwecke der Maschinen- und Anlagenbewertung nur selten eingesetzt. Das Sachwertverfahren als kostenorientiertes Bewertungsverfahren beruht auf dem Prinzip der Neuanschaffung bzw. Wiederbeschaffung einer identischen Maschine oder Anlage. Aufgrund der beschriebenen Restriktionen des Vergleichs- und Ertragswertverfahrens ist es das in der Praxis am häufigsten angewendete Verfahren zur Bewertung von Maschinen und Anlagen.

Die nachstehende Abbildung stellt die Bewertungsmethodik in Abhängigkeit von der Wertintensität dar.

Bewertungsmethodik nach Wertrelevanz

Sachanlageportfolio	Bewertungsverfahren	Prioritätsstufe
Wertintensive VW(a) gehandelt in liquiden Märkten	Vergleichswertverfahren / Plausibilisierung mit indirektem Sachwertverfahren	Prio 1
Wertintensive VW(a) ohne Existenz von liquiden Märkten	Direktes Sachwertverfahren / Plausibilisierung mit indirektem Sachwertverfahren	Prio 1
Große Anzahl an VW(a) mit mittlerer Wertintensität	Indirektes Sachwertverfahren	Prio 2
Sonstige geringwertige VW(a)	Buchwert als gute Näherung / Hochrechnung	Prio 3

Detaillierter Ansatz → Generalisierender Ansatz

Anm: (a) VW: Vermögenswerte

Abb. F-1

Für das Sachwertverfahren werden Wiederbeschaffungsneukosten für die technischen Anlagen entweder direkt bei dem jeweiligen Anlagenbauer eingeholt oder indirekt, auf Basis von historischen Anschaffungs- und Herstellungskosten sowie der Preisentwicklung seit dem Anschaffungszeitpunkt, abgeleitet. Anschließend werden die Wiederbeschaffungsneukosten um physische, technische oder wirtschaftliche Wertminderungen reduziert. Letztere sollten den tatsächlichen Wertverzehr sowie die technisch-wirtschaftlichen Rahmenbedingungen möglichst gut abbilden, weshalb diese anlagenspezifisch sowie unternehmensindividuell anzusetzen sind.

Wesentlichen Einfluss auf die Höhe des abgeleiteten Sachwertes hat die Nutzungsdauer. Diese stellt die Dauer der wirtschaftlich erwarteten Nutzung einer Anlage im Produktionsprozess des Unternehmens dar und dient der Feststellung der physischen Alterswertminderung für gebrauchte Vermögenswerte. Im Rahmen der Bewertung werden dazu für jede Anlagenklasse und in Einzelfällen auch für besonders wertintensive Einzelanlagen branchenübliche Nutzungsdauern ermittelt. Ebenso von Bedeutung ist der Anhaltewert. Ist zu einem Bewertungsstichtag die wirtschaftlich erwartete Nutzungsdauer einer Maschine bereits abgelaufen, würde der rein rechnerisch festgestellte Wert auf Basis der durchschnittlichen Nutzungsdauer Null betragen. Da die wirtschaftliche Nutzungsdauer regelmäßig als empirische Größe über eine Anlagenklasse ermittelt wird, kann diese deshalb im Einzelfall abweichen. Ist demnach eine Maschine weiterhin tatsächlich in Gebrauch und trägt zum betrieblichen Erfolg bei, ist ihr auch ein Wert, der sogenannte Anhaltewert, beizumessen.

Insgesamt üben sowohl die Wahl des Bewertungsansatzes als auch die einzelnen Wertparameter Einfluss auf das Bewertungsergebnis der Maschinen und Anlagen aus. Der Bewertungsansatz sollte daher nach Wesentlichkeit gewählt werden und Parameter auf jedes Unternehmen individuell abgestimmt werden. Um den hohen Anforderungen an eine Bewertung gerecht zu werden, empfiehlt es sich daher einen Sachverständigen einzubinden. Dieser kann mit seiner Erfahrungen sicherstellen, dass die Grundlagen der Wertermittlung und die Methode der Wertfindung ihren angemessenen Niederschlag im Gutachten finden. Damit steht dem Auftraggeber ein nachvollziehbares und belastbares Dokument zur Verfügung.

3. Bewertung von Schiffen – Überlegungen zur Fortentwicklung des LTAV-Ansatzes

Die Bewertungsanlässe für Schiffe sind vielfältig: Kauf oder Verkauf von Schiffen oder Schifffahrtsunternehmen, Aufnahme von Eigen- oder Fremdkapital an den Kapitalmärkten, Besicherung von schiffs- oder unternehmensbezogenen Darlehen von Kreditinstituten oder Werthaltigkeitsüberlegungen im Rahmen der externen Rechnungslegung. Seit dem Jahr 2009 steht der maritimen Branche mit dem Long Term Asset Value (LTAV) ein Schiffsbewertungsverfahren auf Basis eines Discounted Cashflow-Modells (DCF) zur Verfügung, welches viele Parallelen zu Bewertungsverfahren in anderen Asset-Klassen (wie Immobilien, Flugzeuge) aufweist. Nicht zuletzt aufgrund der Auswirkungen der Finanzmarkt- und Schuldenkrise auf die maritime Wirtschaft sollten bei der Bewertung der Schiffe bestimmte Fortentwicklungen des LTAV-Ansatzes berücksichtigt werden, damit die Akzeptanz dieses Bewertungsansatzes bei allen Stakeholdern weiter steigt.

Aktuelle Marktsituation

Die aktuelle Situation in der Schifffahrt ist – insbesondere im Containersegment – weiterhin von einem hohen Angebot an Transportkapazitäten geprägt. In den kommenden Jahren werden zudem, aufgrund der in der jüngeren Vergangenheit getätigten Bestellungen von Schiffen mit Größen zwischen 1.000 TEU und 3.000 TEU sowie mehr als 10.000 TEU, weitere signifikante Transportkapazitäten auf den Markt drängen.

Auch wenn trotz des neuen amerikanischen Protektionismus, des Brexits und anderer destabilisierender Entwicklungen, wie etwa in der Türkei, von einem Wachstum des Welthandels und damit des Ladungsaufkommens ausgegangen werden kann, ist es wahrscheinlich, dass auch mittelfristig ein Überangebot an Transportkapazitäten bestehen wird. Zwar sind die Schiffsverschrottungen seit 2015 erheblich angestiegen, dennoch werden sie voraussichtlich nicht ausreichen, um das Gesamtbild des weltweiten Angebotsüberschusses an Transportvolumen zu verändern.

In den letzten Jahren führte das vorhandene Überangebot dazu, dass die Fracht- und Charterraten nahezu kontinuierlich gesunken sind. Entsprechend dieser Entwicklung war auch ein deutlicher Rückgang der Schiffspreise zu beobachten. In der Preisfindung, welche in der Regel auf eine

Verhandlung zwischen zwei Parteien zurückzuführen ist, werden mitunter die langfristigen Perspektiven, aus dem Schiffsbetrieb Überschüsse zu generieren, seitens der Käufer (bewusst) untergewichtet. Dies ist neben strategischem Kalkül auch auf die hohe Unsicherheit langfristiger Planungen in einem volatilen Umfeld zurückzuführen. Da zudem viele Schiffsverkäufe in Notsituationen durchgeführt wurden, in denen die Eigner nur bedingt auf Augenhöhe mit potenziellen Erwerbern verhandeln konnten, divergierten in der jüngeren Vergangenheit in vielen Transaktionen die erzielten Schiffspreise und die fundamentalen Werte deutlich voneinander.

Bewertung von Schiffen anhand des LTAV-Ansatzes
Wie bei allen anderen Vermögenswerten auch, sollte der Wert eines Schiffes allein anhand der künftigen Ertragskraft ermittelt werden, das heißt der Eigenschaft zur Erwirtschaftung finanzieller Überschüsse. Für die Berechnung wird hierzu in der Regel der sogenannte LTAV-Ansatz verwendet. Hierbei handelt es sich methodisch um einen Discounted Cashflow-WACC-Ansatz, der als Bewertungsmaßstab auf die künftigen Free Cashflows abstellt, die das zu bewertende Schiff durch seine Nutzung erzielen kann. Die künftigen Free Cashflows sind mit einem risikoäquivalenten Diskontierungszinssatz auf den Bewertungsstichtag zu diskontieren.

Ziel des LTAV-Ansatzes ist eine von Preisschwankungen unabhängige, am langfristigen Ertragspotential eines Schiffes orientierte Bewertungsgrundlage. Dieser Ansatz ist in der Branche weitgehend anerkannt: „Mit der Entwicklung und Vorlage des LTAV-Konzeptes hat die Wirtschaft ein schlüssiges Konzept vorgelegt, das auch in Krisenzeiten zu belastbaren Ergebnissen führt. Zudem ist nur schwer vermittelbar, warum für Schiffe andere Bewertungsgrundsätze gelten sollen als für Immobilien oder bei der Unternehmensbewertung." (Dr. Alexander Geisler, Zentralverband Deutscher Schiffsmakler e.V., 25.7.2013)

Zur Ermittlung der bewertungsrelevanten Cashflows sind alle Einnahmen und Ausgaben im Zusammenhang mit dem Betrieb des Schiffes anhand operativer Werttreiber möglichst realistisch abzuschätzen. Insbesondere die am Markt erzielbaren Charterraten beeinflussen den Wert der Schiffe. Das bestehende Überangebot an Transportvolumen hat die Charterraten in der Vergangenheit in Abhängigkeit von der Schiffsklasse nach einem kurzfristigen Anstieg wieder deutlich sinken lassen:

Charterraten im Zeitablauf

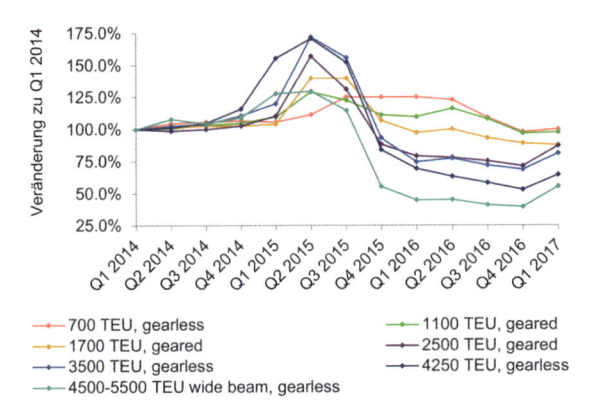

[Diagramm: Veränderung zu Q1 2014, Q1 2014 bis Q1 2017, mit Linien für:
— 700 TEU, gearless
— 1700 TEU, geared
— 3500 TEU, gearless
— 4500-5500 TEU wide beam, gearless
— 1100 TEU, geared
— 2500 TEU, geared
— 4250 TEU, gearless]

Quelle: Drewry - Container Forecaster Q4 2016 und Q2 2017, KPMG-Analyse
Abb. F-2

Für die Dauer eines bestehenden Chartervertrages sind die Charterraten entsprechend der Regelungen im Vertrag anzusetzen. Für die Zeit nach Auslaufen des Chartervertrages sind zu diesem Zeitpunkt erwartete Anschluss-Charterraten anzusetzen. Ein vereinfachtes Abstellen auf einen möglichen Durchschnitt der letzten (zum Beispiel zehn) Jahre ist aufgrund des geforderten Zukunftsbezuges einer Bewertung und der infolge der Volatilität in den vergangenen Jahren nicht gegebenen Aussagekraft der historischen Entwicklung für die zukünftigen Erwartungen nicht Ziel führend.

Die Charterraten sollten vielmehr anhand der für den jeweiligen Schiffstyp aktuell am Markt vereinbarten Charterraten prognostiziert werden. Hierbei ist zu berücksichtigen, dass bis zu einem Auslaufen der bestehenden Charterverträge häufig noch mehrere Jahre vergehen können. In diesem Fall sind die aktuell erzielbaren Raten in die Zukunft zu projizieren. Grundsätzlich sollte die Prognose der jeweiligen Marktsituation Rechnung tragen. So sollten aufgrund der aktuell bestehenden Überkapazität mögliche Ratensteigerungen nur vorsichtig Berücksichtigung finden.

Da Charterraten in der Regel auf Tagesbasis gezahlt werden, sind die entsprechenden Betriebstage festzulegen. Hierbei sollten nicht die maximal möglichen Jahrestage angesetzt werden, sondern immer eine Liegezeit aufgrund technischer oder anderer Überholungen oder Reparaturen Berücksichtigung finden.

Als wesentliche Aufwendungen sind die Betriebskosten (zum Beispiel Crewing-Aufwendungen) für den laufenden Betrieb des Schiffes zu berücksichtigen. Die Betriebskosten lassen sich regelmäßig gut aus den vergangenen Betriebsjahren des Schiffes, gegebenenfalls unter Berücksichtigung einer Inflationierung, herleiten. Kostensenkende Maßnahmen sollten nur dann berücksichtigt werden, wenn sie hinreichend konkret geplant und die Auswirkungen realistisch sind. Sofern mit solchen Maßnahmen (Vorab-) Auszahlungen verbunden sind, zum Beispiel für Umbauten am Schiff, sind diese ebenfalls zu erfassen.

Zudem sind die Bereederungskosten zu planen. Diese sind je nach Vertragsgestaltung in Abhängigkeit der Chartereinnahmen oder – wie in den letzten Jahren zunehmend der Fall – als feste Gebühr pro Jahr zu kalkulieren. Die Klassekosten für das Schiff, also die Kosten der wiederkehrenden Beurteilung des baulichen Zustands, sind vollumfänglich in der Periode zu erfassen, in der sie anfallen. Hierbei ist zudem zu berücksichtigen, dass in Jahren, in denen die Klasse ansteht, das Schiff weniger Betriebstage hat, so dass in diesen Jahren zusätzlich die Betriebstage reduziert werden müssen.

Schließlich ist der Restwert des Schiffes zum Ende der wirtschaftlichen Nutzungsdauer zu schätzen. Dieser wird anhand des Gewichts des Schiffes und des erwarteten Stahlpreises ermittelt. Häufig wird in der Praxis vereinfachend aufgrund fehlender Informationen hinsichtlich der Stahlpreisentwicklung der aktuelle Stahlpreis verwendet. Auch Fahrtkosten zur Verschrottung sind gegebenenfalls zu berücksichtigen. Die für die Wertermittlung relevanten Perioden sind bei einer Schiffsbewertung durch die restliche Nutzungsdauer des zu bewertenden Schiffes definiert. Es empfiehlt sich aufgrund des Überangebotes an Schiffen bei der Restnutzungsdauer derzeit eher von einer Gesamtnutzungsdauer auszugehen, die unter der technischen Nutzungsdauer liegt.

Der für die Diskontierung zu verwendende durchschnittliche gewichtete Kapitalkostensatz wird als WACC (Weighted Average Cost of Capital) bezeichnet. Gemäß dem Capital Asset Pricing Model (CAPM) setzt sich dieser aus den

◊ Eigenkapitalkosten – bestehend aus einem risikolosen Basiszinssatz und einem Risikozuschlag, bestehend aus der allgemeinen Marktrisikoprämie und dem (asset-)spezifischen Betafaktor sowie
◊ den Fremdkapitalkosten – bestehend aus einem risikolosen Basiszinssatz zuzüglich eines Risikoaufschlages (Spread) zusammen.

Mehrwertige Planungsmodelle

Die oben genannten Werttreiber sind im Rahmen einer Schiffsbewertung über einen vergleichsweise langen Nutzungszeitraum von bis zu 25 Jahren zu prognostizieren. Zudem unterlagen einige dieser Werttreiber in der Vergangenheit erheblichen Schwankungen. Aufgrund der aktuellen Marktsituation ist auch künftig von erheblicher Planungsunsicherheit auszugehen. Die häufig in der Praxis verwendeten einwertigen Planungsmodelle, die lediglich die einmal festgelegten Einnahmen und Ausgaben aufsummieren, stoßen an ihre Grenzen, der Komplexität der Schiffsbewertungen Rechnung zu tragen, da sie keine Schwankungsbreiten der Werttreiber und keine Verteilungskurven innerhalb dieser Schwankungsbreiten berücksichtigen.

Anstelle von einwertigen Modellen sollten für die Bewertung von Schiffen mehrwertige Planungsmodelle verwendet werden. Insbesondere Monte-Carlo-Simulationen eignen sich dazu, die Schwankungsbreiten der Werttreiber mathematisch abzubilden. Die Bandbreiten der wesentlichen Werttreiber, wie Transportvolumen, Charterraten, Bunkerpreise und Währungskurse, sind hierfür nach eingehender Analyse unternehmensinterner und -externer Informationen abzuschätzen. Aufbauend auf die Analyse der Werttreiber kann zudem eine Verteilungskurve für den jeweiligen Werttreiber innerhalb seiner Wertbandbreite festgelegt werden.

Durch ein mehrwertiges Planungsmodell kann die Planungsunsicherheit umfänglich in der Bewertung berücksichtigt werden und darauf aufbauend eine belastbare Wertbandbreite für das zu bewertende Schiff ermittelt werden. Zudem ermöglichen Monte-Carlo-Simulationen die Separierung des (maximalen) Einflusses einzelner Werttreiber in der Bewertung.

Eine derartig durchgeführte und dokumentierte Schiffsbewertung wird die Akzeptanz des LTAV-Ansatzes bei allen Stakeholdern noch weiter erhöhen. Potenzielle Veräußerer und Erwerber von Schiffen erhalten eine nachvollziehbare Verhandlungsgrundlage für die Festlegung des Kaufpreises, Kapitalgeber eine belastbare Basis für die Besicherung von Darlehen und Bilanzierer Sicherheit über die Wertansätze in den Bilanzen. Ein externer Gutachter kann hierbei aufgrund seiner Neutralität sowie seiner Sachkenntnis sowohl bei der Analyse und Sensitivierung der Planung als auch bei der Bewertung selbst einen wertvollen Beitrag zur Akzeptanz der Bewertungsergebnisse bei allen beteiligten Parteien leisten.

4. Die Bedeutung des Zusammenwirkens von rechtlicher und ökonomischer Perspektive bei der Bewertung von immateriellen Vermögenswerten – am Beispiel von Markenrechten

Unter den immateriellen Vermögenswerten gelten Marken oftmals als die wertvollsten Eigentumswerte eines Unternehmens: So schätzt jedes zweite Unternehmen den Anteil des Markenwerts am Gesamtunternehmenswert auf bis zu 50 Prozent. Bereits die Abbildung der ökonomischen Werttreiber erfordert Sachverstand, da die Inputparameter komplex sind. Bei der Bewertung von Marken spielen daneben häufig auch rechtliche Einflussgrößen eine Rolle. Mit neuartigen Bewertungsansätzen können auch die rechtlichen Grundlagen der zu bewertenden Marken erfasst werden. Damit werden auch die mit einer Marke verbundenen rechtlichen Chancen und Risiken berücksichtigt.

Die Ermittlung von Markenwerten kann aus zahlreichen Gründen erforderlich sein. Dazu zählen im Wesentlichen fünf Gruppen von Anlässen:

◊ Transaktionsbezogene Anlässe, also der Kauf oder Verkauf von Markenrechten (einzeln oder in Verbindung mit anderen immateriellen Vermögenswerten wie zum Beispiel Technologien),
◊ Rechnungslegungsbezogene Anlässe wie zum Beispiel die Abbildung des Erwerb von Marken im Einzel- oder Konzernabschluss sowie die nachfolgenden Werthaltigkeitsüberlegungen in der Bilanzierung,
◊ Steuerliche Anlässe wie die Markenlizenzierung insbesondere über die Grenze, die Funktionsverlagerung oder zum Beispiel die Nutzung stiller Reserven in der Marke im Zusammenhang mit § 8c KStG (vergleiche „Steuerliche Verluste und Zinsvorträge – Nutzung auch bei Anteilseignerwechsel"),
◊ Rechtliche Anlässe im Zusammenhang mit Markenrechtsverletzungen zur Bestimmung der Höhe des Schadensersatzes sowie
◊ Interne Anlässe zur wertoptimalen Steuerung von Marken.

Für die Bewertung von Marken existieren von Theorie und Praxis akzeptierte Grundlagen. So hat das Institut der Wirtschaftsprüfer (IDW) mit dem IDW S 5 einen eigenen Standard zur Bewertung immaterieller Vermögenswerte veröffentlicht, der sich in einem eigenen Kapitel mit der Bewertung von Marken beschäftigt. Bereits 2007 hat das Brand Valuation Forum seine „Zehn Grundsätze der monetären Markenbewertung" veröffentlicht und seit 2010 gibt es sogar eine ISO-Norm 10668 zur Markenbewertung. An Grundlagen und Vorschriften zu diesem Thema besteht also kein Mangel. Die Schwierigkeit der Markenbewertung liegt auch nicht in den fehlenden Bewertungsmethoden, sondern in der verlässlichen sowie häufig zeit- und kostenintensiven Ermittlung der grundlegenden Parameter bei der Anwendung dieser Methoden.

Die Praxis hat daher viele Vereinfachungsverfahren wie zum Beispiel die Lizenzpreisanalogiemethode (sogenannter Relief-from-Royalty-Ansatz) entwickelt. Bei dieser Methode wird einfach eine bekannte zum Beispiel umsatzbezogene Lizenzrate für die Überlassung einer anderen aber vergleichbaren Marke auf den Umsatz übertragen, der sich mit der zu bewertenden Marke erzielen lässt. Die bekannte Lizenzrate für die Vergleichsmarke ist quasi der beobachtbare Preis, der nicht als Einmalzahlung, sondern über die Laufzeit des Vertrages in Raten zu zahlen ist. In einem Analogieschluss wird unterstellt, dass diese Lizenzrate auch für die zu bewertende Marke eine sinnvolle Vereinbarung darstellt. Die Probleme liegen natürlich zum einen in der häufig gerade nicht gegebenen Vergleichbarkeit (Marken sollen sich gerade von anderen vergleichbaren Marken abheben) sowie zum anderen in der wenig verlässlichen Datengrundlage, die diese Lizenzraten erfassen (entscheidend ist der gesamte Vertrag mit allen wertrelevanten Parametern und nicht nur der Lizenzrate). Gerade solche Vereinfachungen führen zu erheblichen Wertbandbreiten in der Praxis, die bei vielen Anlässen je nach Auswahl innerhalb der Bandbreite zu weitreichenden Konsequenzen für den Betroffenen führen können.

Eine fundierte monetäre Markenbewertung basiert dagegen auf den mit der Marke erwarteten Zahlungsströmen und beginnt in der Regel mit der Untersuchung der wirtschaftlichen Rahmenbedingungen. Dabei wird typischerweise das Kaufverhalten von Konsumenten untersucht und die individuelle Zahlungsbereitschaft für ein markiertes Produkt abgefragt. Neben der Abschätzung des mit einer Marke verbundenen Umsatzpotenzials umfasst dies insbesondere die Beurteilung der relativen Wettbewerbsfähigkeit einer Marke im Vergleich zu Konkurrenzmarken. Als Beurteilungsmaßstab werden hier regelmäßig das Image und die Bekanntheit einer Marke sowie die grundsätzliche Bedeutung einer Marke in der Kaufentscheidung für ein bestimmtes Produkt oder eine bestimmte Dienstleistung herangezogen. Grundlage ist damit eine Analyse, welche

Mehreinnahmen aus der Verwendung der konkreten Marke im Vergleich ohne deren Verwendung entstehen können.

Zu diesen grundlegenden ökonomischen Fragestellungen treten rechtliche Aspekte. Die Bedeutung von geistigem Eigentum ist immens für den Unternehmenserfolg. Immer mehr Unternehmen gehen dazu über, ihr geistiges Eigentum als strategischen Wettbewerbsvorteil einzusetzen. Für einen effizienten Einsatz der wertvollen immateriellen Vermögenswerte – wie zum Beispiel von Marken – muss ein Unternehmen Klarheit über deren rechtlichen Schutz und deren Wert haben. So bewertet etwa jedes dritte Unternehmen regelmäßig die eigenen Marken.

In jüngerer Zeit wird zunehmend gefordert, auch die rechtlichen Grundlagen der zu bewertenden Marke in der Markenbewertung zu analysieren und die mit einer Marke verbundenen rechtlichen Chancen und Risiken zu berücksichtigen. So spielt etwa nach der ISO Norm 10668 „Markenbewertung – Anforderungen an die monetäre Markenbewertung" der rechtliche Bestand eine signifikante Rolle bei der Bewertung von Marken. Danach ist der konkrete rechtliche Schutzumfang einer Marke/eines Markenportfolios zu identifizieren und die Marke(n) ihrem rechtlichen Eigentum nach zuzuordnen. Schließlich müssen auch weitere rechtliche Parameter, die den Markenwert positiv und negativ beeinflussen können, ermittelt werden. Fehlt es an wesentlichen rechtlichen Voraussetzungen für den Schutz der Marke(n), etwa weil ein Teil der bewertungsrelevanten Marken löschungsreif ist, kann dies erhebliche negative Auswirkungen auf die Markenbewertung haben.

Neuartige Bewertungsansätze tragen diesen Forderungen Rechnung. Nach der Definition des Bewertungsgegenstandes und der rechtlichen Überprüfung des Bestands der Marke(n) ist dabei zunächst der konkrete Schutzumfang der Marken zum Zwecke der Bestimmung der relevanten Markenerlöse zu analysieren. Ohne ausreichende rechtliche Absicherung des konkreten Bewertungsgegenstands (Marke), kann das Recht an der Marke nur auf der Basis von Annahmen Gegenstand des Bewertungsverfahrens werden. Der Schutzumfang entscheidet dann darüber, in welchem Umfang Erlöse als Grundlage der Bewertung dienen können (differenziert nach dem geschützten Territorium und den geschützten Waren/ Dienstleistungen).

In einem zweiten Schritt werden die bestehenden unternehmensspezifischen rechtlichen Risiken im Hinblick auf den Bewertungsgegenstand ermittelt. Hier sind neben inneren Faktoren (etwa einem mangelhaften Markenmanagement) äußere Faktoren (etwa Entstehen relevanter Drittmarken im Markt) zu unterscheiden. Diese Faktoren haben in der Regel Auswirkungen auf den Wert einer Marke und sind daher bei einer Markenbewertung zu berücksichtigen.

Im Rahmen der zu überprüfenden inneren Faktoren sind neben der Ermittlung der Benutzungslage, der Kennzeichnungskraft und der Bekanntheit auch etwaige Lasten der zu bewertenden Marken zu beachten. Derartige Lasten können sich beispielsweise aus Verpfändungen oder ähnlichen Belastungen der zu untersuchenden Marke(n) ergeben. Einen erheblichen Einfluss auf den Wert von Marken können auch Vereinbarungen haben (etwa Lizenzvereinbarungen, Abgrenzungsvereinbarungen, Joint Venture-Verträge). Dies ist etwa vor allem dann der Fall, wenn sich aus diesen Vereinbarungen Beschränkungen der Nutzung von Marke(n) ergeben (etwa bei der Einräumung einer ausschließlichen unbefristeten Lizenz). Darüber hinaus unterliegt die Pflege von Markenrechten dem Markeninhaber selbst. Er muss sich selbst darum kümmern, dass etwa seine Rechte nicht durch die falsche Benutzung der geschützten Zeichen im Markt geschwächt werden.

Daneben müssen auch äußere Faktoren berücksichtigt werden, soweit diese zu einer besonderen Gefährdungslage der zu bewertenden Marken führen können. Als äußere Faktoren können dabei solche Umstände verstanden werden, die (jedenfalls originär) nicht innerhalb des Unternehmens des Markeninhabers entstehen. Vielmehr sind derartige Umstände auf das Verhalten Dritter zurückzuführen, etwa von Konkurrenzunternehmen oder anderer Marktteilnehmer. Typisches Beispiel ist das Entstehen von verwechslungsfähigen Drittrechten, die negative Auswirkungen auf die Kennzeichnungskraft von Marken und damit auch auf deren Wert haben. Dabei hat der Markeninhaber die Verantwortung dafür, dass seine Rechte nicht durch das Entstehen anderer Rechte eingeschränkt werden.

Das Zusammenwirken der ökonomischen und rechtlichen Dimension kann beispielsweise anhand von Szenariorechnungen untersucht werden. Damit fließen die rechtlichen Ergebnisse – einschließlich der inneren und äußeren Faktoren – aus den Untersuchungen unmittelbar in die Bewertung ein. Die Ergebnisse bilden dann auch die Grundlage für eine Optimierung des Markenmanagements. Ein effizientes Markenmanagement ist die Gesamtheit aller Maßnahmen zur werterhaltenden oder wertsteigernden Steuerung eines Markenportfolios, das letztlich auf die Steigerung des Unternehmenswerts abzielt. Eine entsprechend abgestimmte individuelle Markenstrategie zielt auf eine intelligente Steuerung des Markenportfolios.

5. Bewertung von Technologie – ein Dauerbrenner

Neue Technologien werden mit einer bislang nicht dagewesenen Geschwindigkeit entwickelt und weltweit verbreitet. Durch das Internet der Dinge und Data Analytics entstehen zudem riesige Mengen an Daten. Facebook, Amazon, Apple, Google, YouTube und andere Unternehmen generieren wertvolle Daten im Rahmen ihrer unternehmerischen Aktivitäten. Hieraus ergeben sich für diese Unternehmen nie dagewesene Geschäftschancen. Technologiegetriebene Wachstumsschübe gibt es aber nicht nur heute, sondern gab es bereits vor vielen Jahren. Das Pendant zu der heutigen High Tech Euphorie waren vor etwa 200 Jahren wohl zunächst die ersten Infrastrukturprojekte wie die Eisenbahn gewesen. Ende des 19. Jahrhunderts wurde dann das Automobil entwickelt. Mit dem Telegraphen und dem ersten Unterseekabel in 1860er Jahren gelang die direkte Kommunikation zwischen Europa, England und Amerika. Das Telefon, zunächst noch kritisch beäugt, war der nächste Schritt in einer rasanten Entwicklung, bevor die zunächst allein militärisch genutzte Radiokommunikation aufkam. Allein diese Entwicklungsgeschichte zeigt, dass es mehr als lohnenswert ist, sich damals wie heute mit der Bewertung von Technologie zu befassen.

Die Bewertung und Bepreisung von aus Erfindungen entwickelten Technologien sind entscheidende Komponenten des Kommerzialisierungsprozesses, dem häufig bedeutende Forschungs- und Entwicklungsaufwendungen vorangegangen sind. Unabhängig davon, ob es sich um komplexe Technologien wie in der Informations- und Kommunikationsbranche oder um diskrete Technologien in der Chemie-, Pharma- oder Stahlindustrie handelt, bestimmt sich der Wert einer Technologie auf Basis der ihr zugeschriebenen diskontierten zukünftigen wirtschaftlichen Vorteile, die sich grundsätzlich in Wettbewerbsvorteile oder Differenzierungsvorteile in Bezug auf Produkt oder Dienstleistung unterscheiden lassen. Der Vorteil kann sich über einen höheren Marktanteil, Preisprämien oder Kosteneinsparungen materialisieren.

Der Preis einer Technologie gibt den Betrag an, zu dem diese zwischen Dritten übertragen werden kann. Lizenzen stellen im Rahmen einer Verhandlungssituation aus Werten abgeleitete, über einen Zeitraum gestreckte Preise dar.

Wie lässt sich nun der Wert einer Technologie bestimmen? Zwar ist jede Technologiebewertung branchen- und fallspezifisch, dennoch lassen sich grundsätzliche Aussagen treffen. Art und Umfang der beabsichtigten Kommerzialisierung der Technologie spielen ebenso eine Rolle wie noch anfallende Entwicklungskosten, die Zeit bis zur ersten Generierung von Erträgen, der Höhe des Vermarktungspotenzials sowie die mit ihr verbundenen technologischen wirtschaftlichen und rechtlichen Risiken. Zentrale Fragestellungen in diesem Kontext sind unter anderem

◊ Funktioniert die Technologie außerhalb der speziellen Bedingungen eines Labors und kann sie skaliert werden?
◊ Welche Entwicklungs- und Produktionsaktivitäten sind erforderlich, um die Technologie zur Marktreife zu bringen und welche Kosten sind damit verbunden?
◊ Auf welchem Technologieniveau bewegen sich die direkten Wettbewerber?
◊ Welcher Kundennutzen wird durch die Technologie bedient, und welche Zahlungsbereitschaft haben die Kunden?
◊ Wie groß ist der Markt und welchen Marktanteil sowie welche Profitabilität kann mit den Produkten erzielt werden, denen die Technologie zugrunde liegt?
◊ Zu welchem Grad kann die Technologie genutzt werden, ohne dass die Rechte Dritter verletzt werden?
◊ Welchem rechtlichen Schutz unterliegt die Technologie und wie leicht kann dieser umgangen werden?
◊ Über welche Laufzeit wird die Technologie gegenüber alternativen Technologien und Substitutionsprodukten einen wirtschaftlichen Vorteil vermitteln?

Zur Durchdringung der zumeist komplexen Sachverhalte bietet sich eine strukturierte Erstellung des erwarteten Technologiezyklus an. Eine Einteilung des Technologiezyklus in zumindest die drei Grobphasen – (a) Entwicklung, (b) Markteintritt bei Exklusivität, (c) Kommerzialisierung bei Wettbewerb – schafft Transparenz; sie ist für die Rendite-Risiko-Beurteilung unerlässlich, da sich die Renditen aber insbesondere auch die Risiken von Phase zu Phase unterscheiden. In der Entwicklungsphase ergeben sich – je nach Entwicklungsstand – Risiken bei der Ideenumsetzung, unter anderem während den zeit- und kostenaufwendigen Test- und Bauphasen. Während der Kommerzialisierungsphase stehen die Risiken einer Markteinführung sowie die Unsicherheit über Preise und Margen im Mittelpunkt. Mehr noch als die Qualität der Technologie an sich beeinflusst insbesondere die Absicherung von Produkteigenschaften, für die Kunden eine hohe Zahlungsbereitschaft aufweisen, gegen Kopie oder Umgehung durch Wettbewerber Art und Ausmaß der Unsicherheit während der Kommerzialisierung. Die Absicherung gelingt zum Beispiel mittels bereits während der Entwicklungsphase geschaffener Schutzrechte. Inwieweit die Schutzrechte selbst als Werttreiber in der Technologiebewertung zu berücksichtigen sind, hängt von der Definition des Bewertungsobjekts ab.

Zahlungsströme

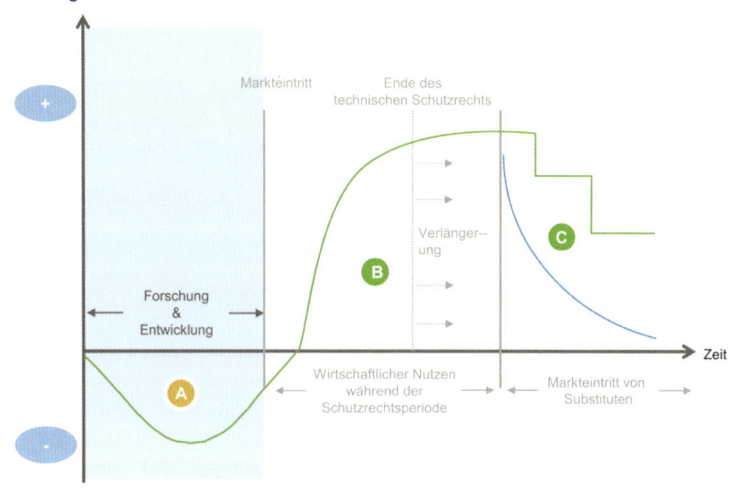

Abb. F-3

Die Abbildung eines Rendite-Risiko-Profils einer neuen Technologie in finanziellen Größen erfolgt in Planungsrechnungen. Die einzelnen Risiko- und Unsicherheitskomponenten können mit Hilfe von Sensitivitätsbetrachtungen und dem Ableiten von Entwicklungspfaden und alternativen Szenarien der Zukunft erfasst werden. Mittels Szenarien lassen sich auch unterschiedliche Verwertungsoptionen abbilden. Grundsätzlich werden Eigennutzung, das heißt, die Nutzung der Technologie innerhalb des Unternehmens zur Umsetzung in marktfähige Produkte, Fremdnutzung durch die Vergabe von Lizenzen an einen Unternehmensfremden oder eine gemischte Nutzung unterschieden. In bestimmten Industrien kann die Verwertung von Technologien auch durch Standardsetzung erfolgen.

Für die Bewertung von Technologien wird in der Praxis häufig die Lizenzpreisanalogiemethode (Relief-from-Royalty) angewandt. Diese Methode fingiert, dass der Inhaber der Technologie nicht Technologieinhaber ist und Lizenzgebühren an seiner eigenen Technologie zahlen muss. Da diese realiter nicht gezahlt werden, stellen sie Ersparnisse dar, die – diskontiert – den Wert der Technologie bestimmen. In der Praxis zwar beliebt, steht diese Methode werttheoretisch jedoch aufgrund der aus vergleichbaren Lizenzvereinbarungen abgeleiteten Lizenzraten auf unsicherem Grund. Im Fall von neuen Technologien zum Beispiel der Digitalisierung fehlt per Definition der Vergleichsmaßstab für Lizenzen. Für fundierte Bewertungen von Technologien für Zwecke der unternehmerischen Entscheidungsfindung werden in der Regel die kapitalwertorientierten Methoden der Mehrgewinn- und Residualwertmethode herangezogen. Dies liegt daran, dass sich die Wahl der Methode an der relativen Bedeutung der Technologie für die Wertschöpfung eines Produkts oder Verfahrens orientiert. Mittels der jeweiligen Methode werden die technologiespezifischen Zahlungsströme aus den gemeinsam mit anderen Wirtschaftsgütern generierten Zahlungsströmen isoliert. Wie der Name suggeriert, werden mit der Mehrgewinnmethode die der Technologie zuzuschreibenden höheren Umsätze oder eingesparten Kosten geschätzt. Bei Anwendung der Residualwertmethode ist die Technologie absoluter Dreh- und Angelpunkt in der Wertschöpfung, alle anderen Güter haben allenfalls unterstützenden Charakter, und ihre Wertbeiträge lassen sich relativ einfach von denen der Technologie abgrenzen.

Bewertungen sind auf einen Zeitpunkt bezogen. Mit der sich ständig verändernden Umwelt des Unternehmens geht die Änderung von Wert und Preis der Technologie einher. Erfolgreiche Unternehmen kennen nicht nur ihre Technologien und auf Erfindungen bauenden Schutzrechte sowie deren relative Bedeutung für den Unternehmenserfolg. Sie entwickeln auch eine konsistente Technologieverwertungsstrategie und betten diese in ihre Unternehmensstrategie. Zu groß ist mittlerweile die Gefahr, dass Potenziale ungenutzt bleiben und es erst Dritter bedarf, die das Management unter Druck setzen – wie folgendes Beispiel eindrucksvoll belegt: Der Finanzinvestor Starboard identifizierte bei seiner Minderheitsbeteiligung AOL rund 8.000 nicht genutzte Patente, deren Wert er auf rund 1 Mrd. US-Dollar taxierte. Starboard suchte Wege und fand Mittel, bis das Management von AOL den Verkauf des Patentportfolios an Microsoft im Frühjahr 2012 für eben jenen Kaufpreis verkündete.

6. Optionen in Verträgen – wirtschaftlicher Wert und Risiko

Individuelle und abweichende Vorstellungen von Vertragsparteien in Bezug auf einen Verhandlungsgegenstand werden in Verträgen häufig durch Optionsrechte umgesetzt. Optionsrechte sind daher regelmäßig Bestandteil von Unternehmenskaufverträgen, Beschaffungs- und Absatzverträgen oder Finanzierungsverträgen. Sie umfassen entweder Wahlrechte der Vertragsparteien, wie beispielsweise das Recht, einen (Minderheiten-)Anteil an einem Unternehmen zu erwerben oder zu veräußern, oder legen Zahlungen abhängig vom Eintreten zukünftiger Ereignisse fest, wie beispielsweise Liquidationspräferenzen in Kapitalinstrumenten, Earn-out-Klauseln in Unternehmenskaufverträgen, Haftungsregelungen oder Preisanpassungsklauseln in Beschaffungs- und Lieferverträgen. Bei der Gestaltung von Verträgen stehen Unternehmen vor der Herausforderung, (1) den wirtschaftlichen Wert von Optionsrechten in den Preiskonditionen angemessen zu berücksichtigen, (2) die Optionsrechte anreizkompatibel und entsprechend ihrem wirtschaftlichen Wert zu formulieren und (3) die Optionsrechte in der Rechnungslegung anforderungsgemäß abzubilden. Wichtige Voraussetzung für einen erfolgreichen Einsatz von Optionsrechten in Verträgen ist daher, sich vor Vertragsschluss Transparenz über deren Wert und deren wirtschaftliche Chancen und Risiken zu verschaffen.

Strategische Fragestellungen

In Vertragsverhandlungen ist der Umgang mit unsicheren zukünftigen Entwicklungen häufig ein wesentlicher Entscheidungsfaktor für das Zustandekommen und die Konditionen einer Übereinkunft. Optionsrechte und ereignisabhängige Vertragsklauseln können dabei helfen, einen Vertragsabschluss zu ermöglichen, und eine angemessene Kompensation der Vertragsparteien für die Übernahme beziehungsweise Übertragung von Risiken aus unsicheren zukünftigen Entwicklungen in den Vertragskonditionen sicherzustellen.

Die Zielsetzung von Optionsrechten kann es dabei sein, Vertragsparteien gegenüber unerwarteten Markt- und Preisentwicklungen, dem Eintreten von Haftungsfällen oder negativen Ergebniseffekten aus unternehmerischen Entscheidungen abzusichern, oder eine angemessene Beteiligung der Vertragsparteien an erwarteten, aber unsicheren zukünftigen Markt-

beziehungsweise Unternehmensentwicklungen zu ermöglichen. Der Einsatz von Optionsrechten in Verträgen ist insbesondere dann sinnvoll, wenn zukünftige Markt- und Unternehmensentwicklungen das Entscheidungsverhalten oder die Wertvorstellungen der Vertragsparteien beeinflussen.

Eine verhandlungsbegleitende Wert- und Risikoanalyse zu den Auswirkungen vertraglicher Optionsrechte auf den Gesamtwert einer Transaktion sowie die Finanzkennzahlen und die Rechnungslegung der Vertragsparteien zählt zu den Grundvoraussetzungen einer zielgerichteten Strukturierung vertraglicher Optionsrechte und ist für die Beurteilung der Konditionengestaltung und Werthaltigkeit vertraglicher Optionsrechte unabdingbar.

Gestaltungsvarianten

Optionen in Verträgen umfassen Wahlrechte, die an spezifische Bedürfnisse oder Interessen einer Vertragspartei ausgerichtet sind und deren Wirkung erst durch die zukünftige Markt- und Unternehmensentwicklung sowie das Verhalten der Vertragsparteien bestimmt wird. Häufig sind in Verträgen Optionsrechte in folgender Form anzutreffen:

- **Earn-out-Optionen** als bedingte Kaufpreiszahlungen bei Erreichen definierter finanzieller Kennzahlen
- **Close-out-Optionen** regeln den Erwerb oder die Veräußerung von Minderheitenanteilen
- **Exit-Optionen** auf den Verkauf von Unternehmensanteilen
- **Preisindexierungs- bzw. Preisanpassungsklauseln** in Beschaffungs- und Lieferverträgen
- **Liquiditätspräferenzen** von Kapitalinstrumenten bei der Verteilung von Veräußerungserlösen
- Optionen auf Teilnahme an einer **Kapitalerhöhung**
- Optionen auf **Wandlung** eines Finanzierungsinstruments in Eigenkapitalanteile
- Optionen auf zusätzliche oder verminderte **Zinszahlungen** bei Eintreten definierter Bedingungen
- **Präferenzrechte** über die Beteiligung an Unternehmenserlösen
- **Tilgungsrechte** auf vorzeitige Rückzahlung einer Finanzierung oder Kündigung eines Vertrags
- **Preisanpassungsklauseln** in Beschaffungs- und Lieferverträgen
- **Variable Ergebnisbeteiligungen** im Rahmen von Finanzierungsinstrumenten

Im Rahmen von Unternehmenskaufverträgen können Optionsrechte den Erwerber einer Unternehmensbeteiligung gegenüber Unsicherheiten in Bezug auf die Geschäftsaussichten wirtschaftlich absichern. Ebenso kann über Optionsrechte eine angemessene Beteiligung eines Verkäufers oder Minderheitsgesellschafters ermöglicht werden. Weitere in Unternehmensverträgen anzutreffende Optionsrechte umfassen Change-in-Control-Klauseln, Drag-along- und Tag-along-Rechte (Mitveräußerungspflichten bzw. Mitveräußerungsrechte) sowie Kapitalschutzklauseln.

In Beschaffungs- und Lieferverträgen können Preisindexierungen einen langfristigen Güterbezug zu aktuellen Rohstoffpreisen sicherstellen. Entsprechende Preisgleitklauseln werden häufig auch in Zusammenhang mit einem Rohstoffpreisrisikomanagement eingesetzt.

In Finanzierungsverträgen eingebettete Sondertilgungs- und Wandlungsrechte können aus Sicht eines Unternehmens die Kapitalbeschaffung vereinfachen, die Finanzierungskonditionen verbessern und im Rahmen des Kapitalstrukturmanagements zur Optimierung des Finanzergebnisses und des Unternehmenswerts beitragen. Wandlungsrechte und Sicherungsklauseln bieten Fremdkapitalgebern zusätzliche Ertragspotenziale und erhöhte Sicherheit im Fall unerwarteter zukünftiger Unternehmensentwicklungen, während Unternehmen sich neue Finanzierungsmöglichkeiten erschließen können.

Bewertung und Rechnungslegung
In Verträge eingebettete Handlungsoptionen oder Optionsrechte auf ereignisabhängige Zahlungsflüsse besitzen regelmäßig einen wirtschaftlichen Wert. Die Wertentwicklung von Optionsrechten ist dabei durch unsichere zukünftige Markt- und Unternehmensentwicklungen, individuell festgelegte Ausübungsbedingungen und ereignisabhängige Zahlungsflüsse bestimmt. Die Bewertung erfordert daher regelmäßig den Einsatz von Optionspreismodellen, die den Wert der bedingten Ansprüche abhängig von der Entwicklung der Einflussfaktoren bestimmen.

Die Abgrenzung der Wertentwicklung eines in einen Vertrag eingebetteten Optionsrechts von der Wertentwicklung des zugrunde liegenden Vertrags kann dabei eine komplexe Herausforderung darstellen. Weiterhin ist häufig eine integrierte Bewertung mehrerer Optionsrechte unter Beachtung ihrer gegenseitigen Abhängigkeiten notwendig.

Eine Analyse der Sensitivität des Werts von eingebetteten Optionsrechten in Bezug auf eine Änderung der wertbestimmenden Einflussgrößen kann der Unternehmensführung wertvolle Hinweise auf eine dem Optionswert angemessene vertragliche Gestaltung eines Optionsrechts geben und zukünftig mögliche Bilanz- und Ergebniseffekte aufzeigen. Folglich sollte im Rahmen der Vertragsgestaltung frühzeitig der Wertbeitrag von Optionsrechten ermittelt und dokumentiert werden. Nur auf Basis einer Wert- und Risikoanalyse vertraglicher Optionsrechte ist sichergestellt, dass im Rahmen der Vertragsverhandlungen die Entscheider über ausreichende Informationen in Bezug auf mögliche Werteffekte und Finanzmittelabflüsse von vertraglichen Optionsrechten verfügen und Optionsrechte damit zielgerecht und angemessen einsetzen können.

Rechnungslegung

Aufgrund ihres wirtschaftlichen Werts führen Optionsrechte in Unternehmensverträgen häufig im Rahmen der handelsrechtlichen sowie der internationalen Rechnungslegung zu ansatzpflichtigen Vermögenswerten oder Verpflichtungen. Die Behandlung der Optionsrechte in der Bilanz und der Erfolgsrechnung muss dabei aufgrund der regelmäßig individuellen Ausgestaltung der Rechte jeweils im Einzelfall bestimmt werden.

Nach IFRS ansatzpflichtige Optionen sind im Regelfall bei der Ersterfassung des zugrunde liegenden Vertrags zum Fair Value zu erfassen und in der Folgebewertung zum Fair Value erfolgswirksam fortzuführen. Aufgrund der zumeist erfolgswirksamen Bilanzierung der Wertänderungen können Optionsrechte, insbesondere in Zusammenhang mit Unternehmenskäufen sowie Finanzierungsverträgen, erhebliche Auswirkungen auf die künftige Bilanz und Ergebnisrechnung haben. Eine Simulation rechnungslegungsbezogener Effekte sollte daher bei Vertragsverhandlungen ebenfalls Bestandteil der Überlegungen zur Konditionengestaltung von Optionsrechten sein.

Generell gilt: Nur wer bereits bei der Verhandlung um den wirtschaftlichen Wert erlangter oder gewährter Optionsrechten weiß, kann potenziell unangenehme Überraschungen in Bilanz und Ergebnisrechnung verhindern – etwa wenn der „gefühlte" Optionswert des Entscheiders nicht mit dem finanzmathematisch ermittelten und zu bilanzierenden Optionswert übereinstimmt.

7. Bewertung von Schadensersatzansprüchen – Ihr gutes Recht

Unternehmen können durch eine Vielzahl von schädlichen Handlungen Dritter in der Ausübung ihrer unternehmerischen Tätigkeit eingeschränkt werden. Hierzu zählen nachteilige Handlungen von Kunden oder Lieferanten und Wettbewerbern sowie nachteilige Eingriffe des Gesetzgebers oder Regulators mit jeweils schädlicher Konsequenz. Allen schädigenden Ereignissen gemein ist die Vermögensminderung, die für ein Unternehmen oder einen Unternehmensteil als Folge des Ereignisses eintritt. Für die Quantifizierung, Absicherung und Dokumentation etwaiger juristischer Ansprüche ist eine belastbare und nachvollziehbare Ermittlung der Vermögensminderung erforderlich. Hierfür lassen sich die grundsätzlichen Methoden der Unternehmensbewertung anwenden.

Die Anlässe für das Entstehen möglicher Schadensersatzansprüche können vielfältig sein und unterschiedliche Ursachen haben. Je komplexer die Verknüpfungen eines Unternehmens mit seinen Stakeholdern (Kunden/Lieferanten, Wettbewerber, Gesetzgeber/Regulatoren) sind, desto höher ist die Wahrscheinlichkeit, von einzelnen oder mehreren schädigenden Ereignissen betroffen zu werden. Die nachfolgende Übersicht stellt einige typischerweise denkbare Schadensereignisse geordnet nach ihrem Verursacher dar.

Beispiele möglicher Schadensereignisse

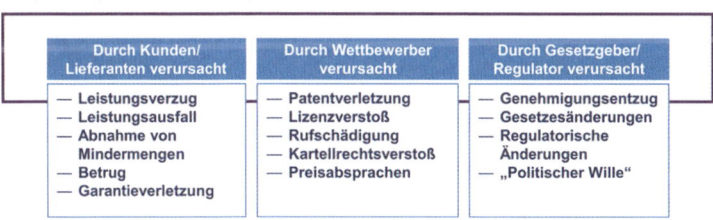

Durch Kunden/ Lieferanten verursacht	Durch Wettbewerber verursacht	Durch Gesetzgeber/ Regulator verursacht
— Leistungsverzug — Leistungsausfall — Abnahme von Mindermengen — Betrug — Garantieverletzung	— Patentverletzung — Lizenzverstoß — Rufschädigung — Kartellrechtsverstoß — Preisabsprachen	— Genehmigungsentzug — Gesetzesänderungen — Regulatorische Änderungen — „Politischer Wille"

Abb. F-4

Vor dem Hintergrund einer ganzheitlichen Schadensbetrachtung sollte eine betriebswirtschaftlich abgeleitete Bewertung des eingetretenen Schadens immer flankierend zur juristischen Beurteilung des Schadensereignisses, seiner Anspruchsgrundlagen und Durchsetzungswahrscheinlichkeit erfolgen. Dabei kommt der korrekten Abgrenzung des Schadenseintritts, des noch zu erwartenden oder bereits abgeschlossenen Schadenszeitraums und des Schadensumfangs eine zentrale Bedeutung zu.

Maßgeblich für die Bestimmung des Schadensumfangs und des letztlich hieraus abzuleitenden Schadensersatzes ist in Anlehnung an die Vorgaben nach §§ 249 ff. BGB die aus dem schädigenden Ereignis eingetretene Vermögensminderung des Geschädigten. Dem entgegen wirkt die Pflicht des Geschädigten zur Schadensminderung nach § 254 BGB. Auch wenn die Bestimmung des Schadensumfangs grundsätzlich sowohl aus objektiver als auch aus subjektiver Sicht geschehen kann, ist in der überwiegenden Anzahl der Fälle die subjektive Betrachtungsebene maßgeblich, da diese auf den individuellen entgangenen Nutzen des Geschädigten abstellt.

Die Höhe der Vermögensminderung kann entweder direkt, zum Beispiel auf der Grundlage konkret zuordenbarer Reparaturkosten oder konkret abgrenzbarer entgangener Erlöse, oder indirekt erfolgen. In der Regel kommt mangels direkt (isoliert) quantifizierbarer Schadensfolgen die indirekte Methode der Schadensermittlung zur Anwendung. Diese fußt grundsätzlich auf der zivilrechtlichen Differenzhypothese, nach welcher sich der Schadensersatz aus der Differenz zweier Vermögenslagen bemisst: der hypothetischen Vermögenslage ohne das schädigende Ereignis (Soll) und der tatsächlichen Vermögenslage nach Eintritt des schädigenden Ereignisses (Ist). Die Differenz der Vermögenslagen wird in der Praxis häufig aus zwei vergleichenden Bewertungen entweder des Gesamtunternehmens oder des vom Schaden betroffenen Unternehmensteils ermittelt. Hierfür sind grundsätzlich die gängigen Verfahren der Unternehmensbewertung (Ertragswert- beziehungsweise Discounted Cashflow-Verfahren) anwendbar. Die diesen Verfahren üblicherweise zugrunde gelegten Finanzinformationen (Jahresabschlüsse, Planungsrechnungen) sind im Einzelfall auf ihre Angemessenheit für Zwecke einer Schadensermittlung zu prüfen. Ein besonderes Augenmerk liegt zum Beispiel auf der Marktnähe von konzerninternen Verrechnungspreisen, die sich in den Planungen wiederfinden (zum Beispiel Beschaffungspreise oder Einkauf von Dienstleistungen). Die Anwendung substanzorientierter Bewertungsverfahren ist zwar ebenfalls denkbar, ist in der betriebswirtschaftlichen Praxis aber eher von untergeordneter Bedeutung. Insbesondere lassen sich mit substanzorientierten Bewertungsverfahren entgangene Erlöse, Deckungsbeiträge oder Gewinne nicht berücksichtigen, Schäden werden mit diesen Methoden daher meist nur unvollständig erfasst.

Die sachgerechte Abgrenzung der Soll- und Ist-Vermögenslagenerfordert im Rahmen der Bewertung von Schadensersatzansprüchen eine besondere Aufmerksamkeit. Hinsichtlich der Soll-Situation ist zu berücksichtigen, dass nur die zukünftigen Vermögensmehrungen und -minderungen berücksichtigt werden dürfen, die zum Zeitpunkt des Schadenseintritts konkret erwartet wurden beziehungsweise in ihrer Wurzel bereits angelegt waren (sogenannte Wurzeltheorie). Die dieses Szenario abbildende Ergebnisrechnung ist zwangsläufig hypothetisch, sowohl für in der Vergangenheit als auch in der Zukunft liegende Zeiträume. Wesentlich ist, dass sich Soll- und Ist-Situation tatsächlich nur durch Folgen des Schadenseintritts unterscheiden und nicht weitere Prämissen verändert werden. Bei der Abgrenzung der Ist-Situation spielt der eingetretene oder erwartete Schadenszeitraum – also der Zeitraum, über den sich das schädigende Ereignis auswirkt – eine wichtige Rolle: Liegt dieser zum Zeitpunkt der Bewertung vollumfänglich in der Vergangenheit und ist somit abgeschlossen, so können der Ist-Situation oft tatsächlich eingetretene Ist-Zahlen zugrunde gelegt, da diese den tatsächlich entstandenen Schaden bestmöglich abbilden. Ist der Schadenszeitraum jedoch zum Zeitpunkt der Bewertung noch nicht vollständig abgeschlossen, so hat die Modellierung der Ist-Situation zwangsläufig aus den bisher für den Zeitraum verfügbaren Ist-Zahlen sowie den aktuellen Erwartungen für den weiteren Schadenszeitraum (also nach Zeitpunkt der Schadensbemessung) zu erfolgen. In diesem Fall basiert nicht nur die Soll-, sondern auch die Ist-Situation auf einer mit Unsicherheit behafteten Planungsrechnung. Hieraus folgt auch, dass bei der Ableitung der Ist-Situation für die Restdauer des Schadenszeitraums sich im Verfahrensverlauf bis zur gerichtlichen Feststellung des Schadensersatzes konkretisierende tatsächliche Entwicklungen eigentlich rollierend zu berücksichtigen sind. Die Höhe des Schadensersatzanspruchs bei nicht abgeschlossenem Schadenszeitraum ist somit aus Bewertungssicht ein „bewegliches Ziel". Inwieweit eine derartige rollierende Schadensermittlung im juristischen Verfahren durchführbar und angemessen wäre, ist im Einzelfall abzustimmen.

Im Vergleich zu einer klassischen Unternehmensbewertung können in Abhängigkeit vom Einzelfall bei der Bewertung von Schadensersatzansprüchen folgende Besonderheiten vorliegen:

◊ Bei einer Bewertung von Schadensersatzansprüchen kann unter Umständen auf vollständige Finanzinformationen (integrierte Gewinn- und Verlustrechnungen sowie Bilanzen, Free Cashflow-Ableitungen) verzichtet werden und stattdessen zum Beispiel auf eine geringere Datenbasis wie der vergleichenden Deckungsbeitragsrechnung zurückgegriffen werden, wenn nur Teile der finanziellen Gesamtsphäre des

Unternehmens durch das Schadensereignis betroffen sind. In diesem Fall gilt implizit die Annahme, dass nicht berücksichtigte Leistungen (Erträge) und Kosten (Aufwendungen) bezogen auf das Schadensereignis unverändert sind, das heißt es keinen Unterschied in der Höhe dieser Leistungen beziehungsweise Kosten gibt für den Fall des Eintritts des Ereignisses oder des Nicht-Eintritts des Ereignisses.
◊ Wenn sich in Folge des Schadensereignisses das Risikoprofil verändert, sind differenzierte Kapitalkosten für die Ist- und die Soll-Situation erforderlich. Dann sind zwangsläufig die Cashflows beider Situation getrennt auf- oder abzuzinsen und der Schaden ergibt sich dann aus der Differenz der stichtagsbezogenen Barwerte beider Situationen. Die Quantifizierung der Veränderung im Risikoprofil stellt eine besondere Herausforderung an den Gutachter, der regelmäßig nicht mit einem herkömmlichen Peer-Group-Ansatz begegnet werden kann. Hier bietet sich die individuelle Bestimmung von Kapitalkosten auf Basis von Simulationsmodellen an. Nur wenn die Risikoveränderung vernachlässigbar ist, kann mit einheitlichen Kapitalkosten gerechnet werden und dann vereinfachend auch nur der Unterschied vergangener und künftiger Cashflows (Differenz-Cashflow) auf- bzw. abgezinst werden, der dann unmittelbar den erlittenen Schaden zum Ausdruck bringt.
◊ Die Berücksichtigung von Ertragsteuern wird bei der Ermittlung der Vermögensdifferenz oft vereinfachend ausgeblendet, was in der Folge zur Ermittlung eines Bruttoschadens führt. Eine dezidierte Nach-Steuer-Betrachtung der Soll- und der Ist-Situation wird nur dann notwendig, wenn sich aus dem Vergleich der Vermögenslagen steuerrelevante Verzerrungen ergeben, zum Beispiel aus unterschiedlichen Abschreibungsverläufen. In diesem Fall wird zunächst ein Nach-Steuer-Schaden (Nettoschaden) ermittelt und dieser anschließend in einen Vor-Steuer-Schaden (Bruttoschaden) transformiert, um der Steuerpflicht des Geschädigten auf erhaltenen Schadensersatz Rechnung zu tragen.

Zusammenfassend lässt sich festhalten, dass bei der Bewertung von Schadensersatzansprüchen die bekannten Verfahren der Unternehmensbewertung angewendet werden sollten. Allerdings ist im Schadensfalle neben den üblicherweise auftretenden Bewertungsfragen, zum Beispiel nach der Plausibilisierung der Planungsrechnung, besondere Sorgfalt auf eine klare Abgrenzung des Bewertungsobjekts, -zeitraums und der Bewertungsperspektive zu legen. Eine belastbare und nachvollziehbare Bewertung des Schadensersatzanspruches, zum Beispiel durch einen externen Gutachter, stellt eine wichtige Voraussetzung für die Entscheidung über die Geltendmachung und für die Durchsetzung der Schadensersatzansprüche dar.

8. Bewertung von Fondsanteilen – AIFM-Richtlinie und KAGB schließen regulatorische Lücke bei Berichterstattung und Bewertung

Fondsmodelle stellen in der Vermögensverwaltung eine bewährte Anlageform dar. Im Grundsatz kann zwischen Anteilen an offenen und geschlossenen Fonds unterschieden werden, die den Anlegern entweder öffentlich oder über eine Privatplatzierung angeboten werden. Während der öffentliche Vertrieb von Publikumsfonds bereits hinlänglich durch die UCITS-Richtlinien der Europäischen Union geregelt wird, konnten Anteile an Private Equity-Fonds, Hedgefonds und sogenannte KG-Fonds bislang ohne vergleichbare Vorgaben des Gesetzgebers vertrieben werden. Diese Regulierungslücke wird mit der europäischen Richtlinie über die Verwalter alternativer Investmentfonds (AIFM-Richtlinie) geschlossen. In Deutschland wurde im Zuge der Umsetzung der AIFM-Richtlinie das bestehende Investmentgesetz aufgehoben und die Regelungen in das Kapitalanlagegesetzbuch (KAGB) integriert. Mit der AIFM-Richtlinie hat insbesondere die Problematik der Bewertung von Fondsanteilen an geschlossenen Fonds an Bedeutung gewonnen.

Die Vorgaben der UCITS-Richtlinien (UCITS: Undertakings for Collective Investment in Transferable Securities) der Europäischen Union wurden durch den deutschen Gesetzgeber im Rahmen des Investmentgesetzes (InvG) für offene Publikumsfonds umgesetzt und dienen in erster Linie zum Schutz der investierten Mittel sowie der Gewährleistung einer standardisierten Berichterstattung durch das Fondsmanagement. Das Gesetz beinhaltet detaillierte Vorschriften zur Verwaltung des Fondsvermögens sowie zur Bewertung von Fondsanteilen, welche die Sicherheit dieser Anlageform für die Vielzahl der Kapitalanleger gewährleisten sollen. Die jederzeitige Rückgabemöglichkeit der Fondsanteile zu Zeitwerten stellt eine grundsätzliche Voraussetzung für die Handelbarkeit der Fondsanteile an öffentlichen Börsen dar.

Die AIFM-Richtlinie (AIFM: Alternative Investment Fund Managers) beziehungsweise die entsprechenden Regelungen im KAGB bilden einen Vorstoß des Gesetzgebers, die Transparenz der bislang wenig regulierten alternativen Anlageformen - mit im Wesentlichen privat platzierten Anteilen an Private Equity-Funds, Hedgefonds und der KG-Fonds- zu steigern. Dazu sehen die Regelungen unter anderem vor, dass eine Bewertung der Vermögensgegenstände und die Berechnung des Nettoinventarwertes je Anteil oder Aktie mindestens einmal jährlich sowie eine diesbezügliche Offenlegung gegenüber den Anlegern erfolgen muss (§ 272 KAGB). Die Bewertung kann entweder durch einen vom Fonds oder dem Fondsmanagement unabhängigen externen Bewerter oder durch den Fonds selbst durchgeführt werden. Letzteres setzt voraus, dass fondsintern die Durchführung der Bewertungen von der Portfolioverwaltung und der Vergütungspolitik funktional unabhängig ist und die Vergütungspolitik und andere Maßnahmen sicherstellen, dass Interessenkonflikte gemindert und ein unzulässiger Einfluss auf die Mitarbeiter verhindert werden (§ 216 KAGB).

Bei Beauftragung eines externen Bewerters ist sicherzustellen, dass dieser einer gesetzlich anerkannten obligatorischen berufsmäßigen Registrierung oder Rechts- und Verwaltungsvorschriften oder berufsständischen Regeln unterliegt und ausreichende berufliche Garantien vorweist, um die entsprechende Bewertungsfunktion wirksam ausüben zu können.

Die Bestimmung des Nettoinventarwerts zur Ermittlung des Zeitwerts der Fondsanteile bildete bereits vor der AIFM-Richtlinie einen integralen Bestandteil der auf vertraglichen Regelungen beruhenden Berichterstattung des Fondsmanagements an die Anleger. Dabei orientierten sich die Fondsmanager in diesem Zusammenhang bisher regelmäßig an den einschlägigen Bewertungs- und Berichtsstandards der Industrieverbände, allen voran den Empfehlungen von Invest Europe (vormals: European Venture Capital and Private Equity Association). Dazu zählen vor allem die International Private Equity and Venture Capital Valuation Guidelines (IPEV). Das KAGB sieht nunmehr vor, dass der Fonds eine interne Bewertungsrichtlinie erstellt, die geeignete und kohärente Verfahren für die ordnungsgemäße, transparente und unabhängige Bewertung des Fondsvermögens festlegt. Die Bewertungsrichtlinie soll vorsehen, dass vermögensgegenstandspezifisch ein geeignetes, am jeweiligen Markt anerkanntes Wertermittlungsverfahren zugrunde zu legen ist und dass die Auswahl des Verfahrens zu begründen ist (§ 169 KAGB).

Eine Bewertung der Fondsanteile zu Zeitwerten ist für den Anleger unter anderem für die Veräußerung von Fondsanteilen an Dritte aus Gründen der Liquiditätsbeschaffung, der Neuausrichtung des eigenen Anlageportfolios, zur Beurteilung der Performance des Fonds sowie zur

Erfüllung regulatorischer oder bilanzieller Vorschriften von besonderer Bedeutung. Die grundlegende Ausgangsbasis zur Bestimmung des Zeitwerts von Fondsanteilen an geschlossenen Fonds bildet zunächst die Bestimmung des Nettoinventarwerts des Fonds als Differenz zwischen den jeweils zu Zeitwerten bewerteten Vermögenswerten des Fonds und seiner Verpflichtungen. Ein wesentliches Merkmal geschlossener Private Equity-Fonds stellen die sukzessiven Kapitalabrufe (Draw Downs) der ursprünglich zugesagten Gelder (Committee Capital) während der Investitionsphase des Fonds dar. In diesem Fall sind neben dem aktuellen Nettoinventarwert des Fonds auch die zukünftigen Zahlungsverpflichtungen der Anleger hinsichtlich Zeitpunkt und Höhe zu beurteilen. Darüber hinaus ist deren Renditeerwartung aufgrund der bisherigen Performance des Fonds in der Bewertung zu berücksichtigen. Schließlich ist die voraussichtliche Restlaufzeit des Fonds bis zum Zeitpunkt der endgültigen Liquidation aller Vermögenswerte abzuschätzen, was insbesondere bei einem volatilen Börsenumfeld selbst für erfahrene Bewerter eine anspruchsvolle Aufgabe darstellt. Die besondere Unsicherheit, die in der Vielzahl der zu treffenden Annahmen und Einschätzungen zum Ausdruck kommt, führt oftmals dazu, dass Käufer von bestehenden Anteilen an Private Equity-Fonds (Secondary Transactions) einen deutlichen Abschlag vom aktuellen Nettoinventarwert des Fonds verlangen.

9. Objektivierte Bewertung von Spielervermögen – nicht nur Tore zählen

Ein objektiviertes Bewertungsverfahren für Spielervermögen kann nicht nur für bilanzielle Bewertungsanlässe bei Sportvereinen eine wertvolle Unterstützungsfunktion leisten, sondern auch die für die Inanspruchnahme von innovativen Finanzierungsinstrumenten notwendige Transparenz wesentlich verbessern sowie als Unterstützung für ein internes Wertmanagement dienen.

Bilanzielle Bedeutung des Spielervermögens und Bewertungsanlässe
Da Fußballunternehmen (und auch andere Sportunternehmen) häufig ein geringes, teilweise sogar ein negatives Eigenkapital aufweisen, erhält das Spielervermögen als potenzieller Träger von stillen Reserven und Lasten beziehungsweise zur Aufstellung eines Überschuldungsstatus eine hohe Bedeutung, und demzufolge nehmen auch die damit zusammenhängenden Rechnungslegungs- und Bewertungsaspekte eine besondere Stellung ein. Die Bewertungsanlässe kann man grundsätzlich in drei Bereiche unterteilen:

◊ Interne wirtschaftliche Gründe (Steuerungszwecke, Transaktionspreisbestimmung, Aufdeckung stiller Reserven, zum Beispiel bei Ausgliederung des Spielervermögens)
◊ Externe wirtschaftliche Gründe (Beleihung und Besicherung, Leasing, Versicherung etc.)
◊ Rechnungswesenbasiert (Impairment Tests, Prüfung Überschuldungsstatus, Umstellung auf IFRS-Rechnungslegung)

Aus Sicht aller Stakeholder besteht daher die Notwendigkeit eines objektivierten Bewertungsverfahrens von Spielervermögen, da dieses den entscheidenden Werttreiber darstellt und somit erhebliche bilanzielle und finanzielle Wirkung besitzt.

Bilanzierung von Spielervermögen und inhaltliche Interpretation
Sowohl nach HGB wie auch nach IFRS stellt erworbenes Spielervermögen und damit die gezahlte Transferentschädigung zuzüglich der damit zusammenhängenden Nebenkosten, wie Beratungs- und Vermittlungskosten, einen aktivierungsfähigen immateriellen Vermögensgegenstand/-wert dar. „Eigengewächse" sind aus Rechnungslegungssicht dagegen ein selbsterstellter Vermögensgegenstand/-wert und damit nicht

aktivierungsfähig. Eine Transferentschädigung besagt somit aus ökonomischer Sicht, dass ein neuer Verein bereit ist, für den wirtschaftlichen Vorteil, der mit der Spielerlaubnis verbundenen Bindung des Spielers an den neuen Verein entsteht, eine entsprechende Vergütung zu zahlen. Vor diesem Hintergrund beinhaltet der aktivierte Wert des immateriellen Vermögensgegenstandes „Ablösesumme", „Transferentschädigung" oder auch „Spielervermögen" genannt, aus Vereinssicht im Wesentlichen die Nutzung bzw. die Möglichkeit des Einsatzes des Spielers und die damit zusammenhängende Generierung von Cashflows sowie die Möglichkeit, einen wirtschaftlichen Vorteil aus einem möglichen Weiterverkauf zu generieren.

Nachfolgende Abbildung zeigt die zeitliche Wertentwicklung der beiden möglichen inhaltlichen Bestandteile einer Transferentschädigung aus ökonomischer Sicht.

Wertentwicklung der Bestandteile einer Transferentschädigung

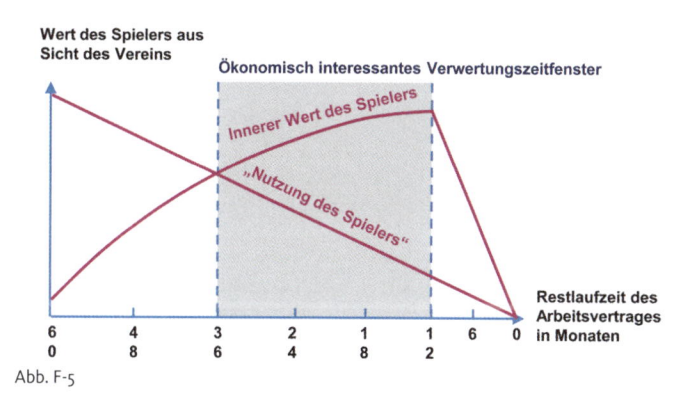

Abb. F-5

Die lineare Abschreibung des Spielervermögens über die Vertragslaufzeit des Spielers stellt ausschließlich auf die Nutzungskomponente ab. Die Abbildung zeigt, dass die Weiterverkaufsmöglichkeiten, die im Wesentlichen von dem „inneren Wert des Spielers" und den Marktverhältnissen abhängen, nicht zwingend mit der Nutzung des Spielers gesunken sein müssen. Vielmehr ist das Auseinanderlaufen durch das sogenannte „Bosmann-Urteil" bedingt, sodass man immer zwischen dem Wert des Spielers aus Sicht des Vereins und dem Wert des Spielers aus Sicht des Spielers trennen muss.

Bewertung von Spielervermögen aus Sicht des Vereins
Bewertungsmethoden für Spielervermögen
Die Bewertung von Spielervermögen hat generell nach denselben theoretischen Grundsätzen und Methoden wie die Bewertung von Unternehmen und sonstigen Vermögenswerten zu erfolgen. Werte können somit grundsätzlich auf Basis historischer Anschaffungs- und Herstellungskosten bzw. Entwicklungskosten (kostenorientierter Ansatz), mit Hilfe des Discounted Cashflows-Verfahrens (kapitalwertorientierter Ansatz) sowie mittels unterschiedlicher Marktpreisverfahren (marktpreisorientierter Ansatz) ermittelt werden.

Der marktpreisorientierte Ansatz
Der kapitalwertorientierte Ansatz ist für Mannschaftsportarten allgemein nicht praktikabel anwendbar, da nicht alle Cashflow-Ströme eines Fußballvereins auf den einzelnen Spieler „heruntergebrochen" werden können (so müsste man zum Beispiel bei den Zuschauereinnahmen Allokationen auf die einzelnen Spieler vornehmen). Der kostenorientierte Ansatz ist ebenfalls nicht geeignet, da auch die jeweiligen Kosten den einzelnen Spielern nicht verlässlich zugerechnet werden können und auch die Kostenhöhe nicht ein valides Kriterium für den Wert eines Spielers ist (ein Spieler, der in der Vergangenheit einen größeren Trainingsaufwand hatte, wäre demnach mehr wert als ein Spieler mit geringerem Trainingsaufwand). In der Praxis ist daher nur der in der Rechnungslegung vorzugsweise anzuwendende marktpreisorientierte Ansatz für die Ermittlung eines Marktwertes von Spielervermögen möglich. Nur bei diesem Ansatz wird auf Marktpreise, die zwischen fremden Dritten in der Vergangenheit realisiert worden sind, abgestellt.

Durch die Definition von Kriterien bzw. Ausprägungsmerkmalen (zum Beispiel Alter, Spielposition, Nationalität, Spieleigenschaft, gewichtete Leistungskriterien) können im Rahmen einer Cluster-Analyse beziehungsweise eines Scoring-Modells Ähnlichkeiten zwischen den Vergleichsspielern, für die bereits eine Transaktion auf dem Markt zustande gekommen ist, und dem Bewertungsobjekt (zu bewertender Spieler) hergestellt werden. Die realisierten Transferpreise der Vergleichsspieler sind im Anschluss an die aktuelle Marktlage hinsichtlich des Preises anzupassen. Darüber hinaus sind bei den zu bewertenden Spielern individuelle Besonderheiten, die sich auf den Wert des Spielers auswirken (zum Beispiel langfristige Verletzung), in Form von Abschlägen bzw. Zuschlägen sowie die individuelle Transferwahrscheinlichkeit (abhängig von der Restvertragslaufzeit) zu berücksichtigen.

Die Ableitung einer Wertvorstellung erfolgt bei dieser marktorientierten Bewertungsmethode durch die Bildung eines repräsentativen Branchendurchschnittes von beobachtbaren Marktpreisen und bildet damit einen Marktkonsens über das Bewertungsniveau von Vergleichsspielern. Somit spiegelt der Marktpreisansatz die Wertvorstellung einer Vielzahl von Marktteilnehmern bei einer Vielzahl von Transaktionen wider und kommt dem Wertgedanken (im Rahmen eines marktorientierten Ansatzes) nahe.

Der marktpreisorientierte Bewertungsansatz kann in der Praxis in solchen Fällen zu Verzerrungen führen, in denen für einen sehr jungen Spieler der wesentliche Anteil des bezahlten Preises offensichtlich durch sein vermutetes Zukunftspotenzial und nicht durch seine bisher erbrachte Leistung gerechtfertigt wird. Es handelt sich um Spieler, für die eine sogenannte „Talentprämie", also ein Vorschuss auf erwartete zukünftige Leistungen und Ergebnisse, bezahlt worden ist.

Die nachfolgende Abbildung soll verdeutlichen, dass eine eventuelle Transferentschädigung für einen „sehr jungen" Spieler im Wesentlichen auf dem ihm zugeschriebenen Zukunftspotenzial basiert, für welches es noch keine beobachtbare Historie gibt, bzw. welche bisher nicht durch beobachtbare und erbrachte Leistung zu rechtfertigen ist.

Transferentschädigung

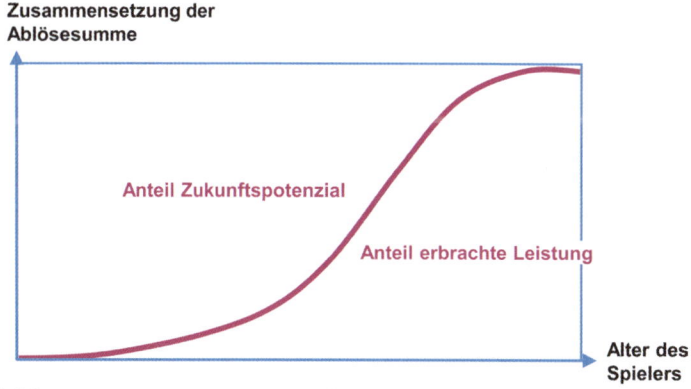

Abb. F-6

Dieses Zukunftspotenzial wird sich vielmehr erst in zukünftigen Leistungen widerspiegeln. Vor diesem Hintergrund muss bei der Bewertung dieses Spielers eine Klassifizierung zum Bewertungsstichtag auf Basis eines Scoring-Modells zu einer sehr niedrigen Anzahl an Scoring-Punkten führen, obwohl eine möglicherweise gezahlte Transferentschädigung einen höheren Wert impliziert. Das heißt zwar nicht, dass der in der Regel gezahlte Preis per se zu hoch ist, aber zumindest, dass ein höheres Risiko der Realisierung durch zukünftige Leistungen des Spielers besteht. In den Fällen, in den eine Talentprämie gezahlt wird, werden von den Vereinen tendenziell längere Vertragslaufzeiten festgesetzt, um an der Realisation des erwarteten Leistungspotenzials der jungen Spieler zu partizipieren und somit potenzielle Wertsteigerungen bei einem Weiterverkauf vergütet zu bekommen.

Eine Transferentschädigung für einen „älteren Spieler" wird dagegen zwar auch für seine zukünftige Leistung bezahlt, diese ist aber im Wesentlichen Spiegel seiner bereits in der Vergangenheit erbrachten Leistung und stellt daher eher auf die Komponente Nutzung als auf die Komponente „Wiederverkaufsmöglichkeit" ab.

Ausblick

Das Spielervermögen ist nicht nur aufgrund seines Anteils an der Bilanzsumme der zentrale Vermögenswert von Fußballunternehmen. Denn das Spielervermögen hat einen erheblichen Einfluss auf das Bilanzbild und somit auf die Vermögenssituation der Fußballunternehmen. Damit zusammenhängende Bilanzierungs- und Bewertungsfragen sind im Kontext von diversen Transferreglungen und nationalen sowie internationalen Statuten zu sehen. Während für die Bilanzierung im Wesentlichen einheitliche Standards in der Praxis bestehen und auch angewendet werden, wird die Bewertung des Spielervermögens nicht einheitlich umgesetzt. Die Bilanzierung und Bewertung von Spielervermögen wird bei Rechnungslegungs- sowie Finanzierungsfragen der Fußballunternehmen und Verbände jedoch eine zunehmend bedeutendere Rolle spielen. Für alle Stakeholder werden Branchenkenntnisse bei der Beurteilung von Sicherheiten immer bedeutender. Die Unsicherheiten aufseiten der Investoren bzw. Fremdkapitalgeber können von den Fußballunternehmen zum Beispiel durch die Einführung eines objektivierbaren Bewertungsmodells für Spielervermögen aktiv gestaltet beziehungsweise reduziert werden.

10. PPA-Studie 2017 – Vermögenswerte und Goodwill im Rahmen von Unternehmenszusammenschlüssen

Eine erste Analyse der zu erwartenden immateriellen Vermögenswerte und die Abschätzung der Höhe des Goodwills im Rahmen einer Transaktion oder die Plausibilisierung von Bewertungsergebnissen – das sind nur zwei Beispiele aufgrund derer die erste Version der Studie zu Purchase Price Allocations (PPA-Studie) von KPMG aus dem Jahr 2009 auf großes Interesse gestoßen ist. Um die Entwicklungen der Transaktionen der letzten Jahre zu berücksichtigen, wurde eine Neuauflage der Studie erstellt. Die PPA-Studie 2017 differenziert noch stärker nach Branchen und Vermögenswerten als die Vorversion und enthält zusätzliche Auswertungen zu wesentlichen Bewertungsparametern.

Grundlagen einer Purchase Price Allocation
Für alle nach IFRS bilanzierenden Unternehmen ist die bilanzielle Abbildung eines Unternehmenszusammenschlusses im IFRS 3 geregelt. Demnach liegt ein Unternehmenszusammenschluss immer dann vor, sobald die erworbenen Vermögenswerte und übernommenen Schulden einen Geschäftsbetrieb darstellen. Jeder Unternehmenszusammenschluss ist dann anhand der sogenannten Erwerbsmethode zu bilanzieren. Im Rahmen der Erwerbsmethode sind die beizulegenden Zeitwerte von sämtlichen erworbenen materiellen und immateriellen Vermögenswerten sowie von den übernommenen Schulden und Eventualschulden des erworbenen Unternehmens zum Erwerbszeitpunkt zu bestimmen. Unter Gegenüberstellung des sich so ergebenden anteiligen Nettovermögens zu Zeitwerten des erworbenen Unternehmens und der übertragenen Gegenleistung (zum Beispiel Zahlungsmittel, sonstige Vermögenswerte, übernommene Schulden des ehemaligen Eigentümers, bedingte Gegenleistung) ergibt sich nach Berücksichtigung latenter Steuern in der Regel der Geschäfts- oder Firmenwert (Goodwill).

Zentrale Herausforderungen bei der Purchase Price Allocation (PPA) sind zum einen die vor der Transaktion in der Regel nicht bilanzierten immateriellen Vermögenswerte wie Auftragsbestand, Kundenbeziehungen, Markenrechte, Technologien etc. zu identifizieren und zum anderen sämtliche Vermögenswerte und Schulden zum beizulegenden Zeitwert zu bewerten.

Durch die PPA wird sowohl das Bilanzbild des Erwerbers als auch dessen zukünftige Ertragslage signifikant beeinflusst. Die Höhe und zeitliche Verteilung der zukünftigen Abschreibungsbelastung hängt maßgeblich von der Art und dem beizulegenden Zeitwert der jeweils angesetzten Vermögenswerte und Schulden ab. Je nachdem, ob und über welchen Zeitraum und nach welcher Methode zum Beispiel immaterielle Vermögenswerte abgeschrieben werden, ergeben sich völlig unterschiedliche Effekte auf das Ergebnis vor Zinsen und Steuern (EBIT). Damit kann eine PPA auch Auswirkungen auf in Kreditverträgen festgelegte Kennzahlen (Covenants) haben.

Umso wichtiger ist es, sich bereits frühzeitig mit den möglichen bilanziellen Auswirkungen einer Unternehmenstransaktion auseinanderzusetzen, idealerweise noch in der Anbahnungsphase der Transaktion. Da in dieser Phase der Datenzugang oft limitiert ist und wichtige Informationen über die einzelnen erworbenen Vermögenswerte, wie beispielsweise Patentschutz, Laufzeiten oder relevante Ergebnisströme, nicht zur Verfügung stehen, können Erfahrungswerte aus früheren PPA einen Anhaltspunkt darstellen. Solche Erfahrungswerte – sie dienen auch der Plausibilisierung und Verifizierung von PPA-Ergebnissen – wurden in unsere PPA-Studie 2017 aufgenommen und systematisch ausgewertet.

Aufbau und Struktur der Studie und der Studienergebnisse
Die Studie verfolgt, bezogen auf die bilanzielle Abbildung ausgewählter Unternehmenszusammenschlüsse, folgende Ziele:

◊ Ermittlung des relativen Anteils der identifizierten immateriellen und wesentlichen materiellen Vermögenswerte sowie des Goodwills am jeweiligen Unternehmensgesamtwert. In Erweiterung zur Vorversion beschäftigt sich die neue Studie auch mit erworbenen materiellen Vermögenswerten wie Vorräte und Sachanlagevermögen
◊ Branchenspezifische Auswertung des relativen Anteils identifizierter Kategorien immaterieller Vermögenswerte am Unternehmensgesamtwert
◊ Erläuterung der erfassten wesentlichen branchenspezifischen immateriellen Vermögenswerte anhand typischer Wertschöpfungsketten in den einzelnen Branchen
◊ Auswertung bewertungsspezifischer Parameter wie Nutzungsdauern und Lizenzraten

Insgesamt wurden rund 500 Transaktionen aus 15 Branchen untersucht. Die Studie basiert im Wesentlichen auf Transaktionen aus dem Zeitfenster 2008 bis 2016.

Betrachtete Branchen

Automotive	Building, Construction and Real Estate	Chemicals	Pharmaceuticals, Biotechnology and Life Sciences	Communications and Media
Electronics, Software and Services	Energy, Natural Resources and Utilities	Financials	Healthcare	Hospitality, Travel and Leisure
Retailing	Transportation	Food, Drink and Consumer Goods	Diversified Industrials	Services

Abb. F-7

Die hierbei gesondert betrachteten Branchen sind in der oben stehenden Grafik aufgeführt. Die Branchen können in weitere Unterkategorien untergliedert und auch auf dieser Ebene analysiert werden. Beispielsweise kann im Bereich Automotive nach den Unterkategorien Automobilhersteller (OEMs) und Automobilzulieferer oder im Bereich Chemicals nach den Unterkategorien Commodity Chemicals, Fertilizers and Agricultural Chemicals, Industrial Gases und Specialty Chemicals unterschieden werden.

Die Mindestanforderung zur Berücksichtigung einer Transaktion im Rahmen der Studie ist das Vorhandensein von Informationen zum erworbenen Goodwill und zumindest der Summe der erworbenen immateriellen Vermögenswerte. Für rund 340 der untersuchten rund 500 Transaktionen sind detaillierte Informationen für einzelne Kategorien von immateriellen Vermögenswerten (bspw. marketing-, technologie-, kunden-, vertragsbezogen usw.) verfügbar.

Der regionale Fokus der Studie liegt auf dem europäischen und nordamerikanischen Raum, sowohl was den Erwerber als auch das Zielunternehmen angeht. Die Datenbasis und Analysen setzen sich aus öffentlich verfügbaren Informationen (Recherche von öffentlich zugänglichen Geschäftsberichten) und eigenen Beobachtungen zusammen. Die Datenbasis unserer Studie wird laufend um neue Transaktionen erweitert und damit permanent aktualisiert werden.

Ausgewählte Ergebnisse der Studie
Im Folgenden werden ausgewählte Ergebnisse, basierend auf dem Durchschnitt über alle Branchen hinweg, zusammengefasst:

Überblick: Ergebnisse der KPMG PPA Studie 2017

Erworbene immaterielle Vermögenswerte (aggregiert) im Verhältnis zum Unternehmensgesamtwert

Branche: Gesamt — Gesamt: 36 %

Erworbener Goodwill im Verhältnis zum Unternehmensgesamtwert

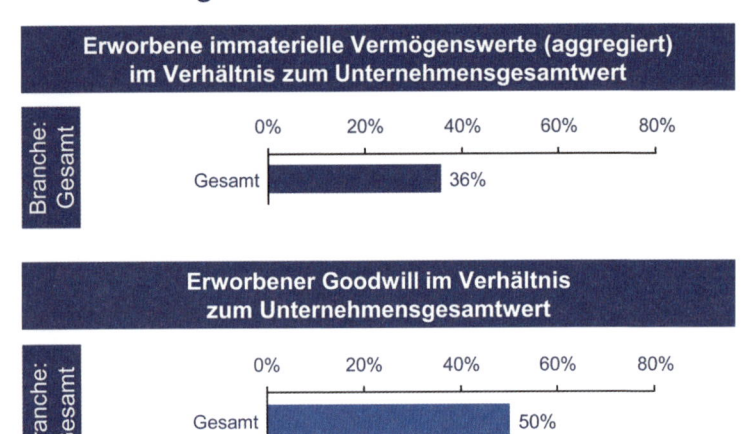

Branche: Gesamt — Gesamt: 50 %

Abb. F-8

Im Durchschnitt über die ausgewerteten 500 Transaktionen, ergibt sich ein prozentualer Anteil des Goodwills zum Gesamtwert des erworbenen Unternehmens von rund 50 %. Dieser Wert differenziert deutlich in Abhängigkeit der Branche. So weisen anlagenintensive Branchen wie Energy, Natural Resources & Utilities mit rund 32 % und Chemicals mit rund 37 % eine relativ geringe Goodwillquote auf. Dagegen liegt die Branche Healthcare mit rund 77 % am oberen Ende der Bandbreite, da dort regelmäßig wesentliche Wertkomponenten, wie das Know-how der Mitarbeiter, Zugang zu Märkten oder regionale Präsenz nicht einzeln ansatzfähig sind und im Goodwill erfasst werden.

Verteilung erworbener immaterieller Vermögenswerte

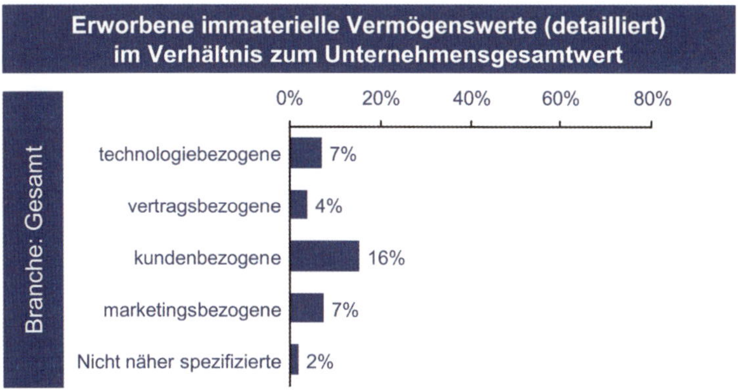

Erworbene immaterielle Vermögenswerte (detailliert) im Verhältnis zum Unternehmensgesamtwert

Branche: Gesamt
- technologiebezogene: 7%
- vertragsbezogene: 4%
- kundenbezogene: 16%
- marketingsbezogene: 7%
- Nicht näher spezifizierte: 2%

Abb. F-9

Die Analyse der Verteilung der erworbenen immateriellen Vermögenswerte (ohne Goodwill) im Detail zeigt, dass kundenbezogene immaterielle Vermögenswerte im Durchschnitt über alle Branchen hinweg den größten Anteil am Unternehmensgesamtwert ausmachen. Deutliche sektorale Unterschiede konnten allerdings auch bei dem relativen Anteil der identifizierten immateriellen Vermögenswerte am jeweiligen Unternehmensgesamtwert festgestellt werden. So nehmen beispielsweise in der Branche Pharmaceuticals, Biotechnology & Life Science technologiebezogene immaterielle Vermögenswerte mit rund 21 % am Unternehmensgesamtwert den größten Anteil der immateriellen Vermögenswerte ein.

Kapitel G
ERMITTLUNG VON KAPITALKOSTEN

1. Die Entwicklung des Kapitalisierungszinssatzes in den Jahren 2013 bis 2017 – eine empirische Analyse 229
2. Ableitung der Marktrisikoprämie – Erkenntnisse aus der Krise 238
3. Ermittlung von Betafaktoren – Hinweise für die Praxis 243
4. Direkte Ableitung von Kapitalkosten – Alternativen zum Peer Group-Ansatz 250
5. Debt Beta – Risikoteilung zwischen Kapitalgebern? 256
6. Länderrisiken – Berücksichtigung in Bewertungskalkülen 261

1. Die Entwicklung des Kapitalisierungszinssatzes in den Jahren 2013 bis 2017 – eine empirische Analyse

Die von deutschen Unternehmen angesetzten Kapitalkosten haben sich in den vergangenen fünf Jahren deutlich verändert. Der stetig sinkende quasi-risikolose Basiszinssatz ist 2017 erstmals unter ein Prozent gesunken und wurde – wie bereits in den Vorjahren – durch die leicht steigende Marktrisikoprämie nur teilweise kompensiert. Folglich sind auch die Eigenkapitalkosten der Unternehmen in Deutschland zwischen 2013 und 2017 gesunken. Gleichzeitig, aber in geringerem Umfang abnehmende Fremdkapitalkosten führten insgesamt zu einem Rückgang der gewichteten beobachtbaren Kapitalkosten (WACC). In den Bereichen Technology und Automotive wurden tendenziell die höchsten, in den Bereichen Health Care und Energy & Natural Resources – in letzterem nach einem zwischenzeitlichen Anstieg – die niedrigsten gewichteten Kapitalkosten angesetzt.

Den nachführenden Ausführungen liegt die jährlich erscheinende Kapitalkostenstudie der KPMG zugrunde. Die 12. Ausgabe wurde im November 2017 veröffentlicht. Die Studie stellt aktuelle Entwicklungen bei der Erstellung von Planungsrechnungen, der Ableitung von Kapitalkosten und der Relevanz von Unternehmenswerten und deren Entwicklung dar. An der aktuellen Studie haben sich insgesamt 153 Teilnehmern aus Deutschland, davon 87 Prozent der DAX-30-Unternehmen beteiligt.

Studienteilnehmer Deutschland

2012/2013	2013/2014	2014/2015	2015/16	2016/17
101	88	103	148	153

Abb. G-1

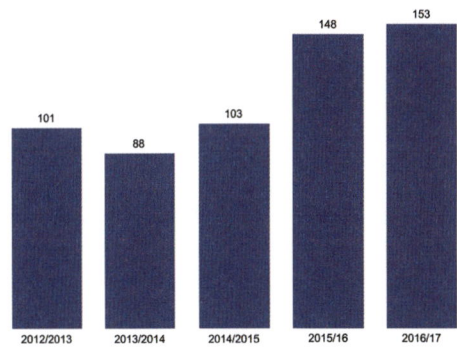

Die Studie umfasst umfangreiche Analysen nach Branchen und Sektoren. Die wesentlichen Ergebnisse zur Entwicklung des Kapitalisierungszinssatzes und ausgewählten Parametern in den Jahren 2013 bis 2017 stellen wir im Folgenden kurz vor. (Weitergehende Ausführungen und Analysen zu Fragestellungen rund um Kapitalkosten, Planungsrechnung und Wertorientierung sowie ergänzende interaktive Auswertungsmöglichkeiten zur Studie sind unter www.kpmg.de/kapitalkostenstudie veröffentlicht. Darüber hinaus finden sich fortlaufend aktuelle Informationen zu Kapitalkosten auf www.kpmg.de/kapitalkosten.)

Risikoloser Basiszinssatz und Marktrisikoprämie
Nach einem leichten Anstieg des durchschnittlich angesetzten langfristigen risikolosen Basiszinssatzes im Jahr 2013/2014, hat sich seitdem ein Abwärtstrend manifestiert. Der von den Studienteilnehmern aus Deutschland durchschnittlich angesetzte Basiszinssatz verringerte sich im Jahr 2017 auf 0,9 Prozent und erreichte damit zum ersten Mal seit Veröffentlichung der Kapitalkostenstudie ein Niveau von unter einem Prozent.

Die Berechnung der kapitalmarktorientierten Marktrisikoprämie kann durch Bildung der Differenz zwischen der Rendite einer Anlage in ein repräsentatives Marktportfolio – in der Praxis meist bestehend aus risikobehafteten Unternehmensanteilen (Aktien) – und der Rendite einer risikolosen Anlage erfolgen und sowohl auf historischen als auch zukunftsorientierten Daten basieren. Die Marktrisikoprämie ist somit kein am Kapitalmarkt unmittelbar beobachtbarer Parameter.

In den vergangenen fünf Jahren kam es bei den Teilnehmern zu einem stetigen Anstieg der Marktrisikoprämie von 6,0 Prozent in 2012/2013 auf rund 6,6 Prozent in 2016/2017. Dieser Anstieg kompensierte dabei den gleichzeitig rückläufigen Basiszinssatz teilweise, so dass die Gesamtrendite (Eigenkapitalkosten) im Betrachtungszeitraum von 8,5 Prozent auf 7,5 Prozent zurückgegangen ist.

Diese Entwicklung deckt sich auch mit den am Markt beobachtbaren impliziten Renditen börsennotierter Unternehmen in Deutschland. Während das Zinsniveau in Europa nunmehr im sechsten Jahr auf einem historisch niedrigen Niveau verharrt, liegt die Marktrisikoprämie als Differenz aus Aktienrenditen und Basiszinssatz weiterhin auf hohem Niveau oberhalb langfristiger historischer Durchschnitte und die Gesamtrendite in einem tendenziell stabilen Korridor.

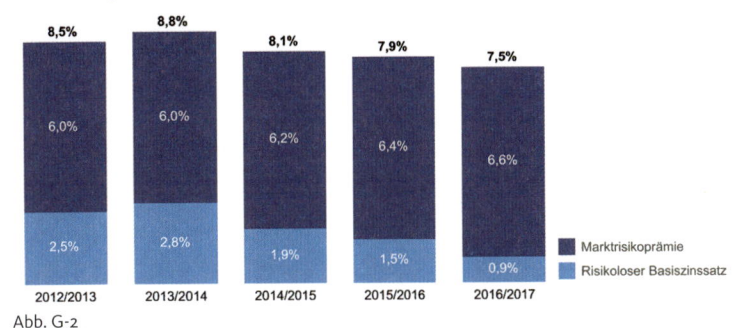

Durchschnittlich verwendeter Basiszinssatz, Marktrisikoprämie und Gesamtrendite in Deutschland

Jahr	Risikoloser Basiszinssatz	Marktrisikoprämie	Gesamtrendite
2012/2013	2,5%	6,0%	8,5%
2013/2014	2,8%	6,0%	8,8%
2014/2015	1,9%	6,2%	8,1%
2015/2016	1,5%	6,4%	7,9%
2016/2017	0,9%	6,6%	7,5%

Abb. G-2

Betafaktoren

Die Schwierigkeit bei der Ermittlung des künftigen Betafaktors lässt sich auf folgende Aspekte zurückführen: In der Praxis stellen historische Renditen regelmäßig den Ausgangspunkt zur Ermittlung des zukunftsorientierten Betafaktors für Bewertungszwecke dar. Des Weiteren gibt es bereits bei der Erhebung der historischen Betafaktoren verschiedene Hürden, zum Beispiel dadurch, dass Cash Generating Units (CGUs) als zu bewertende Einheiten im Rahmen des Impairment Tests in der Regel nicht börsennotiert sind. Demnach können für die CGU auch keine Betafaktoren direkt aus dem Kapitalmarkt abgeleitet werden. Deshalb bedient man sich in der Praxis einer Gruppe vergleichbarer, an der Börse notierter Unternehmen – einer sogenannten Peer Group –, um das unternehmensspezifische Risiko der CGU mithilfe von Kapitalmarktdaten zum jeweiligen Stichtag bestmöglich abzubilden. Dabei erschweren jedoch zunehmend verschmelzende Branchen die Ableitung einer geeigneten Peer Group, die das gesuchte operative Risiko der Bewertungseinheit reflektiert. Neben der Verwendung einer Peer Group zur Bestimmung des Betafaktors können Alternativansätze herangezogen werden, welche geeignet sind, das operative Risiko von CGUs unmittelbar aus Markt- und Unternehmensdaten abzuleiten. Solche Ansätze finden in der Bewertungspraxis zunehmend Berücksichtigung.

Der durchschnittlich verwendete unverschuldete Betafaktor ist in den vergangenen fünf Jahren nur unwesentlich gestiegen und bewegte sich in einem engen Korridor von 0,83 (2012/2013) bis 0,86 (2016/2017). Trotz der insgesamt nahezu konstanten Entwicklung zeigten sich innerhalb der einzelnen Branchen einige wesentliche Veränderungen im Zeitverlauf. Die größte Änderung war mit einem Anstieg von 0,68 in 2012/2013 auf 0,85 in 2016/2017 im Bereich Consumer Markets zu verzeichnen. Die größte Volatilität war bei Unternehmen innerhalb des Bereichs Energy & Natural Resources zu beobachten, mit besonders großen Änderungen im Geschäftsjahr 2014/2015 (+0,15) bzw. 2015/2016 (–0,21). In den vergangenen zwei Jahren ist der durchschnittliche Betafaktor in diesem Bereich wieder nahezu auf das Niveau des Jahres 2012/2013 zurückgekehrt. Dies könnte ein Zeichen dafür sein, dass die Studienteilnehmer die Unsicherheiten und herausfordernden Marktbedingungen in dieser Branche wieder geringer als in früheren Jahren einschätzen.

Während bis 2015/2016 der durchschnittlich höchste unverschuldete Betafaktor stets in der Branche Automotive zu finden war, liegt der höchste Wert mit 1,06 aktuell im Bereich Technology.

Ermittlung von Kapitalkosten 233

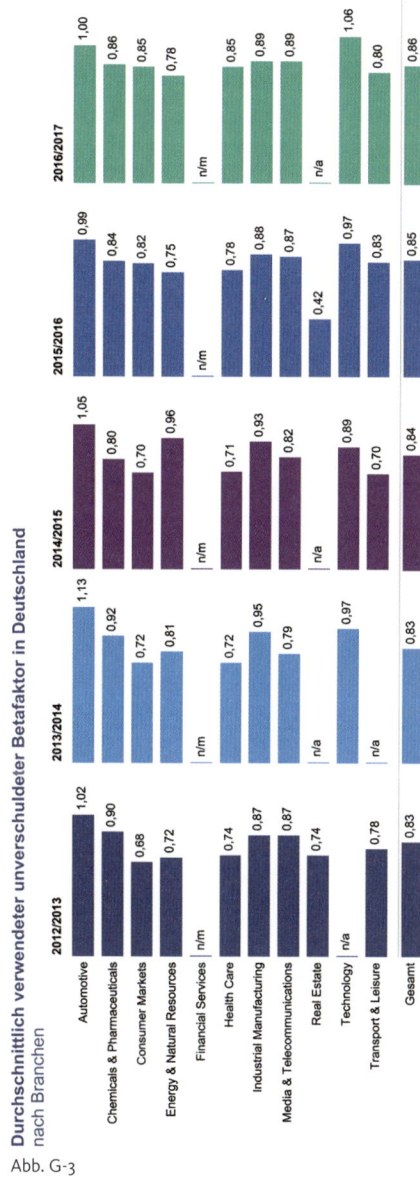

Durchschnittlich verwendeter unverschuldeter Betafaktor in Deutschland nach Branchen

Branche	2012/2013	2013/2014	2014/2015	2015/2016	2016/2017
Automotive	1,02	1,13	1,05	0,99	1,00
Chemicals & Pharmaceuticals	0,90	0,92	0,80	0,84	0,86
Consumer Markets	0,68	0,72	0,70	0,82	0,85
Energy & Natural Resources	0,72	0,81	0,96	0,75	0,78
Financial Services	n/m	n/m	n/m	n/m	n/m
Health Care	0,74	0,72	0,71	0,78	0,85
Industrial Manufacturing	0,87	0,95	0,93	0,88	0,89
Media & Telecommunications	0,87	0,79	0,82	0,87	0,89
Real Estate	0,74	n/a	n/a	0,42	n/a
Technology	n/a	0,97	0,89	0,97	1,06
Transport & Leisure	0,78	n/a	0,70	0,83	0,80
Gesamt	0,83	0,83	0,84	0,85	0,86

Abb. G-3

Fremdkapitalkosten

Die Fremdkapitalkosten bilden den zweiten wesentlichen Parameter neben den verschuldeten Eigenkapitalkosten bei der Herleitung der durchschnittlich gewichteten Kapitalkosten (WACC).

Die von den Unternehmen angesetzten Fremdkapitalkosten sind im Zeitverlauf um 1,4 Prozentpunkte von 4,4 Prozent in 2012/2013 auf 3,0 Prozent in 2016/2017 gesunken. Dabei ist diese Entwicklung insbesondere in den Jahren 2015/2016 und 2016/2017 geringer ausgefallen als der Rückgang im Basiszinssatz und kann somit nur durch ein Ansteigen der Risikoprämien für Fremdkapital (sogenannte Credit Spreads) erklärt werden.

Diese rückläufige Entwicklung der Fremdkapitalkosten im Zeitverlauf war über alle Branchen hinweg sichtbar. Dabei war mit einer Veränderung um 2,9 Prozentpunkte von 5,3 Prozent in 2012/2013 auf 2,4 Prozent in 2016/2017 der größte Rückgang im Bereich Health Care beobachtbar. Die größte Volatilität war bei Unternehmen innerhalb des Bereichs Industrial Manufacturing zu beobachten, mit besonders großen Änderungen im Geschäftsjahr 2013/2014 (+1,6 Prozentpunkte) bzw. 2014/2015 (–2,2 Prozentpunkte). Lediglich der Bereich Energy & Natural Resources wies mit einer Verminderung der Fremdkapitalkosten von 4,4 Prozent in 2012/2013 auf 4,1 Prozent in 2016/2017 eine vergleichsweise stabile Entwicklung auf.

Ermittlung von Kapitalkosten 235

Durchschnittlich verwendete Fremdkapitalkosten in Deutschland nach Branchen

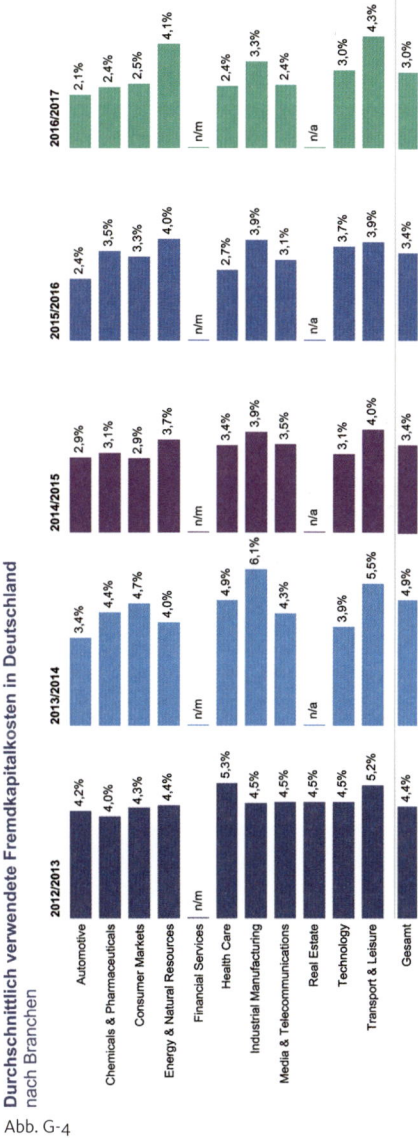

Branche	2012/2013	2013/2014	2014/2015	2015/2016	2016/2017
Automotive	4,2%	3,4%	2,9%	2,4%	2,1%
Chemicals & Pharmaceuticals	4,0%	4,4%	3,1%	3,5%	2,4%
Consumer Markets	4,3%	4,7%	2,9%	3,3%	2,5%
Energy & Natural Resources	4,4%	4,0%	3,7%	4,0%	4,1%
Financial Services	n/m	n/m	n/m	n/m	n/m
Health Care	5,3%	4,9%	3,4%	2,7%	2,4%
Industrial Manufacturing	4,5%	6,1%	3,9%	3,9%	3,3%
Media & Telecommunications	4,5%	4,3%	3,5%	3,1%	2,4%
Real Estate	4,5%	n/a	n/a	n/a	n/a
Technology	4,5%	3,9%	3,1%	3,7%	3,0%
Transport & Leisure	5,2%	5,5%	4,0%	3,9%	4,3%
Gesamt	4,4%	4,9%	3,4%	3,4%	3,0%

Abb. G-4

WACC nach Branchen

Nach dem seit 2013/2014 beobachtbaren stetigen Abwärtstrend der gewichteten Kapitalkosten (WACC) erreichte der durchschnittlich angesetzte WACC im Jahr 2017 mit 6,8 Prozent den niedrigsten Wert seit Veröffentlichung der Studie. Ursächlich für die rückläufige Entwicklung des WACC in der Vergangenheit war der Rückgang des risikolosen Basiszinssatzes, der durch den korrespondierenden Anstieg der Marktrisikoprämie nicht vollständig kompensiert wurde, so dass daraus insgesamt ein Rückgang der Eigen- und Gesamtkapitalkosten resultierte.

In den einzelnen Branchen zeigt sich eine sehr unterschiedliche Entwicklung im Jahresverlauf. Während im Bereich Automotive ein stetiger Abwärtstrend von 8,4 Prozent in 2012/2013 auf 7,3 Prozent in 2016/2017 zu beobachten war, zeigt sich einzig im Bereich Technology – trotz deutlichen Rückganges um 1,3 Prozent von 2013/2014 auf 2014/2015 – eine insgesamt positive Entwicklung des WACC von 8,2 Prozent in 2012/2013 auf 8,8 Prozent in 2016/2017. Die durchschnittlichen gewichteten Kapitalkosten der Unternehmen aus dem Bereich Media & Telecommunications weisen im Gegensatz zu den anderen Branchen nur wenig Volatilität auf und veränderten sich um nur 0,5 Prozentpunkte im Verlauf der vergangenen fünf Jahre. Gleichzeitig war dies der einzige Bereich, in dem von 2013/2014 auf 2014/2015 kein Abwärtstrend zu erkennen war.

Ermittlung von Kapitalkosten 237

Durchschnittlich verwendeter WACC (nach Unternehmenssteuern) in Deutschland
nach Branchen

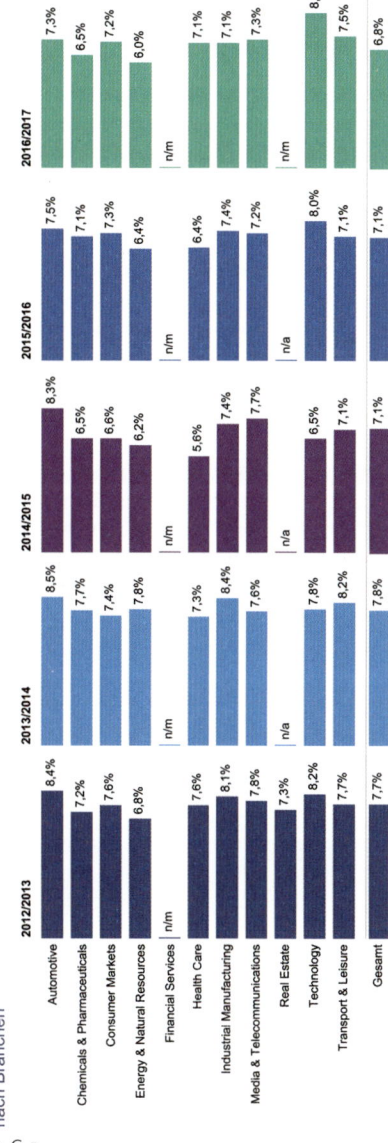

Branche	2012/2013	2013/2014	2014/2015	2015/2016	2016/2017
Automotive	8,4%	8,5%	8,3%	7,5%	7,3%
Chemicals & Pharmaceuticals	7,2%	7,7%	6,5%	7,1%	6,5%
Consumer Markets	7,6%	7,4%	6,6%	7,3%	7,2%
Energy & Natural Resources	6,8%	7,8%	6,2%	6,4%	6,0%
Financial Services	n/m	n/m	n/m	n/m	n/m
Health Care	7,6%	7,3%	5,6%	6,4%	7,1%
Industrial Manufacturing	8,1%	8,4%	7,4%	7,4%	7,1%
Media & Telecommunications	7,8%	7,6%	7,7%	7,2%	7,3%
Real Estate	7,3%	n/a	n/a	n/a	n/m
Technology	8,2%	7,8%	6,5%	8,0%	8,8%
Transport & Leisure	7,7%	8,2%	7,1%	7,1%	7,5%
Gesamt	7,7%	7,8%	7,1%	7,1%	6,8%

Abb. G-5

2. Ableitung der Marktrisikoprämie – Erkenntnisse aus der Krise

Im Zuge der Finanzmarkt- und Schuldenkrise sowie der Politik des billigen Geldes der Notenbanken, insbesondere der Europäischen Zentralbank (EZB), sind die Renditen deutscher Bundesanleihen beginnend im Jahr 2011 auf ein historisch niedriges Niveau gesunken und verharren dort bis heute. Die Frage der Auswirkungen auf die Marktrisikoprämie ist seitdem Gegenstand intensiver Diskussion. Ein Paradigmenwechsel bei der Ableitung der Marktrisikoprämie könnte die Abschätzung dieses Parameters auf eine breitere und damit belastbarere Schätzbasis stellen. Durch die Synthese historisch- wie auch zukunftsorientierter Ansätze können die Stärken beider Ansätze kombiniert und deren individuelle Schwächen abgemildert werden. Eine somit konsistente Ableitung der Kapitalkosten macht plausible Unternehmensbewertungen möglich und hilft, Fehlentscheidungen aufgrund von Fehlbewertungen zu vermeiden.

Seit dem Sommer 2011 ist die Rendite von deutschen Bundesanleihen kontinuierlich gesunken, erreichte im Herbst 2016 ein historisches Rekordtief und erholte sich seitdem nur unwesentlich. Auf der Suche nach „sicheren Häfen" der Vermögensanlage sind Käufer deutscher Bundesanleihen nun schon seit Jahren bereit, selbst bei langlaufenden Bundesanleihen negative Realrenditen zu akzeptieren, was bedeutet, dass die Rendite von deutschen Bundesanleihen unterhalb der Inflationserwartung für Deutschland liegt. Die Verzinsung deutscher Bundesanleihen wiegt damit schon seit einiger Zeit nicht mehr den inflationsbedingten Kaufkraftverlust des Vermögens auf.

Renditen von Bundesanleihen werden regelmäßig als Ausgangsgröße zur Ermittlung von Kapitalkosten für Zwecke der Unternehmensbewertung verwendet, da sie als guter Schätzer für den risikolosen Zinssatz angesehen werden, der dann in einem zweiten Schritt um die geforderte Risikoprämie erhöht wird. Eine unreflektierte Verwendung von Risikoprämien aus der Zeit vor 2011 in Verbindung mit der Übernahme des niedrigen Zinsniveaus führt folglich ohne Berücksichtigung der beobachtbaren krisenbedingten Veränderungen anderer Parameter der Kapitalkosten insgesamt zu sinkenden Kapitalkosten. Diese würden wiederum im Rahmen der für Bewertungen in Deutschland und international regelmäßig angewandten Ertragswert- und Discounted Cashflow (DCF)-Verfahren zu steigenden

Unternehmenswerten führen. Ein solcher Effekt stand aber im Zeitablauf zumeist im Widerspruch zur beobachtbaren Entwicklung von Marktpreisen für Unternehmen, die nicht in diesem Maße gestiegen sind oder sogar zeitweise gar nicht gestiegen sind. Zwar müssen sich (beobachtbare) Preise und (gerechnete) Werte nicht entsprechen, gleichzeitig erscheint es jedoch betriebswirtschaftlich fragwürdig, wenn theoretische Modelle steigende Werte erzeugen während sich beobachtbare Marktpreise anders verhalten.

Für den sorgfältigen und verantwortungsbewussten Bewerter sollte dies Anlass sein, die „übliche" Vorgehensweise kritisch zu hinterfragen und zu überprüfen, ob und inwieweit die verwendeten empirischen Daten krisenbedingt verzerrt sind und gegebenenfalls im Widerspruch zu den angewandten theoretischen Kapitalmarktmodellen stehen. Eine unreflektierte Bewertung kann im Ergebnis zu lediglich gerechneten Größen ohne ökonomischen Gehalt und ohne Entscheidungsrelevanz führen, wenn sich Bewertungsergebnis und Realität extrem widersprechen. Folgen wären Fehlinformationen, zum Beispiel bei der Bilanzierung (nicht erkannte Impairments) oder Fehlentscheidungen, wie etwa bei einem beabsichtigten Erwerb eines Unternehmens. Im Rahmen seiner am 19. September 2012 veröffentlichten *Hinweise des FAUB zur Berücksichtigung der Finanzmarktkrise bei der Ermittlung des Kapitalisierungszinssatzes in der Unternehmensbewertung* hat der FAUB daher seine empfohlene Bandbreite zur Bemessung der Marktrisikoprämie erhöht. Sie beträgt seitdem 5,5 Prozent bis 7 Prozent (vor persönlichen Steuern) bzw. 5 Prozent bis 6 Prozent (nach persönlichen Steuern). Diese Bandbreiten berücksichtigen die durch die Finanzmarkt- und Schuldenkrise veränderten Einflussparameter, insbesondere die veränderte Risikotoleranz der Kapitalmarktteilnehmer.

Die Höhe der Marktrisikoprämie als auch die Art und Weise ihrer Ableitung sind seitdem Gegenstand anhaltender und intensiver Diskussionen. Häufig geriet in diesen Diskussionen in Vergessenheit, dass die Marktrisikoprämie selbst kein empirisch direkt beobachtbarer Parameter ist, sondern – gemäß dem in der Praxis vorherrschenden Kapitalmarktpreisbildungsmodell CAPM – lediglich die rechnerische Differenz zwischen den beiden empirisch beobachtbaren Parametern Marktrendite und Basiszinssatz darstellt. Das CAPM zerlegt als Erklärungsmodell die empirisch beobachtbare Marktrendite in ihre Bestandteile, indem es von ihr den risikolosen Zins abzieht. Da die Differenz offensichtlich das „Mehr" ist, welches Anleger für die Übernahme von Risiko verlangen, wird es ‚Risikoprämie' beziehungsweise über alle Anlageformen ‚Marktrisikoprämie' genannt. Das CAPM ist daher kein Modell, um aus einem Basiszinssatz und einer „frei gegriffenen" Marktrisikoprämie eine Rendite zusammenzusetzen, die mit den an den Kapitalmärkten beobachtbaren Renditen nichts mehr gemein hat. Folglich sollte die Marktrendite insgesamt als beobachtbare Größe im Fokus der Analyse stehen. Die Frage ist somit nicht, was die „richtige" Marktrisikoprämie, sondern was die „richtige" Marktrendite ist. Hieraus resultiert nach Abzug des „richtigen" Basiszinssatzes im Ergebnis automatisch die „richtige" Marktrisikoprämie.

Basis für die Bestimmung von Marktrenditen und anschließend Marktrisikoprämien waren in der Vergangenheit häufig Analysen zu historischen Renditen. Zieht man von einer solchen durchschnittlichen historischen Marktrendite einen durchschnittlichen historischen Basiszinssatz, so wird mit dieser Vorgehensweise implizit eine im Zeitablauf konstante Risikoprämie unterstellt. Berechnet man dagegen für verschiedene Zeitpunkte der Vergangenheit jeweils die Risikoprämie als Differenz aus Marktrendite und risikolosen Zins, ergäbe sich eine im Zeitablauf schwankende Risikoprämie. Daneben haben sich in der Wissenschaft bereits seit Längerem und in der Bewertungspraxis in jüngerer Zeit Modelle zur Ableitung impliziter Renditen etabliert. Sie ermöglichen eine zukunftsorientierte Ableitung von Renditen anhand von aktuellen Kapitalmarktinformationen. Hierbei werden ebenfalls Risikoprämien berücksichtigt, die sich im Zeitablauf ändern können, was die tatsächlichen Begebenheiten an den Kapitalmärkten realistischer abbildet.

Hierfür wird im Kern die bekannte Bewertungsgleichung

Unternehmenswert = Cashflow/Kapitalkosten

umgestellt zu

Kapitalkosten = Cashflow/Unternehmenswert.

Für die Prognose der Cashflows finden Analystenschätzungen Anwendung, die mit zunehmender Kapitalmarkttransparenz in immer breiterem Umfang für eine Vielzahl von Unternehmen verfügbar sind und somit in Kombination mit der heute verfügbaren Rechenleistung die standardisierte Anwendung von Modellen zur Ableitung impliziter Renditen auf breiter Basis ermöglichen. Die Analystenschätzungen finden zudem häufig bei der Plausibilisierung von Planungsrechnungen Anwendung, so dass eine im Sinne des Äquivalenzprinzips konsistente Verwendung erfolgt. Für den Unternehmenswert werden die beobachtbaren Börsenpreise zugrunde gelegt. So lassen sich sowohl für einzelne Unternehmen als auch insbesondere für ganze Indizes implizite Renditen und damit implizite Kapitalkosten für spezifische Märkte ableiten.

Sowohl die Verwendung von historischen Renditen als auch die von impliziten Renditen weist sowohl Stärken als auch Schwächen sowie Spielräume bei der Festlegung einzelner Parameter auf, weswegen beide Ansätze wiederkehrend berechtigter Kritik ausgesetzt sind. Bei der Ermittlung von Marktrisikoprämien auf Basis von historischen Renditen wird neben den geschilderten grundsätzlichen Annahmen häufig auch die Abhängigkeit des Ergebnisses von der Auswahl einzelner Parameter wie zum Beispiel Zeitraum und Durchschnittsbildung kritisiert. Bei der Ermittlung von Marktrisikoprämien mit Hilfe impliziter Kapitalkosten bestehen jedoch ebenfalls Spielräume, so insbesondere bei der Auswahl des Modells, der modellhaften Fortschreibung der Analystenprognosen sowie der nachhaltigen Wachstumsannahmen. Auch die Verfügbarkeit und Aussagekraft von Analystenprognosen sowie die Annahme einer Identität von Wert (Barwert der Zuflüsse) und Preis (Börsenkurs) ist nicht unproblematisch.

Ein Ansatz, welcher diesen beiden Ansätzen überlegen ist, konnte bisher nicht identifiziert werden. Gerade das macht es unseres Erachtens nach notwendig, sich nicht nur auf einen der beiden Ansätze zu fokussieren, sondern beide Ansätze für die Ableitung der Marktrisikoprämie in der Bewertungspraxis zugrunde zu legen, um sich ihre jeweiligen Vorteile zunutze zu machen. Diese Vorteile liegen bei den historischen Renditen in der verlässlichen Schätzung eines stabilen Korridors von Renditen und Risikoprämien. Bei den impliziten Renditen liegt ein Vorteil in der Möglichkeit der stichtagsbezogenen Schätzung und der Feststellung von kurzfristigen Veränderungen der erwarteten Renditen im Zeitablauf. Auch die Deutsche Bundesbank hat zuletzt die Eignung von Modellen zu impliziten Renditen als Gradmesser für die Aktienbewertung und die Risikoeinstellung von Anlegern bestätigt. Ein weiterer Vorteil der zunehmenden Bedeutung impliziter und damit zukunftsorientierter Renditen liegt darin, dass die Kapitalkostenparameter Basiszinssatz und Marktrisikoprämie nicht beziehungslos nebeneinander, sondern wieder schlüssig zueinander abgeleitet werden, denn der Basiszinssatz wird bereits seit einigen Jahren stichtagsbezogen und zukunftsorientiert anhand von aktuellen Renditen sowie Zinsstrukturdaten abgeleitet.

Die geschilderte Kombination von historischen und impliziten Renditen ermöglicht es, zukunftsorientierte Renditen und ihre Veränderung im Zeitablauf zu schätzen und dabei Einflüsse eventueller Über- bzw. Untertreibungsphasen an den Kapitalmärkten auf die Renditen durch die gleichzeitige Betrachtung langfristig historischer (Real-)Renditekorridore wirksam auszuschließen.

Renditekorridor

Obere Grenze
Korridor Rendite/
Marktrisikoprämie

Implizite
Rendite/MRP

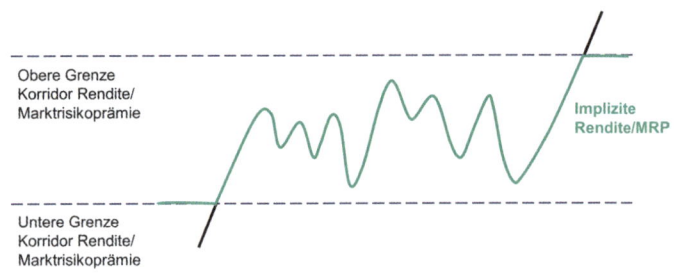

Untere Grenze
Korridor Rendite/
Marktrisikoprämie

Abb. G-6

Wie stellt sich nun die Entwicklung impliziter Renditen dar? Nach dem krisenbedingten Anstieg der erwarteten Renditen in den Jahren 2011 und 2012 trat ab dem Jahr 2013 eine Normalisierung in Richtung des langfristigen Durchschnitts von nominal circa 9 Prozent pro Jahr ein. Dieses Niveau zeigte sich dann im gesamten Jahresverlauf 2014 als recht stabil. Mit Beginn des Jahres 2015 begann jedoch ein merklicher Rückgang der Renditen, nominal wie auch real. Erst die im zweiten Halbjahr 2015 einsetzenden Turbulenzen auf den Kapitalmärkten in China und die Erwartung einer baldigen Zinserhöhung der amerikanischen Notenbank führten wieder zu einer Stabilisierung der Renditen auf einem Niveau von circa 8 Prozent pro Jahr. Auf diesem Niveau verharrt die Rendite seit circa zwei Jahren. Die Marktrisikoprämie bewegt sich daher entsprechend weitgehend mit umgekehrten Vorzeichen zur Veränderung des Basiszinssatzes. Per Ende September 2017 beträgt sie 6,75 Prozent bei einem Basiszinssatz von 1,25 Prozent, wie die nachstehende Abbildung der impliziten Renditen des DAX zeigt:

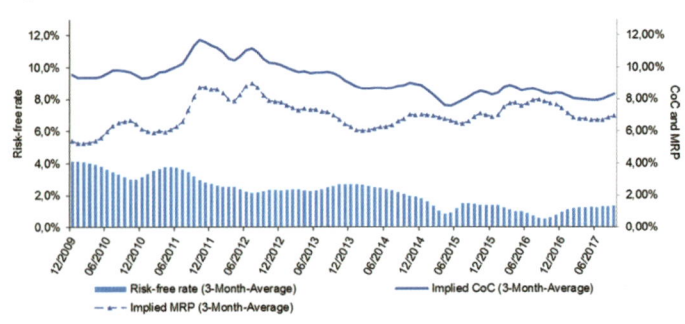

Implied COC and MRP for the DAX 30

Abb. G-7

3. Ermittlung von Betafaktoren – Hinweise für die Praxis

In der Unternehmensbewertungspraxis wird für die Ermittlung von Kapitalkosten regelmäßig auf das Capital Asset Pricing Model (CAPM) zurückgegriffen. Ein wesentlicher Parameter innerhalb dieses Modells ist der sogenannte Betafaktor. Er ist das Maß für das unternehmensindividuelle Risiko und gibt die Schwankungsbreite (Volatilität) der Renditen eines Unternehmens oder einer Branche im Verhältnis zu denen des Gesamtmarkts an. Obwohl auch der Betafaktor – ebenso wie andere Kapitalkostenparameter auch – zukunftsbezogen zu schätzen ist, wird in der Praxis mangels Alternativen bei seiner Ermittlung nahezu ausschließlich auf Vergangenheitswerte als Ausgangsgröße für die Prognose zurückgegriffen. Dies setzt eine hinreichende Stabilität dieses Betafaktors im Zeitablauf voraus. Bei der Datenanalyse sind eine Vielzahl von Entscheidungen zu treffen, die einen erheblichen Einfluss auf das Ergebnis der Betafaktorenanalyse und damit auf den Wert des Unternehmens haben können.

Die Bestimmung des Betafaktors erfolgt ausgehend von einer linearen Regression der Renditen eines Unternehmens gegen die des Marktes. Da am Kapitalmarkt nur Renditen von Unternehmen mit ihrer jeweiligen individuellen Verschuldung beobachtbar sind, kann im ersten Schritt nur ein sogenannter verschuldeter Betafaktor, der neben operativen Risiken auch Finanzierungsrisiken beinhaltet, abgeleitet werden. Bereits bei der linearen Regression der Renditen von Unternehmen und Markt hat der Bewerter unter anderem zu folgenden Fragestellungen eine Entscheidung zu treffen:

◊ Betafaktor des Unternehmens oder der vergleichbarer Unternehmen (Peer Group)
◊ Datenquelle
◊ Index
◊ Zeitraum
◊ Renditeintervall
◊ Wochentag
◊ Verwendung von Anpassungsverfahren

Anschließend hat der Bewerter bei der Bereinigung des Finanzierungsrisikos aus dem verschuldeten Betafaktor noch eine Entscheidung zur Verwendung eines passenden

◊ Finanztheoretisches Modells zur Eliminierung des Finanzierungsrisikos

zur Ermittlung des sogenannten unverschuldeten Betafaktors zu treffen (sogenanntes „Unlevern"). Dieser spiegelt dann allein die operativen Risiken wider. Anschließend wird dieser unverschuldete Betafaktor in der eigentlichen Unternehmensbewertung wieder um das Finanzierungsrisiko des Bewertungsobjekts angepasst (sogenanntes „Relevern").

Zu guter Letzt hat der Bewerter eine Entscheidung bei der

◊ Verdichtung der Ergebnisse zu einem Betafaktor für das Bewertungsobjekt

zu treffen.

Nachfolgend wird kurz auf die zuvor skizzierten Entscheidungsfelder eingegangen.

Betafaktor des Unternehmens oder der vergleichbarer Unternehmen (Peer Group)

Ist ein börsennotiertes Unternehmen zu bewerten, so kann grundsätzlich der Betafaktor dieses Unternehmens direkt Verwendung finden. Voraussetzung hierfür ist eine hinreichende Belastbarkeit und Aussagekraft des Betafaktors des Unternehmens. Diese ist in der Regel bei einer ausreichenden Liquidität des Handels der Aktien des Unternehmens gegeben und kann mittels statistischer Testverfahren weiter fundiert werden. Für die Beurteilung der Liquidität des Aktienhandels stellen Geld-Brief-Spannen, Handelstage, Handelsvolumina und der Free Float geeignete Kennzahlen dar.

Ist ein nicht börsennotiertes Unternehmen zu bewerten oder ist der Betafaktor eines börsennotierten Unternehmens nicht aussagekräftig, so sollte auf die Betafaktoren vergleichbarer börsennotierter Unternehmen (Peer Group) zurückgegriffen werden. Die Ermittlung einer Peer Group stellt auch regelmäßig eine sinnvolle Analyse zur Plausibilisierung unternehmenseigener Betafaktoren dar. Größere Abweichungen zwischen einem unternehmenseigenen Betafaktor und dem der Peer Group sollten Anlass für vertiefende Analysen zu der Belastbarkeit des unternehmenseigenen Betafaktors oder der Vergleichbarkeit der Peer Group sein.

Für die Beurteilung der Vergleichbarkeit der Peer Group Unternehmen und für deren Auswahl sind zunächst die Charakteristika des jeweiligen Geschäftsmodells zu identifizieren (beispielhaft und im Einzelfall festzulegen: Unternehmensgröße, Absatzmärkte, Wertschöpfungskette, Regulierung) und dann für diese zum eigentlichen Bewertungsobjekt vergleichbare Unternehmen zu identifizieren. Vor dem Hintergrund des Strebens von Unternehmen nach Marktnischen und der fortschreitenden Differenzierung von Geschäftsmodellen ist davon auszugehen, dass das Finden vergleichbarer Unternehmen künftig eher schwieriger wird. In diesem Fall sollte die Analyse auch um andere Branchen mit ähnlichen Wertschöpfungsketten erweitert werden.

Datenquelle
Einige Datenanbieter stellen bereits ermittelte Betafaktoren zur Verfügung, bei einer Vielzahl weiterer Anbieter sind Aktienrenditen von Unternehmen und Indizes verfügbar, anhand derer sich Betafaktoren mittels einer Regressionsanalyse anhand eigener Modelle ableiten lassen. In der Regel lassen sich anhand eigenberechneter Betafaktoren die von Datenanbietern bereits angebotenen Betafaktoren nachvollziehen. Aufgrund der Transparenz der Vorgehensweise bei eigenen Modellen zur Regressionsanalyse erscheint dieser Weg vorzugswürdig, wenn auch den direkt verfügbaren Betafaktoren von Datenanbietern eine höhere Belegwirkung zugestanden werden kann. Der Rückgriff auf mehr als eine Datenquelle und somit mögliche Vergleiche der Ergebnisse ist vor dem Hintergrund einer Kosten-Nutzen-Analyse abzuwägen.

Index
Für das in der Theorie notwendige, aber in der Praxis nicht vorhandene Marktportfolio, welches alle Anlagemöglichkeiten enthält, wird regelmäßig vereinfachend auf einen Aktienindex zurückgegriffen. Bei der Auswahl dieses Referenzindex für die Regressionsanalyse sind grundsätzlich sowohl internationale (zum Beispiel MSCI World, Stoxx Europe 600) als auch breite nationale Aktienindizes denkbar. Bei der Auswahl des Referenzindex sind verschiedene Aspekte zu beachten und abzuwägen, beinhalten sie doch die (implizite) Entscheidung für das zugrundeliegende Kapitalmarktmodell (sogenanntes Global CAPM vs. Local CAPM). Bei der Verwendung internationaler Aktienindizes als Referenzindex für die Bestimmung von Betafaktoren sind mögliche Rückwirkungen auf den für die Ableitung der Marktrisikoprämie verwendeten Aktienindex und die weiteren Parameter des zugrundeliegenden Kapitalmarktmodells zu untersuchen (beispielsweise Ableitung eines internationalen Basiszinssatzes) sowie Währungseffekte zu beachten. Ferner ist die statistische Belastbarkeit der gegen internationale Indizes ermittelten Betafaktoren zu prüfen, die häufig nur bei großen Unternehmen gegeben ist.

Wird – wie beispielsweise bei einer objektivierten Unternehmensbewertung gemäß IDW S 1 – bei der Alternativanlage auf inländische Investoren abgestellt und haben diese einen vor allem inländischen Anlagefokus, erscheint die Verwendung eines breiten nationalen Index als Referenzindex sinnvoll. Da in der Regel auch nationale Kapitalmärkte für die Ableitung von Basiszinssatz und Marktrisikoprämie verwendet werden, erscheint die Analyse auf Basis von jeweils breiten lokalen Aktienindizes vorzugswürdig. Wird eine Peer Group mit Unternehmen unterschiedlicher Länder verwendet, wäre in diesem Fall jeweils der lokale Aktienindex zugrunde zu legen.

Grundsätzlich sollte auf sogenannte Performanceindizes zurückgegriffen werden, da diese alle Renditebestandteile eines Aktionärs – neben Kursgewinnen eben auch die Dividenden – berücksichtigen. Es ist zu beachten, dass bei der Betaableitung „Äpfel mit Äpfel" verglichen werden, sodass dementsprechend für die zu analysierenden Unternehmen auch entsprechend um Dividende angepasste Aktienkurse verwendet werden.

Zeitraum

Bei der Frage des für die Ableitung des Betafaktors zugrunde zu legenden Zeitraums liegt das Spannungsfeld zwischen Aktualität und statistischer Belastbarkeit. Je größer die Datenmenge, was gleichbedeutend ist mit möglichst langen Zeiträumen, desto höher die statistische Belastbarkeit. Dafür gehen im selben Maße umso mehr nicht mehr aktuelle Daten vergangener Zeiträume ein. Grundsätzlich empfiehlt sich ein Zeitraum von zwei bis fünf Jahren. Dabei sind Sachverhalte wie Sondereffekte (zum Beispiel Übernahmen), Änderungen des Geschäftsmodells etc. bei der Festlegung des Analysezeitraums einzubeziehen. So sollten zum Beispiel bei der Ableitung eines unternehmensindividuellen Betafaktors nur die vergangenen Jahre einbezogen werden, in denen das Geschäftsmodell dieses Unternehmens mit dem aktuellen beziehungsweise zukünftigen Geschäftsmodell des Bewertungsobjekts vergleichbar ist.

Renditeintervall

Mit der Frage des Analysezeitraums eng verbunden ist die Frage des Renditeintervalls, welches bei der Ableitung des Betafaktors genutzt wird. Grundsätzlich gilt, je kleiner das Renditeintervall, desto mehr Daten sind für die lineare Regression vorhanden, was in der Regel einen positiven Effekt auf die statistischen Eigenschaften der Regression hat. Jedoch ist jenseits der großen Unternehmen zu beobachten, dass die Aktienkurse sich bei neuen Marktinformationen erst mit einer gewissen Verzögerung anpassen, sodass ein zu kurzes Renditeintervall zu Verzerrungen führen kann. Es werden daher vor allem wöchentliche und monatliche Renditeintervalle verwendet.

In der Praxis sind folgende drei Kombinationen von Zeitraum und Renditeintervall am weitesten verbreitet:

◊ Einjahreszeitraum bei wöchentlichen Renditen, teils auch bei täglichen Renditen bei großen bzw. sehr liquide gehandelten Unternehmen
◊ Zweijahreszeitraum bei wöchentlichen Renditen
◊ Fünfjahreszeitraum bei monatlichen Renditen

Uns erscheint es sinnvoll, der Betaanalyse alle drei Kombinationen zugrunde zu legen, um wertvolle Informationen über die Stabilität des Ergebnisses zu erlangen. Wir empfehlen daher, Einjahres-Betafaktoren mit wöchentlichen Renditen über einen Gesamtzeitraum von fünf Jahren zu erheben, um insbesondere auch die zeitliche Stabilität und eventuelle Strukturbrüche analysieren zu können sowie ebenso Zweijahres-Betafaktoren mit wöchentlichen Renditen und Fünfjahres-Betafaktoren mit monatlichen Renditen zu analysieren. Auch die Analyse sogenannter Rolling-Betafaktoren, das heißt um jeweils ein Renditeintervall verschobene Analysezeiträume über einen längeren Zeitraum, können wertvolle Hinweise zur Stabilität des Betafaktors im Zeitablauf geben.

Wochentag
Als nächstes ist zu entscheiden, an welchem Wochentag das jeweilige Renditeintervall enden soll. Viele Datenanbieter haben als Standardeinstellung den Freitag. Auch wenn theoretisch die Wahl des Wochentages keinen Einfluss auf das Ergebnis haben sollte, sind in der Realität wiederkehrend abweichende Ergebnisse bei anderen Wochentagen zu beobachten. Bestehen Indizien, dass diese wesentlich sind, sollte die Analyse unter Abwägen von Kosten und Nutzen auf die verschiedenen Wochentage erweitert werden.

Verwendung von Anpassungsverfahren
Neben den direkt aus den historischen Renditen abgeleiteten Betafaktoren (sogenannte „raw beta") haben sich verschiedene Anpassungsverfahren etabliert, die die Prognoseeignung der Betafaktoren verbessern sollen. Die beiden bekanntesten Anpassungsverfahren gehen dabei auf Blume und Vasicek zurück. Gerade im internationalen Umfeld ist der Rückgriff auf angepasste Betafaktoren (sogenannte „adjusted beta") weit verbreitet. Da deren Überlegenheit jedoch nur für ausgewählte Zeiträume und Kapitalmärkte empirisch nachgewiesen wurde und sich nicht durchgehend ein Anpassungsverfahren als überlegen gezeigt hat, son-

dern im Zeitablauf das jeweils überlegene Anpassungsverfahren variiert, stehen Anpassungsverfahren insbesondere in Deutschland in der Kritik.

Nichtsdestotrotz können Anpassungsverfahren unseres Erachtens einen wertvollen Beitrag bei der Betaschätzung leisten und dabei insbesondere das zukunftsbezogene Element der Betaschätzung unterstreichen.

Finanztheoretisches Modell zur Eliminierung des Finanzierungsrisikos

Bei der Anpassung des indirekt empirisch beobachtbaren verschuldeten Betafaktors um das Finanzierungsrisiko und somit Ableitung des unverschuldeten Betafaktors sind für die Festlegung der zutreffenden Anpassungsformeln insbesondere die Frage des Sicherheitsgrads des Tax Shields wie auch der Risikobehaftung des Fremdkapitals von entscheidender Bedeutung. Unseres Erachtens ist die Annahme unsicherer Steuervorteile und risikobehafteten Fremdkapitals konsistent zu den zumeist getroffenen übrigen Annahmen im Bewertungskalkül. Die Risikobehaftung des Fremdkapitals findet Ausdruck in dem sogenannten „debt beta"; für nähere Erläuterungen hierzu verweisen wir auf den Artikel „Debt Beta – Risikoteilung zwischen Kapitalgebern". Der unverschuldete Betafaktor ergibt sich dann dementsprechend wie folgt:

$$\beta_{EK}^{U} = \frac{\beta_{EK}^{V} + \beta_{FK}^{U} \frac{FK}{EK}}{1 + \frac{FK}{EK^{V}}}$$

mit:

β_{EK}^{U} = Unverschuldeter Betafaktor

β_{EK}^{V} = Verschuldeter Betafaktor

β_{FK} = Debt Beta

FK = Marktwert des Fremdkapitals

EK^{V} = Marktwert des Fremdkapitals bei Verschuldung

beziehungsweise dann beim Relevern der verschuldete Betafaktor wie folgt:

$$\beta_{EK}^{U} = (\beta_{EK}^{U} - \beta_{FK}) \frac{FK}{EK^{V}} = \beta_{EK}^{V}$$

Verdichtung der Ergebnisse zu einem Betafaktor für das Bewertungsobjekt

Am Ende sind die Vielzahl der Analysen und Ergebnisse zu einem Ergebnis zu verdichten. Dabei finden in der Praxis häufig Mittelwerte Anwendung. Diese sollten unseres Erachtens jedoch nicht unreflektiert Anwendung finden. Vielmehr sollten insbesondere Strukturbrüche, Trends in den Ergebnissen, Änderungen des Geschäftsmodells, der unterschiedliche Grad der Vergleichbarkeit von Unternehmen etc. bei der Verdichtung der Analyseergebnisse beachtet werden. Die Verdichtung stellt folglich – genauso wie die Handhabung der vorgenannten Einzelaspekte – eine nachvollziehbar zu begründende Entscheidung des Bewerters dar. Die Verwendung eines Mittelwerts sollte somit eher die Ausnahme als die Regel darstellen.

Zusammenfassung

Aufgrund der Vielzahl der Ermessensentscheidungen ist es ratsam, eine möglichst breite Analyse vorzunehmen, in der eine Vielzahl der oben geschilderten Variationsmöglichkeiten – sofern sinnvoll – berücksichtigt wird, um so eine Aussage zur Stabilität des Ergebnisses zu erlangen. Der Bewerter sollte untersuchen, wie sich die Wahl der Parameter auf die Höhe des Betafaktors auswirkt und wie stabil der Betafaktor im Zeitablauf ist, um zu entscheiden, welche Parameterwahl den Umständen des Einzelfalls am ehesten gerecht wird oder ob gegebenenfalls weiterführende Analysen notwendig sind.

Darüber hinaus sollten jedoch auch Modelle zur Ableitung des unternehmensindividuellen Risikos entwickelt werden, die stärker auf die Messung der dem Unternehmen innewohnenden Risiken abstellen. Die Bewertungspraxis hat hierfür einen Ansatz entwickelt, der eine Bestimmung von unternehmensindividuellen Risiken unabhängig und als Ergänzung zu Kapitalmarktdaten erlaubt und so das Analyseergebnis weiter fundiert. Wie dieser Ansatz umfassender für die Entscheidungsfindung bei einer Vielzahl von unternehmerischen Entscheidungen genutzt werden kann, finden Sie im Artikel „Corporate Economic Decision Assessment (CEDA)" erläutert.

4. Direkte Ableitung von Kapitalkosten – Alternativen zum Peer Group-Ansatz

Die zunehmenden dynamischen Veränderungen auf weltpolitischer und makroökonomischer Seite sowie durch Digitalisierung in den Geschäftsmodellen von Unternehmen auf mikroökomischer Ebene führen zu wachsenden Herausforderungen bei der Bewertung von Unternehmen und Handlungsoptionen. So wird erwartet, dass die Geschäftsmodelle vieler Großunternehmen sich in den kommenden drei Jahren so stark verändern wie in den letzten dreißig Jahren (vgl. manager magazin, März 2017, S. 79 ff.). Auf Vergleichsbasis beruhende Methoden wie der Peer Group-Ansatz verlieren bei der Kapitalkostenbestimmung in einer zunehmend unvergleichbaren Welt kontinuierlich an Schärfe. Wenn der Bewerter jedoch den unmittelbar beobachtbaren Vergleichsmaßstab nicht mehr zugrunde legen kann, muss er auf weiterentwickelte Ansätze und Methoden zurückgreifen. Derartige Ansätze müssen konsequent dem gebotenen Risikoäquivalenzprinzip der Bewertung folgen, eine tatsächliche Quantifizierung und Vergleichbarkeit der Unternehmensrisiken zulassen und konsistent unternehmensspezifische Kapitalkosten ableiten.

Notwendigkeit der Risikoquantifizierung
„Bewerten heißt vergleichen." (Moxter, Grundsätze ordnungsmäßiger Unternehmensbewertung, 2. Auflage 1983, S. 123) Dieses grundlegende Prinzip der (Unternehmens-)Bewertung gilt einmal mehr, gerade auch im aktuellen Wirtschaftsumfeld, das durch hohe Dynamiken und Volatilitäten sowie einen starken Trend zur Disruption gekennzeichnet ist. Um den bekannten Preis eines Unternehmens auf ein anderes Unternehmen mit unbekanntem Preis zu übertragen, müssen beide Unternehmen unter anderem äquivalenten Risiken unterliegen (Risikoäquivalenzprinzip). Das Risikoäquivalenzprinzip ist eines der zentralen, wenn nicht das zentrale Äquivalenzprinzip der Bewertung und kann in Theorie und Praxis als generell akzeptiert gelten. Für seine sachgerechte Berücksichtigung ist es notwendig, die operativen Risiken von Unternehmen und Geschäftsmodellen miteinander vergleichen zu können, denn nur so kann die notwendige Risikoäquivalenz tatsächlich überprüft werden. Für die Bewertung etablierter Geschäftsmodelle wird in der Bewertungspraxis auf die Kapitalmarktdaten börsennotierter Vergleichsunternehmen (Peer Group) zurückgegriffen. Die Auswahl der Vergleichsunternehmen erfolgt hierbei oft anhand rein qualitativer Merkmale (zum Beispiel Branche, Region,

Absatz- und Kundenbasis) und ist daher oft Gegenstand kontroverser Diskussionen zwischen den beteiligten Transaktionsparteien, Bewertern und Gerichten. Da es bislang an einem einheitlichen Ansatz zur Quantifizierung operativer Unternehmensrisiken fehlte, war der Ausgang solcher Diskussionen regelmäßig ungewiss.

Zunehmende Schwächen bisheriger Ansätze
Für die Beurteilung etablierter Geschäftsmodelle mit einer existierenden kapitalmarktorientierten Vergleichsbasis kann der Peer Group-Ansatz grundsätzlich als angemessen betrachtet werden. Nachstehende Grafik zeigt jedoch, dass ungeachtet dessen auch im Rahmen dieses Ansatzes bereits Unschärfen resultieren können.

So ist es übliche Praxis, im Rahmen der Cashflow-Prognose eine Plausibilisierung der erwarteten Unternehmensperformance anhand von Benchmarkdaten der Peer Group vorzunehmen und mittels unternehmensspezifischer Merkmale innerhalb der Peer Group-Bandbreite zu positionieren. Im Hinblick auf die hierzu korrespondierenden Unternehmensrisiken gelingt eine solche Positionierung innerhalb einer Peer Group-Bandbreite in Ermangelung praktikabler Ansätze zur unternehmensindividuellen Risikoquantifizierung bislang jedoch nicht. Hier überwiegen oft eine pauschale Mittelwertbildung oder stark vereinfachende Gewichtungen. Einerseits liegt hierin die Ursache der beschriebenen kontroversen Diskussionen der beteiligten Parteien, da sowohl die Peer Group-Auswahl als auch die Verdichtung der Peer Group-Bandbreite wenig objektivierbar sind. Andererseits liegt hierin die tatsächliche Gefahr, dass die Risiken der bewertungsrelevanten Cashflows nicht äquivalent zu den in den Kapitalkosten implizit berücksichtigten Risiken sind, was zu Fehlbewertungen und folglich Fehlinvestitionen führen kann. Fehlt es an Ansätzen, die Cashflows und Kapitalkosten konsistent – im Sinne der Risikoäquivalenz – miteinander zu verbinden, können die hieraus möglicherweise resultierenden Verletzungen des Risikoäquivalenzprinzips auch nicht quantifiziert werden. Für etablierte Geschäftsmodelle und Unternehmen wurde diesen Gefahren in der Bewertungspraxis durch die Anwendung unterschiedlicher Bewertungsmethoden basierend auf langjährigen Erfahrungswerten Rechnung getragen.

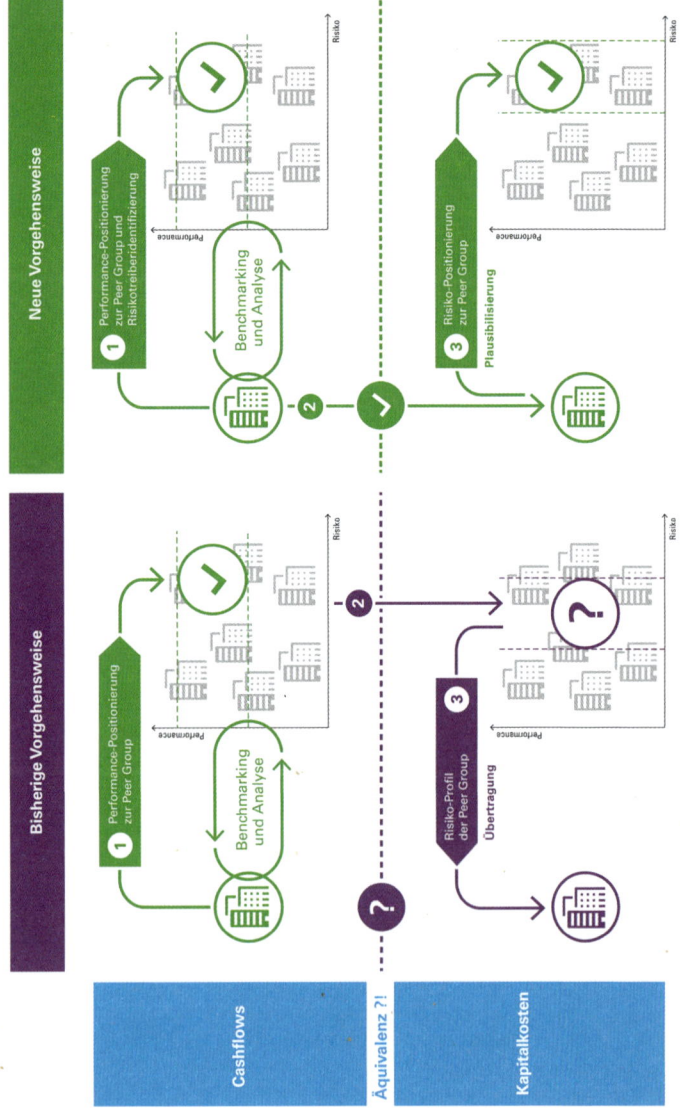

Abb. G-8

Letzteres scheidet bei der Beurteilung neuer innovativer Geschäftsmodelle und Start-ups jedoch aus. Wird berücksichtigt, dass auch Unternehmen mit etablierten Geschäftsmodellen sich den rasch wandelnden politischen und wirtschaftlichen Rahmenbedingungen stellen und entsprechend dynamisch anpassen müssen, ist der „Start-up-Charakter" nicht länger nur eine Eigenschaft neuer innovativer Unternehmen. Vielmehr ist zu erwarten, dass die Mehrzahl aller Unternehmen künftig Start-ups sind. Somit verlieren auch für etablierte Unternehmen bisherige Ansätze mittels Peer Group aufgrund rückläufiger Vergleichbarkeit zwischen Peer Group und Unternehmen zusehends an Legitimation. Hinzu tritt das Problem, dass auch die bislang herangezogenen Kapitalmarktdaten aufgrund von fundamentalen Krisen in der jüngeren Vergangenheit, politisch motivierten Ereignissen wie zum Beispiel dem Brexit oder einer neuen Art von Protektionismus sowie ökonomischer Veränderungen wie Digitalisierung oder Industrie 4.0 als Erfahrungsbasis und Ausgangspunkt für zukünftige Erwartungen nur noch sehr eingeschränkt verwertbar scheinen.

Erweiterte Ansätze zur Ableitung von unternehmensspezifischen Kapitalkosten
Neue praktikable Ansätze, die das unternehmensspezifische Risiko eines Bewertungsobjektes direkt ableiten und äquivalent in seinen Kapitalkosten reflektieren, werden folglich benötigt. Mit Corporate Economic Decision Assessment (CEDA) hat KPMG einen praktikablen Ansatz entwickelt, der das operative Risiko eines zu bewertenden Unternehmens äquivalent in den Cashflows und den Kapitalkosten gleichermaßen berücksichtigt (vergleiche vorstehende Abbildung).

Ableitung und Plausibilisierung der zukünftigen Cashflows erfolgen wie bisher auf der Basis der unternehmensindividuellen Planungsrechnungen und unter Berücksichtigung der jeweiligen Markt- und Wettbewerbssituation. Etablierte Unternehmen sind mit dieser Vorgehensweise grundsätzlich vertraut, sie müssen lediglich die sich zukünftig verändernden Rahmenbedingungen, Geschäftsmodelle und operativen Treiber konsistent in das bestehende Instrumentarium integrieren. Mangelnde Vergleichbarkeit zu bestehenden Geschäftsmodellen bedingt eine Fokussierung auf die operativen Treiber und eine tiefere Auseinandersetzung mit den operativen Geschäftsmodellen als bisher. Grundsätzlich sollte jede Bewertung auf dem operativen Geschäftsmodell und nicht lediglich auf den daraus resultierenden finanziellen Kennzahlen aufsetzen. Dies blieb in der Vergangenheit bei der Bewertung etablierter Geschäftsmodelle oftmals unberücksichtigt oder wurde mit der Annahme gerechtfertigt, dass etablierte Unternehmen sich durch vergleichbare Finanzkennzahlen hinreichend erfassen lassen. Die Prognose zukünftiger Cashflows bedingt bei einer fehlenden Unternehmenshistorie eine dezidierte Beschäftigung mit dem operativen Geschäftsmodell. Hieran anschließend erfolgt die Transformation in ein integriertes simulationsfähiges Financial Model.

Durch Big Data und die zunehmende Verfügbarkeit operativer Kennzahlen gelingt so eine direkte Verbindung zwischen der Entwicklung der operativen Treiber eines Geschäftsmodells und seiner finanziellen Performance. Da es sich um zukunftsbezogene Daten handelt, sind die in die Beurteilung einzubeziehenden operativen Treiber regelmäßig keine einwertigen Größen. Ihr Einbezug in erwartbare Bandbreiten lässt in Kombination mit dem zu bewertenden Geschäftsmodell in einem ersten Schritt die Ableitung der für Bewertungszwecke notwendigen Erwartungswerte der zukünftigen Cashflows zu. Technische Basis hierfür sind simulative Planungsansätze (Monte Carlo-Simulationen). Bereits diese Erweiterung verbessert Ergebnis und Transparenz bisheriger Vorgehensweisen signifikant, die bislang oft lediglich von der Annahme geprägt waren, dass die Planungsrechnungen bereits Erwartungswerte reflektieren. Offensichtlich ambitionierte Planungsrechnungen wurden einfach durch den pauschalen Ansatz sogenannter Alpha-Faktoren als Zuschlag zu den Kapitalkosten anzupassen versucht.

Dieselben Informationen über die zukünftigen operativen Treiber des Geschäftsmodells werden dann zur direkten Ableitung der Kapitalkosten herangezogen. Hierbei spielen in einem zweiten Schritt simulativ abgeleitete zukünftig erwartete Volatilitäten der prognostizierten Cashflows ebenso eine Rolle wie das Verhältnis dieser zum Kapitalmarkt. Beide Merkmale kennzeichnen das unternehmensspezifische operative Risiko, das sich in den bewertungsrelevanten Kapitalkosten niederschlagen muss. Nur wenn es gelingt, die Unternehmensrisiken bereits bei der Cashflow-Prognose richtig zu erfassen und zu messen, können diese Risiken angemessen in dem Vergleichsmaßstab – den Kapitalkosten – abgebildet werden. Zusätzlich sind innerhalb des Unternehmens bestehende risikodiversifizierende Effekte zum Beispiel zwischen Geschäftsbereichen oder Regionen explizit zu berücksichtigen. Im Ergebnis resultieren direkt abgeleitete unternehmensspezifische Kapitalkosten, die dann – analog zur Vorgehensweise bei den Cashflows – anhand von Markt- und Vergleichsdaten plausibilisiert und in die Bandbreite einer Peer Group eingeordnet werden können.

Vorteile neuer Ansätze

Die in der Vergangenheit unter „stabilen Unsicherheiten" oft angenommene Risikoäquivalenz zwischen Bewertungsobjekt und Vergleichsinvestition wird zukünftig immer weniger aufrecht zu erhalten sein. Rein vergleichsbasierte Methoden wie Peer Group-Ansätze können insbesondere bei der Beurteilung neuer Geschäftsmodelle zu Fehlentscheidungen führen. Die parallele und zueinander konsistente Ableitung von Cashflows und Kapitalkosten hilft, die Nachteile bisheriger Ansätze zu vermeiden. Die auf der technischen Basis flexibler und dynamischer Simulations- und Planungsmodelle gleichzeitige Ermittlung der Erwartungswerte zukünftiger Cashflows (Performance) und ihrer Kapitalkosten (Risiko) ermöglicht – basierend auf denselben Informationen und einem konzeptionell geschlossenen Ansatz wie zum Beispiel CEDA – die richtige Wertableitung vor dem Hintergrund gebotener Risikoäquivalenz. Das hohe Maß an Transparenz über die Entwicklung dieser wesentlichen Parameter einer Bewertung wirkt objektivierend und reduziert durch eine nachvollziehbare Quantifizierbarkeit von Risiken den Graubereich rein qualitativ unterlegter Abschätzungen als Ursache unterschiedlicher Einschätzungen der beteiligten Parteien.

5. Debt Beta – Risikoteilung zwischen Kapitalgebern?

In der Bewertungspraxis herrscht ein uneinheitliches Verständnis hinsichtlich der Notwendigkeit der Berücksichtigung eines sogenannten Debt Betas bei der Ableitung verschuldeter Eigenkapitalkosten vor. Die Berücksichtigung des Debt Beta ist jedoch bei näherer Betrachtung tatsächlich keine freie Wahlentscheidung des Bewerters. Soweit die Fremdkapitalkosten nicht der sicheren Basisverzinsung entsprechen – was in der Praxis regelmäßig zutreffend ist –, ist ein Debt Beta bei der Umrechnung von verschuldeten und unverschuldeten Betafaktoren zwingend zu berücksichtigen. Ein Weglassen des Debt Beta kann in der Praxis somit zwangsläufig zu Bewertungsfehlern führen.

Unabhängigkeit des operativen Risikos von der Finanzierung eines Unternehmens

Bei einer Investition in Unternehmen tragen alle Kapitalgeber zusammen zunächst ausschließlich sogenannte operative Risiken, wenn die Hierarchie der verschiedenen Kapitalgeber (Eigen- und Fremdkapitalgeber) für die Finanzierung der Investition untereinander vorerst unberücksichtigt bleibt. Unter diese operativen Risiken fällt grundsätzlich auch die Möglichkeit eines (vollständigen) Zahlungsausfalls.

Die operativen Risiken der bewertungsrelevanten Cashflows müssen angemessen in den Kapitalkosten berücksichtigt werden. Zur Abbildung des rein operativen Risikos in den Kapitalkosten ist die Finanzierung der Investition grundsätzlich irrelevant; die Kapitalkosten der Kapitalgeber eines vollkommen unverschuldeten Unternehmens entsprechen den gewichteten Kapitalkosten aller Kapitalgeber eines verschuldeten Unternehmens. Sowohl die Kapitalgeber eines vollkommen unverschuldeten Unternehmens (Eigenkapitalgeber als auch die Gruppe von Kapitalgebern eines verschuldeten Unternehmens insgesamt (Eigen- und Fremdkapitalgeber) lassen sich das operative Risiko des operativen Cashflows gleichermaßen vergüten (anteilig, entsprechend ihrer jeweiligen Kapitalquote sowie der Rangfolge der Bedienung der Ansprüche). Folglich teilen sich Eigen- und Fremdkapitalgeber die Vergütung für das von der Finanzierung grundsätzlich unabhängige operative Risiko.

Operatives Risiko und Risikoprämien

Da sowohl die Rückflüsse für die Eigen- als auch für die Fremdkapitalgeber aus den operativen Cashflows gespeist werden, fordern beide Kapitalgebergruppen eine Risikoprämie für die Übernahme des operativen Risikos. Dabei können aus der Rangfolge der Kapitalgeber bei der Auszahlung ihrer Cashflow-Ansprüche Unterschiede in der Höhe der geforderten Risikoprämien resultieren. So lässt sich beobachten, dass Fremdkapitalgeber, deren Anteil am Gesamtunternehmenswert und somit am operativen Cashflow sehr klein ist, regelmäßig eine relativ kleine Risikoprämie verlangen. Demgegenüber werden Fremdkapitalgeber, deren Anteil am Gesamtunternehmenswert und somit am operativen Cashflow sehr hoch ist, eine signifikant höhere Risikoprämie verlangen. Für den Fall, dass die Fremdkapitalgeber aufgrund ihres Anteils am Gesamtunternehmenswert faktisch wirtschaftliche Eigentümer des Unternehmens sind, wird sich ihre Renditeforderung und somit auch die geforderte Risikoprämie der eines Eigenkapitalgebers am unverschuldeten Unternehmen angleichen.

Gemäß dem Capital Asset Pricing Model (CAPM) setzt sich die Risikoprämie aus einem unternehmensspezifischen Risikomaß (Betafaktor) und der Marktrisikoprämie zusammen. Dies gilt gleichermaßen für unsichere Eigenkapital- wie unsichere Fremdkapitaltitel. Analog zur Risikoprämie der Eigenkapitaltitel setzt sich die von den Fremdkapitalgebern geforderte Risikoprämie (Spread) für die Übernahme von operativem Risiko aus einem Betafaktor, hier dem sogenannten Debt Beta, und der Marktrisikoprämie zusammen. Hieraus resultiert unmittelbar, dass eine Vernachlässigung des Debt Beta implizit von der Annahme risikolosen Fremdkapitals ausgeht, da der Fremdkapital-Spread in diesem Fall null ist und die Fremdkapitalkosten dann dem risikolosen Basiszinssatz entsprechen. Diese Annahme ist in der Realität jedoch nahezu niemals erfüllt.

Teilung des operativen Risikos zwischen den Kapitalgebern

Welcher Fehler bei der Vernachlässigung des Debt Beta entsteht, zeigt sich anhand der allgemeinen Formel für verschuldete Kapitalkosten:

$$k_{EK}^V = k_{EK}^U + (k_{EK}^U - k_{FK}) \frac{FK}{EK},$$

k_{EK}^V = Eigenkapitalrendite eines verschuldeten Unternehmens
k_{EK}^U = Eigenkapitalrendite eines unverschuldeten Unternehmens
k_{FK} = Fremdkapitalzinssatz
$\frac{FK}{EK}$ = Verschuldungsgrad

Wird ein Unternehmen fremdfinanziert, tritt für die Eigenkapitalgeber neben das operative Risiko, abgebildet in den unverschuldeten Eigenkapitalkosten, zusätzlich das finanzielle Risiko durch die Verschuldung. Denn die Eigenkapitalgeber partizipieren jetzt erst nach den Auszahlungen an die Fremdkapitalgeber an den verbleibenden operativen Cashflows. Infolge der zusätzlich übernommenen finanziellen Risiken erhöht sich die Renditeforderung der Eigenkapitalgeber durch den bekannten Leverage-Effekt.

Doch wie wirkt sich die Vernachlässigung des Debt Beta auf die verschuldeten Eigenkapitalkosten aus? Wird das Debt Beta nicht berücksichtigt, müsste für die Fremdkapitalkosten der risikolose Basiszinssatz verwendet werden, da der Fremdkapital-Spread implizit null ist. Hieraus folgt dann aber unmittelbar, dass die verschuldeten Eigenkapitalkosten im Vergleich zur Verwendung eines Debt Betas ansteigen, da sich der Leverage-Zuschlag zu den unverschuldeten Eigenkapitalkosten erhöht.

Fremdkapitalkosten gleich Basiszinssatz
(Angaben in Prozent)

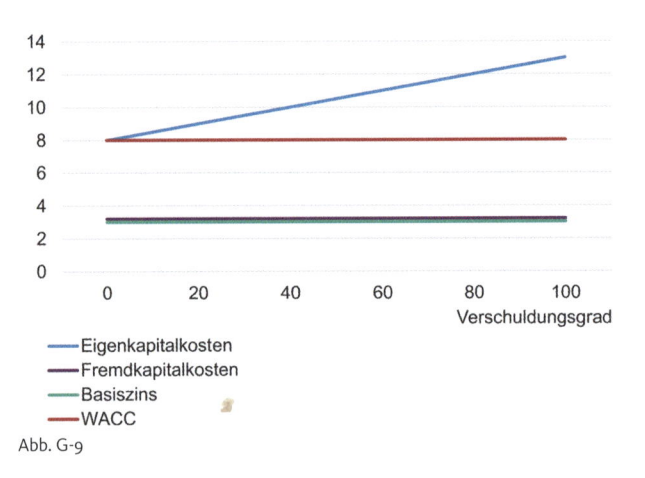

Abb. G-9

Wie ist dieser Effekt ökonomisch zu interpretieren? Genau genommen spiegelt der Leverage-Zuschlag auf die unverschuldeten Eigenkapitalkosten den Risikozuschlag für die zusätzliche Übernahme des finanziellen Risikos durch die Eigenkapitalgeber wider. Die obenstehende Abbildung zeigt (unter der Annahme, dass die Fremdkapitalkosten dem risikolosen Basiszinssatz entsprechen) den Leverage-Effekt auf die verschuldeten Eigenkapitalkosten bei zunehmender Verschuldung.

Fremdkapitalkosten inklusive Spread
(Angaben in Prozent)

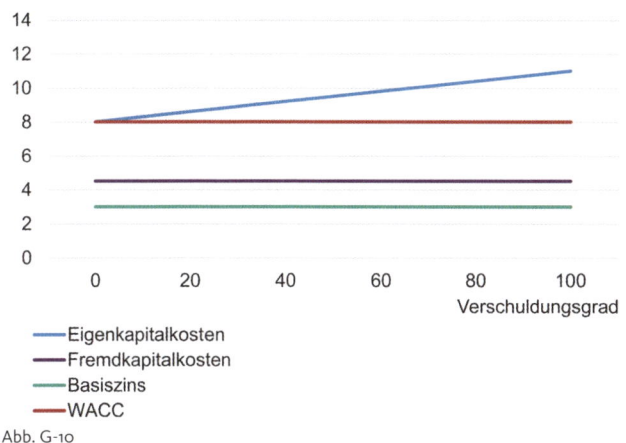

— Eigenkapitalkosten
— Fremdkapitalkosten
— Basiszins
— WACC

Abb. G-10

Soweit auch die Fremdkapitalgeber für die Übernahme von operativem Risiko durch einen Aufschlag auf die risikolose Verzinsung vergütet werden (Fremdkapitalkosten ergeben sich nunmehr aus Basiszinssatz plus Spread), reduziert sich der dargestellte Leverage-Effekt, wie in untenstehender Abbildung dargestellt.

Ursächlich hierfür ist, dass am Markt die Übernahme von operativen Risiken nicht mehrfach vergütet wird. Übernehmen die Fremdkapitalgeber einen Teil des operativen Risikos und lassen sich diese Übernahme mittels Spread vergüten, reduziert sich das operative Risiko für die Eigenkapitalgeber und ihr Leverage-Zuschlag vermindert sich entsprechend. Dieser wird insgesamt größer, wenn die Renditeforderung der Fremdkapitalgeber nahe dem risikolosen Basiszinssatz ist, und umgekehrt kleiner, je größer der Spread der Fremdkapitalgeber ist.

Debt Beta als notwendiger Bestandteil sachgerechter Kapitalkostenableitung

Grundsätzlich wäre die Bewertung eines Unternehmens auf der Basis der oben gezeigten Gleichung und somit allein durch Kenntnis der unverschuldeten Eigen- und Fremdkapitalkosten sowie des Verschuldungsgrades möglich. In der Bewertungspraxis hat sich durch die weitverbreitete Anwendung des CAPM zur Ableitung risikoäquivalenter Kapitalkosten sowie die hiermit verbundene empirische Ableitung von Kapitalmarktparametern jedoch eine alternative Vorgehensweise durchgesetzt. So werden die verschuldeten Eigenkapitalkosten unter Anwendung eines verschuldeten Betafaktors wie folgt bestimmt:

$$k_{EK}^V = r_f + \beta^V \cdot MRP$$

k_{EK}^V = Eigenkapitalrendite eines verschuldeten Unternehmens
r_f = risikoloser Zinssatz
β^V = verschuldeter Betafaktor
MRP = Marktrisikoprämie

Zur Ableitung des verschuldeten Betafaktors bedient sich die Bewertungspraxis oft sogenannter Textbook-Formeln. Obwohl die Bewertungstheorie in Abhängigkeit von Bewertungsannahmen hinsichtlich der Übernahme operativer Risiken durch die Fremdkapitalgeber oder auch des Risikogehaltes der Steuervorteile aus der Abzugsfähigkeit von Fremdkapitalzinsen unterschiedliche Umrechnungsformeln abgeleitet hat, werden in der Praxis oft zu den gesetzten Bewertungsannahmen inkonsistente Umrechnungsformeln verwendet. Bewertungsfehler durch nicht sachgerecht abgeleitete Kapitalkosten können die Folge sein. Es lässt sich nämlich für den Fall einer von der risikolosen Verzinsung abweichenden Fremdkapitalrenditeforderung (sowie unter der Annahme unsicherer Steuervorteile) auch unmittelbar analytisch zeigen, dass die oben beschriebenen wirtschaftlichen Sachverhalte nur dann vollständig bei der Ableitung des verschuldeten Betafaktors erfasst werden, wenn das Debt Beta unmittelbar berücksichtigt ist.

$$\beta^V = \beta^U + (\beta^U - \beta^{Debt}) \frac{FK}{EK},$$

β^V = verschuldeter Betafaktor
β^U = unverschuldeter Betafaktor
β^{Debt} = Betafaktor des Fremdkapitals
$\frac{FK}{EK}$ = Verschuldungsgrad

Auch bei der Ableitung der verschuldeten Eigenkapitalkosten mittels eines verschuldeten Betafaktors resultieren zu hohe Eigenkapitalkosten und somit ceteris paribus zu geringe Marktwerte des Eigenkapitals, soweit das Debt Beta (bewusst oder unbewusst) einfach weggelassen wird.

6. Länderrisiken – Berücksichtigung in Bewertungskalkülen

In der Vergangenheit fanden Länderrisiken in der Bewertungspraxis und bei Investitionsentscheidungen von Unternehmen hauptsächlich bei Schwellen- und Entwicklungsländern Beachtung. Die Finanz- und Staatsschuldenkrise hat jedoch zu einem Anstieg der Länderrisiken auch in Ländern des Euroraums geführt. Länderrisiken sind daher zunehmend in Bewertungskalkülen zu beachten. In der Praxis existieren Modelle, die für nahezu jedes Land auf Basis empirischer Daten Länderrisikoprämien ermitteln.

Ein Grundprinzip der zukunftsgerichteten Unternehmensbewertung ist die Risikoäquivalenz zwischen den zukünftig erwarteten Zahlungsströmen eines Unternehmens und den im Rahmen der Barwertermittlung angewandten Kapitalisierungszinssätzen. Diese umfassen üblicherweise die Anpassung einer risikolosen Basisverzinsung um vom Investor zu tragende operative Risiken und Finanzierungsrisiken (Risikozuschlagsmethode). Bei Unternehmensbewertungen im internationalen Kontext umfassen die operativen Risiken zudem häufig zusätzliche Länderrisiken sowie den Zahlungsströmen zugrunde liegende Wechselkursrisiken, die im Bewertungskalkül zu berücksichtigen sind.

Der Begriff Länderrisiken beschreibt in diesem Zusammenhang allgemeine politische, regulatorische, makroökonomische, juristische oder steuerliche Risiken, denen Investoren in den entsprechenden Ländern ausgesetzt sein können, und die aufgrund der Verflechtung der internationalen Kapitalmärkte in der Regel nur einer unzureichenden Risikodiversifikation unterliegen. Zudem weichen Renditen und Preise für Unternehmensanteile aus Emerging Markets regelmäßig von denen aus entwickelten Kapitalmärkten ab. Daher können diese Risiken im Bewertungskalkül nicht vernachlässigt werden. Über die Art und Weise einer Berücksichtigung herrscht vor dem Hintergrund der Anwendbarkeit theoretischer Modelle und Verfügbarkeit aussagekräftiger empirischer Daten zwischen Bewertungstheorie und -praxis nicht immer Einigkeit.

Ein Extrembeispiel für Länderrisiken sind die in der jüngeren Vergangenheit zu beobachtenden Fälle von Enteignungen ausländischer Investoren oder die Verhängung von Transfermoratorien für im jeweiligen Land erwirtschaftete Unternehmensgewinne oder Dividenden. Während Länderrisiken in der Vergangenheit häufig nur bei Bewertungen in Schwellen- und Entwicklungsländern zu berücksichtigen waren, hat vor dem Hintergrund der Finanz- und Schuldenkrise ihre Bedeutung in der Bewertungspraxis auch für Länder im Euroraum zuletzt deutlich zugenommen. So liegen aktuelle Länderrisikoprämien für die Länder des Euroraums derzeit zwischen 0 Prozent (unter anderem Deutschland, Finnland) und mehr als 8 Prozent (unter anderem Griechenland) – in den Hochphasen der Krise lagen die Prämien teils sogar über 20 Prozent – für Länder außerhalb des Euroraums wie zum Beispiel Brasilien oder China liegen die Prämien derzeit bei über 3 Prozent und etwa 1 Prozent. Unternehmen sollten zudem auch bei Investitionsentscheidungen die Berücksichtigung von Länderrisiken verstärkt beachten. Auch das IDW weist im Rahmen seiner Fragen und Antworten zur praktischen Anwendung des Bewertungsstandards IDW S 1 explizit auf die Berücksichtigung von Länderrisiken bei der Unternehmensbewertung hin.

Folgende Grafik zeigt aktuelle Länderrisikoprämien per 30. Juni 2017 in Europa:

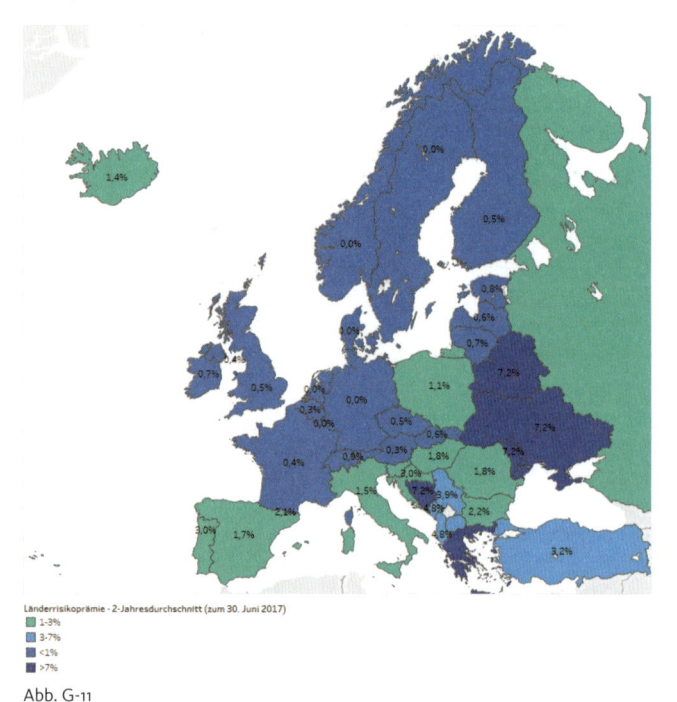

Länderrisikoprämie - 2-Jahresdurchschnitt (zum 30. Juni 2017)
■ 1-3%
■ 3-7%
■ <1%
■ >7%

Abb. G-11

Vor allem im Euroraum lässt sich seit der Finanz- und Schuldenkrise eine Neubewertung der Risikoprofile von Krisenländern wie zum Beispiel Portugal, Italien und Spanien an den Kapitalmärkten beobachten. Hieraus resultieren für die betroffenen Länder teilweise enorme Refinanzierungsschwierigkeiten, die auf der politischen Ebene durch Spar- und Konjunkturprogramme eingedämmt werden sollen. Die Glaubwürdigkeit und Durchführbarkeit solcher Maßnahmen entscheidet dabei am Kapitalmarkt über die den entsprechenden Ländern zur Verfügung gestellte Liquidität und damit mittelbar über die zukünftige Be- oder Entlastung nationaler Haushalte.

Aus diesem Zusammenhang ergeben sich direkte Rückwirkungen auf die Bewertung von in diesen Ländern aktiven Unternehmen beziehungsweise von Investitionen in diesen Ländern. Dabei wird in der Regel zwischen originären Länderrisiken, die aus direkten ausfallgefährdeten Vertrags- oder Handelsbeziehungen eines Unternehmens mit dem entsprechenden öffentlichen Haushalt resultieren, sowie derivativen Länderrisiken, die über die generelle konjunkturelle Entwicklung sowie fiskalpolitische Maßnahmen auf die zukünftigen Ertragsaussichten eines Unternehmens wirken, unterschieden.

Im Rahmen der Unternehmensbewertung finden Länderrisiken grundsätzlich bei der Planung und Analyse der zukünftigen Zahlungsströme sowie bei der Bemessung der Kapitalkosten Berücksichtigung. Bei der Ermittlung der Kapitalkosten mit Hilfe des Capital Asset Pricing Model (CAPM) sind Länderrisiken Bestandteil der durch das CAPM erklärten Risikoprämie. Für die alleinige Berücksichtigung von Länderrisiken bei der Ableitung der Erwartungswerte der Cashflows fehlt hingegen sowohl eine breit akzeptierte Methode als auch die empirische Datenlage. In Schwellen- und Entwicklungsländern aber auch in Ländern, die einen erheblichen strukturellen Wandel vollziehen, wie zum Beispiel die Krisenstaaten im Euroraum, lässt sich die Marktrisikoprämie häufig nicht belastbar empirisch messen. In diesem Fall werden in der Bewertungspraxis häufig Länderrisiken vereinfachend in einer separaten Länderrisikoprämie zusätzlich zu einer allgemeinen Marktrisikoprämie für etablierte Kapitalmärkte berücksichtigt. Eine transparente Möglichkeit zur Ableitung von Länderrisikoprämien bildet die Analyse von Renditeunterschieden (sogenannte Spreads) zwischen währungs- und laufzeitgleichen Staatsanleihen des entsprechenden Landes und einer als vergleichsweise sicher eingestuften Vergleichsgröße (zum Beispiel deutschen oder US-amerikanischen Staatsanleihen). Nicht unberücksichtigt bleiben können dabei jedoch Eingriffe in den Kapitalmarkt durch zum Beispiel Stützungskäufe der Europäischen Zentralbank.

Bei der Berücksichtigung in den Kapitalkosten muss der Bewerter jedoch immer auf das Zusammenspiel aller Kapitalkostenparameter achten, um eine Doppelberücksichtigung von Risiken zu vermeiden. So kann zum Beispiel ein verwendeter lokaler Basiszinssatz bereits Länderrisiken enthalten und insofern streng genommen aus der Sicht entwickelter Kapitalmärkte keinen risikolosen Zins darstellen (beispielsweise italienische oder spanische Staatsanleihen). Eine zusätzliche Berücksichtigung einer erhöhten (Markt-)Risikoprämie würde dann zu einer fehlerhaften Doppelberücksichtigung von Risiken führen.

Wechselkursrisiken hingegen sind von den sonstigen Länderrisiken getrennt bei der Bestimmung der Zahlungsströme oder im Kapitalisierungszinssatz zu beachten. Bei der Bestimmung der Zahlungsströme finden sie Eingang durch den Ansatz angemessener Wechselkurse. Hierbei können aktuelle Wechselkurse sowie bei hinreichend liquiden Märkten künftige Wechselkurse (sogenannte Forwards) eine geeignete Ausgangsbasis sein. Daneben kommen insbesondere für mittel- bis langfristige Schätzungen von Wechselkursen auch die volkswirtschaftliche Zusammenhänge der Wechselkurstheorie in Form von Kaufkraft- und Zinsparitäten in Betracht. Diese spielen auch eine wesentliche Rolle bei der Berücksichtigung von Wechselkursrisiken in den Kapitalkosten, wo ausgehend von diesen in der Bewertungspraxis häufig der Unterschied in der erwarteten Inflation als Zuschlag Berücksichtigung findet.

Die Bewertungspraxis hat in den letzten Jahren Länderrisikomodelle entwickelt, die sämtliche vorstehenden Aspekte aufgreift und Länderrisikoprämien nahezu alle Länder ermittelt. Diese Modelle sind insbesondere geeignet, auf Basis einer einheitlichen transparenten Vorgehensweise für eine Vielzahl von Ländern Risikoprämien zu bestimmen, zum Beispiel im Rahmen von Beteiligungsbewertungen für Zwecke der Jahresabschlussprüfung.

Stichwortverzeichnis

A
Abfindung 13 ff.
Agio 27 ff.
AIFM-Richtlinie 213 f.
Aktiengesellschaft 16, 22 ff., 65,
Anhaltewert 191
APV-Ansatz 160
Äquivalenzprinzip 13, 240, 250
Auseinandersetzungs-
  anspruch 42 ff.
Ausgabebetrag 27 ff.
Ausgleich 13, 41
Ausgleichsanspruch 42 ff.
Ausgleichszahlung 13 ff., 22 ff.
ausschüttbarer Gewinn 31 f.
außergerichtliche Streit-
  verfahren 35, 40
Austauschrelation 65 f.

B
BaFin 16 ff.
Barabfindung 15 f., 21 ff.
Basiszinssatz 14 f., 84, 95, 98,
  164, 195, 229 ff., 239 ff.,
  257 ff., 264
Beherrschungsvertrag 13 ff.,
  22 ff.
BEPS 88, 92
Betafaktor 135, 150, 160, 195,
  231 f., 243 ff., 256 ff.
Betriebsvermögen 73 ff., 94 ff.
  103, 182
Bewertungsgesetz 73 ff., 94 ff.,
  102
BGH 16 ff.
Big Data 121, 142 ff.
Bonitätsrisiko 14 f.

Börsenkurs 16 ff., 241
Business Analytics Tools 142 ff.
Business Intelligence 107
Business Judgement Rule 49, 68
BVerfG 16

C
CAPM 76, 84, 160, 167, 179,
  195, 239, 243 ff., 257 ff., 263
CEDA 93, 111 ff., 120, 127,
  136, 141, 145, 152, 166, 171,
  249, 253 ff.

D
Data Analytics 121, 201
Debt Beta 248, 256 ff.
Debt Equity Swaps 63 ff.
  Digitalisierung 55, 108, 121,
  133, 142, 146, 204, 250, 253
Discounted Cashflow-Verfahren
  73 ff., 128, 155, 159, 164,
  170 ff., 177, 186, 192 f., 210,
  218, 238
Dispute 35 ff.
Diversifikation 113, 136 f., 179,
  261
Doppelbesteuerungs-
  abkommen 88, 100

E
Eigenkapitalausstattung 63, 182
Eigenkapitalkosten 98, 195,
  229 ff., 256 ff.
Einigungsbereich 82 ff.
Einigungspreis 83, 92
Einlagekonto 31 ff.
Entscheidungsbaum 129

Entscheidungsfindung 87, 107 ff., 122, 128, 137, 155, 249
Entscheidungswert 83, 109
Entwicklungskosten 202, 218
EPRA 160
Erbrecht 42 f., 46
Erbschaftsteuer 94 ff.
Ertragswertverfahren 75, 94 ff., 103 f., 159 ff., 177 ff., 185 ff., 210, 238
Exit-Preis 61

F
F&E Projekt 153 ff.
F&E Prozess 153 ff.
Fair Value 59 ff., 73 ff., 159, 208
Fairness Opinion 68, 121
Familienrecht 42 ff.
finanzielle Angemessenheit 50 f., 68, 70
finanzielle Bewertung 135 f., 153 ff., 158
Finanzierung 68 f., 151 ff., 163, 178, 182, 206, 256
Finanzierungsrisiko 244, 248
Finanzierungsstruktur 182
Finanzkrise 238 f., 261 ff.
Fonds 213 ff.
Fondsbewertung 213
Fortführungsprämisse 170, 173, 176
Fremdkapitalkosten 195, 229, 234, 256 ff.
Fremdvergleich 82 f., 88 ff., 182
Funktionsverlagerung 82, 86 f., 197

G
gemeiner Wert 73 ff.
Gewinnabführungsvertrag 13 f., 22 ff.

Gläubigerschutz 28
Goodwill 98, 221 ff.
Gründungsprüfung 27

H
Handlungsoption 111 ff., 133, 168, 207

I
IDW RS HFA 47 62
IDW S 1 24, 29, 32 f., 36 ff., 42 f., 46, 75 f., 79 ff., 84, 96 ff., 104, 159 ff., 177 ff., 182, 246, 262
IDW S 5 49, 79, 84, 177, 181, 197
IDW S 6 168, 173
IDW S 8 51, 68
IDW S 10 186
IDW S 13 42 ff.
IFRIC 59, 61, 221
IFRS 59 ff., 208, 216, 221
immaterielle Vermögensgegenstände /-werte 52, 79, 116f., 177, 181, 197 ff., 217, 221 ff., 225
immaterielle Wirtschaftsgüter 89 ff.
Immobilienbewertung 161, 185 ff.
Immobiliengesellschaften 32, 159
Implizite Rendite 230, 240 ff.
Industrie 4.0 134, 253
Inputfaktor 59 ff. ,75
Insolvenz 69, 165, 169
Insolvenzplanverfahren 63
Internationalisierung 138 ff., 145
Investitionsentscheidung 137 ff., 156, 261 f.
Investmentfonds 213
IP-Bewertung 119 f.

K
Kapitalanlagegesetzbuch 213
Kapitalerhöhungsprüfung 27
Kapitalisierungsfaktor 75, 94 ff., 104
Kapitalisierungszinssatz 14 f., 33, 75 f., 84, 96, 160 f., 167, 177, 239
Kapitalkosten 44, 81, 84, 93, 98, 114, 134 ff. 150 ff., 155, 167, 171, 195, 212, 229 ff., 250 ff.
Kapitalrücklage 27 ff.
Kaufpreisverteilung 79
KMU 177 ff.
Konzernverschmelzung 25

L
Länderrisiko 261 ff.
Leverage-Effekt 258 f.
Liquidationswert 169 ff.
Lizenzpreisanalogiemethode 198
Lizenzrate 198, 204, 222
LTAV-Ansatz 192 f., 196

M
Marke 79, 89 f., 116 f., 122, 129, 139 ff., 197 ff.
Markenbewertung 198 f.
Markenmanagement 138, 199 f.
Marktpreise 60, 65, 73 ff., 218 ff., 239
Marktpreisverfahren 218
Marktrendite 239 f.
Marktrisikoprämie 160, 229 f., 238 ff.,
Marktvolatilität 111
Maschine 188 ff.
Mehrgewinnmethode 204
mehrwertige Planungsmodelle 196

Methodenstetigkeit 44
Minderheitsaktionär 16, 22 ff.
Mindestpreis 16 ff., 82
Monte-Carlo-Simulation 158, 166, 196, 254
Multiplikatorverfahren 52 ff., 163 ff., 170 ff.,

N
Net Asset Value-Verfahren 159
NextGen Analytics 122 ff.

O
OECD 82, 83, 86 ff.
Optionen 93, 96 f., 205 ff.

P
Peer Group 20, 54 ff., 114, 148, 152, 160, 179, 231, 243ff., 250ff.
Personengesellschaften 78, 102f., 177
Planungsplausibilisierung 121, 123, 125, 143, 145
Planungsprozess 108, 126
Portfolio 50, 93, 135, 147, 158, 199 f., 214, 230, 245
Preisfindungsverfahren 182
Private Equity 50, 165, 214f.
Prognoseunsicherheit 149
Purchase Price Allocation 221

R
Rechtsrisiko 127
Rechtsstreitigkeit 127f., 129
Regressionsanalyse 189, 244
Relevern 244, 248
Relief-from-Royalty-Verfahren 198, 204
Rendite 89, 127, 241, 243

Rendite-Risiko-Profil 203
Residualwertmethode 204
Restrukturierung 63, 168
Restrukturierungsmaßnahmen 70, 169ff., 173ff.
Restwert 195
Risikoäquivalenz 114, 149 ff., 171, 251, 255, 261
Risikoäquivalenzprinzip 55, 250f.
Risikoprämie 164, 233, 238ff., 257, 264
Risikoprofil 54f., 86, 92 f., 108, 114, 120, 133 ff., 150 ff., 212, 263
Risikozuschlagsmethode 261

S
Sacheinlage 27 ff., 64 f.
Sachwertverfahren 185 f., 188 ff.
Sanierung 63, 170
Sanierungs-Klausel 79
Schadensersatz 39, 127, 197, 209 f.
schädliche Anteilsübertragung 79
Schenkungsteuer 95
Schiffsbewertung 193 f., 195 f.
Schwellenwert 21, 26
Scoring-Modell 151, 218, 220
Simulation 128, 141, 149, 158, 160, 168, 171, 174, 208, 255
Small-size Premium 179
Sonderwert 13, 33,
Sorgfaltspflicht 49, 51, 68 ff.
Spielervermögen 216 ff.
Spread 195, 234, 257 ff., 263
Squeeze-out 16, 22 ff., 25 f.
Start-ups 77 f., 80, 108, 134 f., 163 ff., 153
Steuerliche Unternehmensbewertung 94

steuerliche Verluste 56, 77 ff.
steuerliche Wertkonzepte 73
Steuerstundung 31
Steuervorteil 45 f., 56, 248. 260
stille Reserven 14, 45, 77 ff., 100 f., 197, 216
Stille-Reserven-Klausel 78, 81
Streitverfahren 35, 37 ff.
Strukturmaßnahme 16 ff.
Sum of the parts-Bewertung 162
Synergieeffekt 36, 50, 120
Szenario 40 f., 113, 150, 174, 200, 211

T
Technologie 50, 79, 116 ff., 138 ff., 197 ff., 221
Technologiebewertung 202 f.
Teileinkünfteverfahren 101
Teilwert 73
Transaktionspreis 49 f., 56 f., 68, 73 ff., 163, 186, 216
Transferentschädigung 216 ff.
Transferpaket 83 ff.
Transferpreis 86, 218
Transformationsprozess 146

U
Übernahmeangebot 21, 49 f., 68
übertragbare Ertragskraft 181
Übertragungen 77, 94, 97 ff.
Unternehmensfinanzierung 68
Unternehmenskrise 63 ff., 66, 173, 176
Unternehmensvertrag 13 ff., 22 ff., 207 f.
Unternehmenszusammenschluss 221 f.

V

Venture-Capital-Bewertung 164, 167
Veräußerungsgewinn 31 f., 45, 100 f.
Vergleichsunternehmen 20 f., 53 ff., 150, 160, 164, 250
Vergleichswertverfahren 186, 188 f.
Verkehrswert 16 f., 73, 185 ff.
Verlustvorträge 56, 77 ff.
Vermögenslage 39 f., 210 f.
Verrechnungspreise 88 ff., 210
Verrentungszinssatz 13 ff.
Verschmelzung 25 ff.
Verschonung 94, 96 ff.
Verwässerung 64
Vorteilhaftigkeit 51, 68, 98, 135

W

WACC 193, 195, 229, 234, 236
Wachstum 53 ff., 64, 125, 140, 161, 165, 192
Wechselkurs 261, 264
Wegzug 100 ff.
Wegzugsbesteuerung 100 ff.
Wertbeitrag 31, 89 ff., 113, 135, 137, 155, 174, 204, 208
Werthaltigkeitsprüfung 27
Wertschöpfung 88, 92 f., 107, 116 ff., 138, 140 ff., 204, 222
Wertsicherung 116
Wertsteigerung 14, 24, 45 f., 103, 113, 133, 153, 220
Werttreiber 40 f., 107, 109 ff., 124, 128 f., 136, 149, 154 ff., 170 f., 193, 196 f., 203, 216
wirtschaftlichen Wert 65, 205 ff.
WpÜG-Angebotsverordnung 16 ff.
Wurzeltheorie 211

Z

Zahlungsfähigkeit 63
Zinsvortrag 77 ff., 197